Tutela da Evidência

Tutela da Evidência

PERFIL FUNCIONAL E ATUAÇÃO DO JUIZ À LUZ
DOS DIREITOS FUNDAMENTAIS DO PROCESSO

2020

Paulo Guilherme Mazini

TUTELA DA EVIDÊNCIA
PERFIL FUNCIONAL E ATUAÇÃO DO JUIZ À LUZ
DOS DIREITOS FUNDAMENTAIS DO PROCESSO
© Almedina, 2020

AUTOR: Paulo Guilherme Mazini
DIAGRAMAÇÃO: Almedina
DESIGN DE CAPA: FBA
ISBN: 9788584935611

Dados Internacionais de Catalogação na Publicação (CIP)
(Câmara Brasileira do Livro, SP, Brasil)

Mazini, Paulo Guilherme
Tutela da evidência : perfil funcional e atuação
do juiz à luz dos direitos fundamentais do processo /
Paulo Guilherme Mazini. – São Paulo: Almedina, 2020.

Bibliografia.
ISBN: 978-85-8493-561-1

1. Direitos fundamentais 2. Juízes 3. Processo
civil - Brasil 4. Responsabilidade (Direito)
5. Tutela de evidência I. Título.

19-31125	CDU-347.919.6(81)

Índices para catálogo sistemático:

1. Brasil : Tutela de evidência : Direito processual
civil 347.919.6(81)

Cibele Maria Dias - Bibliotecária - CRB-8/9427

Este livro segue as regras do novo Acordo Ortográfico da Língua Portuguesa (1990).

Todos os direitos reservados. Nenhuma parte deste livro, protegido por copyright, pode ser reproduzida, armazenada ou transmitida de alguma forma ou por algum meio, seja eletrônico ou mecânico, inclusive fotocópia, gravação ou qualquer sistema de armazenagem de informações, sem a permissão expressa e por escrito da editora.

Fevereiro, 2020

EDITORA: Almedina Brasil
Rua José Maria Lisboa, 860, Conj.131 e 132, Jardim Paulista | 01423-001 São Paulo | Brasil
editora@almedina.com.br
www.almedina.com.br

À Cintia e ao Felipe, com amor
Aos meus pais, Terezinha e Antonio (in memoriam)

AGRADECIMENTOS

Agradeço à Cintia e ao Felipe, pela compreensão e pelo amor incondicional.

Agradeço aos meus pais, Antonio (*in memoriam*) e Terezinha, pelas oportunidades que tive ao longo da vida e pela minha formação.

Agradeço ao meu orientador, Prof. Dr. Sérgio Arenhart, pela disciplina ministrada, pela dedicação, paciência, pelos ensinamentos transmitidos e pelo estímulo à pesquisa e à docência.

Agradeço aos Profs. Cassio Scarpinella Bueno, Heitor Sica e Luis Guilherme Marinoni, por integrarem a minha banca de mestrado, motivo de grande satisfação pessoal pela elevada cultura jurídica de tais processualistas.

Agradeço ao Prof. Dr. Eduardo Talamini, não apenas pela disciplina ministrada no programa, mas também pela pronta disposição em responder aos meus e-mails com dúvidas.

Agradeço ao Prof. Dr. Willian Pugliese, pela prontidão em atender às minhas solicitações de reuniões, sempre realizadas no então café Le Duc, para debates sobre aspectos relevantes da minha pesquisa.

Agradeço aos amigos pelo valoroso auxílio, convivência e debates tão essenciais à conclusão deste trabalho. Assim, rendo minhas homenagens sinceras a: Frederico Gomes, Willian Pugliese, Guilherme Correa, Bruno Picoli, Maurício Doutor, Ricardo Menezes, Fernando Castela, Shalom Baltazar, Ramon Santos, André Carias, Anissara Toscan, Fernanda Fujiwara, Rogéria Dotti, Jordão Violin, Gustavo Osna, Carla Tria e Ricardo Calderon.

Agradeço à minha equipe de trabalho, Rafael, Naty, Ana, Dani, Vitor, Mateus e Reinaldo, sem a qual não teria a tranquilidade necessária para desenvolver este projeto de pesquisa.

PREFÁCIO

Com muita alegria, apresento o livro *Tutela da Evidência*, de Paulo Mazini. Trata-se do resultado de pesquisa importantíssima, utilizada para a obtenção do título de Mestre em Direito, junto à Universidade Federal do Paraná. O alvo das investigações deste trabalho é a chamada tutela da evidência, mecanismo que constitui importante instrumento de aceleração da prestação jurisdicional, calcando em hipóteses de alta probabilidade de sucesso da pretensão deduzida em juízo.

Embora o tema já contasse com previsão tímida no Código de Processo Civil de 1973, a lei processual atual lhe confere, sem dúvida, relevância muito maior. Por isso, embora a medida tenha sido muito pouco empregada na vigência do diploma atual, é bem provável que a nova disciplina legal permita ao instituto desenvolver-se como esperado, preenchendo lacuna relevante na ordem brasileira e servindo de combate à morosidade da solução jurisdicional.

O assunto é, no entanto, espinhoso e seu enfrentamento exige domínio ímpar de diversas categorias – processuais e referentes ao direito material. São prova disso os intensos debates havidos por ocasião da defesa da dissertação do autor, em banca composta por mim e pelos professores Cassio Scarpinella Bueno, Heitor Vitor Mendonça Sica e Luiz Guilherme Marinoni. Os diversos questionamentos surgidos e os inúmeros problemas suscitados são demonstração de que é necessário que a doutrina se debruce sobre a questão, a fim de permitir o aproveitamento melhor dessa medida.

E, nesse ponto, a obra do talentoso Paulo Mazini constitui marco essencial. Trata, com profundidade, dos diversos aspectos do tema, oferecendo ao leitor uma visão completa e um guia relevante para o trato com esse instituto processual.

Sobressai, nesse aspecto, a fundamentação dada pelo autor para a razão de ser desse instituto. A prática continua demonstrando o pouco uso da tutela da evidência, provavelmente em razão do fato de que o Judiciário ainda vê com estranheza a possibilidade de satisfazer uma pretensão (antes do fim do processo) sem que haja a alegação de urgência na atividade jurisdicional. Essa resistência – arraigada na cultura jurídica nacional – atrofia o emprego da medida: supondo o magistrado que não é "necessário" prover de forma imediata, relega em regra a apreciação do pedido para a oportunidade "normal", ou seja, para a sentença. Paulo Mazini, porém, demonstra que essa atitude, aparentemente neutra do magistrado, na verdade esconde imenso prejuízo para a parte e para o próprio Poder Judiciário.

Ao não distribuir de forma igualitária o ônus da demora (normal) do processo, imputando-o sempre ao autor – por mais que ele demonstra que há grande probabilidade de sagrar-se vencedor da causa – o Judiciário estimula o emprego do processo de forma abusiva. Ademais, favorece também o desestímulo na busca pela solução jurisdicional da controvérsia, já que a demora da prestação jurisdicional, em si mesma, pode gerar a sensação de injustiça. Tudo isso contribui para colocar em dúvida a capacidade do Estado em gerir os conflitos de forma adequada e afastar o jurisdicionado dessa via importante de solução dos litígios.

Por isso, a tutela da evidência exerce importante papel de equalização do tempo, no bojo do processo. Tem a finalidade de servir de balança para a probabilidade de sucesso, fazendo com que o prejuízo (sempre presente!) da demora processual seja atribuído àquele que, *provavelmente*, e até que sobrevenha outra leitura dessas condições de aparência, será vencido.

Em conta disso, a tutela da evidência não pode ser imaginada como algo excepcional, empregado apenas em situações limites e diante de condições especificamente determinadas. Pensar assim a tutela da evidência é imaginar que o autor nunca tem razão, ao menos até que, depois de exaustivo e longo processo de conhecimento, demonstre o contrário; e que, paralelamente, o réu sempre tenha razão, pelo menos até que o autor, também depois daquele mesmo penoso procedimento, afaste essa presunção. Pensar assim é, em última análise, dar sempre ao réu toda a vantagem do *iter* processual, eventualmente até autorizando que se valha de expedientes para protelar a solução da causa. E essa leitura da *função do processo* não condiz mais com as necessidades da sociedade.

Toda essa análise é muito bem feita na obra de Paulo Mazini. Apontando as equivocadas premissas com que trabalha a visão antiga do processo, e com importantes subsídios do direito italiano e francês, onde instrumentos semelhantes à tutela da evidência são empregados há muito tempo e com grande sucesso, o autor demonstra a necessidade de se absorver adequadamente o instituto no sistema nacional.

A par dessa importantíssima etapa preliminar, em que se estabelecem os fundamentos para a ampliação do uso da tutela da evidência, a obra ainda se detém em examinar com detalhes todos os aspectos processuais da aplicação efetiva do instituto no direito processual brasileiro. Avalia as hipóteses legais de cabimento, bem como a possibilidade de ampliação do rol previsto no art. 311, do CPC; demonstra que a figura não é algo estranho à história processual nacional; explora o procedimento para o requerimento e para a efetivação da medida, analisando questões como a possibilidade de concessão de ofício dessa técnica e sobre as consequências de eventual revogação futura da liminar; explora ainda o caso peculiar das relações entre Poder Público e tutela da evidência. Enfim, a obra contém completo panorama do instituto, habilitando o profissional a antever todas as suas possibilidades, em todos os seus aspectos.

Além disso, não há como negar o pioneirismo da obra. Juntando-se com poucos outros trabalhos que já examinaram o tema, este é um dos primeiros livros a trazer uma visão sistemática e completa a respeito da tutela da evidência. Já por essa circunstância, o trabalho merece lugar de destaque na doutrina brasileira. Suas ponderações e as ideias apresentadas pautarão, sem dúvida, o debate a respeito da evolução prática do instituto, contribuindo para a assimilação da técnica antecipatória fundada em evidência e para o desenvolvimento da ciência processual.

Por tudo isso, é grande a alegria em prefaciar este livro!

Inquestionavelmente, ele se põe como mais uma importante pedra na pavimentação desta estrada que busca a construção de um processo justo, efetivo e tempestivo, capaz de oferecer a tão desejada tutela jurisdicional adequada a todos aqueles que dela necessitam.

Agregando os meus parabéns ao autor, pelos enormes esforço e trabalho realizados, espero sinceramente que o livro tenha boa recepção no meio jurídico e suscite o debate a que se propõe sobre tão importante ferramenta processual!

Sérgio Cruz Arenhart
Curitiba, verão de 2019.

SUMÁRIO

1. **Introdução** 17

1.1 O Problema Proposto 17

1.2 Estrutura do Trabalho 18

2. **O Conceito de *Tutela da Evidência* e sua Previsão no CPC/73 e no CPC/2015** 21

2.1 Tutela Jurisdicional Diferenciada e a Técnica Processual Satisfativa que Dispensa a Urgência 21

2.2 A (Re)Distribuição do Ônus do Tempo do Processo 24

2.3 O Dano Marginal 26

2.4 A Verossimilhança ou Juízo de Probabilidade 30

2.5 A Tutela Antecipada Prevista no Art. 273, II, e no 273, § 6º, do CPC/73 34

2.6 A Tutela de Urgência e a Tutela da Evidência Sistematizadas no CPC/2015 ... 38

2.7 A Enumeração das Hipóteses de Tutela da Evidência: Rol Exaustivo? 45

    2.7.1 Abuso do Direito de Defesa ou o Manifesto Propósito Protelatório do Réu 46

    2.7.2 Alegações de Fato Comprovadas Documentalmente e Tese Firmada em Julgamento de Casos Repetitivos ou em Súmula Vinculante 50

    2.7.3 Pedido Reipersecutório Fundado em Prova Documental Adequada do Contrato de Depósito 53

    2.7.4 Petição Inicial Instruída com Prova Documental Suficiente dos Fatos Constitutivos do Direito do Autor, a que o Réu Não Oponha Prova Capaz de Gerar Dúvida Razoável 54

2.8 Outras Hipóteses de Tutela Sumária Satisfativa que Dispensam o Requisito Urgência no Direito Brasileiro 59

    2.8.1 A Técnica Monitória 60

    2.8.2 A Tutela Sumária nas Ações Possessórias 63

    2.8.3 Os Embargos de Terceiro 65

    2.8.4 A Tutela Sumária Prevista no Art. 647, Parágrafo Único do CPC 66

TUTELA DA EVIDÊNCIA

2.9 A Tutela da Evidência no Direito Comparado: O Caso do Art. 186 Bis do *Codice de Procedura Civile*, a *Condanna Con Riserva* do Direito Italiano e o *Référé Provision* do Direito Francês 68

2.9.1 O art. 186 bis do *Codice di Procedura Civile Italiano* 68

2.9.2 A *Condanna con Riserva* do Processo Civil Italiano 70

2.9.3 O *Référé Provison* do Processo Civil Francês 73

2.10 A Tutela da Evidência sob a Perspectiva Panprocessual 81

2.11 A Tutela da Evidência Liminar e o Princípio do Contraditório........................86

3. A Interpretação Sistemática do CPC que Resulta na Ampliação das Hipóteses da Técnica da Evidência 93

3.1 A Tutela da Evidência Fundada no Art. 311, II, do NCPC 93

3.2 A Necessidade de Conferir Interpretação Extensiva ao Art. 311, II, a Partir da Previsão do Art. 927, I à V do NCPC 95

3.2.1 A Tutela da Evidência Fundada em Decisões Proclamadas pelo STF em Controle de Constitucionalidade 97

3.2.2 A Tutela da Evidência Pautada em Incidente de Resolução de Demandas Repetitivas – IRDR 99

3.2.3 A Tutela da Evidência Pautada em Incidente de Assunção de Competência...102

3.2.4 A Tutela da Evidência Pautada em Incidente de Recursos Especiais e Extraordinários Repetitivos..104

3.2.5 A Tutela da Evidência Pautada em Decisões Oriundas do Plenário ou Órgão Especial das Cortes de Justiça...106

4. Aspectos Constitucionais e Processuais Específicos da Tutela da Evidência 109

4.1 Os Princípios da Duração Razoável do Processo, do Contraditório e da Ampla Defesa e a Discricionariedade Judicial 109

4.1.1 Discricionariedade Judicial...112

4.2 A Tutela da Evidência *Ex Officio* e os Princípios da Demanda e Dispositivo 114

4.3 O Poder Geral de Efetivação da Tutela da Evidência 141

4.4 O Princípio da Responsabilidade Civil Objetiva em Face dos Danos Derivados da Efetivação da Tutela da Evidência.................................152

5. Tutela da Evidência e a Fazenda Pública...163

5.1 A Tutela Antecipada e a Lei n. 9.494/97...163

5.2 A Ação Declaratória de Constitucionalidade n. 04 164

SUMÁRIO

5.3 A *Ratio Decidendi* da ADC 04.. 165

5.4 O Art. 1.059, *caput*, do CPC/2015.. 168

5.5 A Efetivação das Decisões Concessivas de Tutela da Evidência Contra a Fazenda Pública... 171

5.6 A Efetivação das Decisões Concessivas de Tutela da Evidência e o Art. 100, § 3º e § 5º da Constituição Federal.. 174

6. A Tutela da Evidência na Fase Decisória e no Recurso de Apelação........... 179

6.1 A Concessão da Tutela da Evidência na Sentença 179

6.2 A Concessão da Tutela da Evidência pelo Relator que Realiza o Juízo de Admissibilidade da Apelação... 182

7. Conclusão.. 187

Referências 189

1. Introdução

1.1 O Problema Proposto

Uma das grandes preocupações do processo civil atual é, sem dúvida, o aspecto do tempo e a sua repercussão direta na prestação da atividade jurisdicional, especialmente no que se refere à satisfação da pretensão do autor, o que envolve um ciclo procedimental até o direito ser proclamado numa sentença que, via de regra, tem a sua eficácia suspensa pela interposição de recurso de apelação.

Portanto, apenas após serem superados os recursos ordinários, é que se poderia falar em tese de atividade satisfativa do direito material e, ainda assim, através de cumprimento provisório, caso o réu apresente recursos para os Tribunais Superiores.

O fato é que o direito invocado pelo autor, mesmo que se apresente verossímil, apoiado em tese jurídica sedimentada em provas documentais robustas, depende de um longo percurso inerente ao procedimento para ser realizado. E isto ocorre efetivamente, ainda que eventuais dilações no trâmite sejam atribuídas à defesa, que, a par de sua fragilidade, exige a abertura da fase instrutória para dirimir a matéria que restou controvertida.

Portanto, ressalvados os casos em que a urgência faz-se presente, a efetividade da tutela jurisdicional do direito, não raro, deixa de atender ao mandamento constitucional que impõe a sua prestação tempestiva.

É justamente neste cenário que a técnica da evidência[1] aparece para suprir uma lacuna importante, qual seja, a da necessidade de salvaguarda

---

[1] A técnica da evidência neste caso, é concebida no sentido de instrumento processual apto a atender à necessidade do direito material. Conforme assevera Marinoni: "Como o direito à efetividade da tutela jurisdicional deve atender ao direito material, é natural concluir que o direito à efetividade engloba o direito à preordenação de técnicas processuais capazes de dar respostas adequadas às necessidades que dele decorrem". (MARINONI, L. G. Técnica

dos direitos fundamentais ao acesso à jurisdição e à duração razoável do processo, através da prestação da tutela jurisdicional efetiva, adequada e tempestiva, representada por uma tutela sumária que independe do *periculum in mora* para ser concedida.

A tutela da evidência, sob a égide do Código revogado, era prevista como modalidade de tutela antecipatória, tanto que inserida no capítulo respectivo. O Código de Processo Civil em vigor, ao discipliná-la em título próprio, conferiu-lhe maior autonomia, o que impõe o estudo de seu perfil funcional, com o objetivo de viabilizar sua utilização como importante instrumento para a consecução dos direitos fundamentais do processo.

A questão principal que envolve o debate proposto neste trabalho, além da análise do aspecto funcional da técnica da evidência, da sua vocação como instrumento de gestão processual e da sua interrelação com os direitos fundamentais, refere-se ao comportamento do juiz diante desta tutela sumária, especialmente se a disciplina conferida pelo Código à luz da Constituição Federal é compatível com a sua atuação de ofício.

A conclusão contida nesta premissa, por sua vez, renderá ensejo à discussão inevitável sobre outros temas correlatos, dos quais se destaca a responsabilidade civil que decorre da concessão das tutelas provisórias.

1.2 Estrutura do Trabalho

O presente trabalho foi dividido em cinco capítulos, cada qual realizando o mister de discutir aspectos relevantes que estão relacionados com a técnica da evidência.

No primeiro capítulo, a abordagem foi pautada nos seus traços funcionais, requisitos e hipóteses que, a nosso aviso, não integram um rol taxativo, além de outras modalidades de provimentos fundados na evidência do direito, que estão esparsas no Código.

A análise de técnicas similares no direito comparado também foi objeto desta pesquisa, notadamente os *référés provision* do direito francês e a *condanna con riserva* do processo italiano. A gestão do processo que decorre da proporcionalidade panprocessual, além da tutela da evidência liminar

---

Processual e Tutela dos Direitos. 3. ed., rev. e atual. São Paulo: Revista dos Tribunais, 2010. p. 114).

INTRODUÇÃO

em face do direito fundamental ao contraditório, igualmente, são temas que mereceram uma reflexão no contexto deste trabalho.

O segundo capítulo, por sua vez, cuidou de analisar especificamente o art. 311, II, do Código, a partir de uma interpretação sistemática e teleológica, que tem por corolário a ampliação do elenco de hipóteses que comportam a tutela da evidência.

No terceiro capítulo, além do enfoque sobre os princípios constitucionais que poderiam encontrar-se em aparente colisão antes do momento da concessão da tutela da evidência, com uma breve passagem sobre o tema "discricionariedade judicial", foi discorrido a respeito da tutela da evidência *ex officio* e sua conformação com os direitos fundamentais, mais precisamente no sentido de conferir concretude ao direito fundamental à efetividade da jurisdição, como também assegurar a observância ao princípio da isonomia.

Segue-se com o debate acerca do regime de cumprimento das tutelas da evidência e sua compatibilidade com medidas atípicas que lhe assegurem a imediata realização, para então ser discutido o problema da responsabilidade civil que deriva dos danos resultantes da sua efetivação, em caso de revogação posterior.

Finalmente, serão analisados nos dois últimos capítulos, os aspectos da tutela da evidência contra a Fazenda Pública e as perspectivas de sua concessão na sentença e no recurso de apelação.

2. O Conceito de *Tutela da Evidência* e sua Previsão no CPC/73 e no CPC/2015

2.1 Tutela Jurisdicional Diferenciada e a Técnica Processual Satisfativa que Dispensa a Urgência

O conceito de "tutela jurisdicional diferenciada" está relacionado com a percepção de que o procedimento ordinário, dotado de ampla cognição, corolário do ambiente liberal do século XIX, não se prestava a atender as exigências da realidade social, que clamava por um processo instrumental, especialmente voltado a combater os males da morosidade excessiva que mantinha, por longo período, o *status quo* que antecedeu o ajuizamento da demanda.

O modelo de procedimento ordinário então vigente, concebido ainda no período pós-revolucionário do século XIX, em que prevalecia o liberalismo e o ideário de liberdade do cidadão em face do Estado e no qual os juízes eram vistos com desconfiança, realmente mostrava-se em descompasso com as necessidades de uma nova sociedade urbanizada, suscetível a conflitos de massa.

A herança desta época, em que o Estado-juiz restringia-se a proclamar o texto elaborado pelo legislador, independentemente de qualquer atividade hermenêutica, originou um procedimento no qual o juiz estava desprovido de quaisquer poderes de efetivação ou de disciplina provisória da matéria controvertida, durante o trâmite processual. Afinal, o juiz era um verdadeiro *bouche de la loi* (boca da lei), nas palavras de Montesquieu (2010)[2], sendo-lhe vedada qualquer atividade que conjugasse o julgamento e a execução.[3]

---

[2] "Pode acontecer que a lei, que é ao mesmo tempo clarividente e cega, seja, em certos casos, rigorosa demais. Mas os juízes da nação são apenas, como dissemos, a boca que pronuncia

O procedimento ordinário, portanto, caracterizava-se pela cognição plenária, em que toda a matéria controvertida era submetida sem qualquer mitigação ao crivo da ampla defesa e do contraditório, de modo que a satisfação do direito dependia do exaurimento da cognição, impedindo o juiz, diante da sua posição passiva derivada desta rigidez procedimental e cognitiva, de desempenhar qualquer atividade que pudesse inverter o contraditório e assegurar a prestação da tutela jurisdicional de maneira mais célere e eficaz.[4]

Assim, em face da necessidade de observar direitos fundamentais processuais, especialmente a efetividade da jurisdição, é que as tutelas jurisdicionais diferenciadas assumiram relevo para tal finalidade. O conceito que melhor define a tutela jurisdicional diferenciada[5], a rigor, relaciona-se com a técnica de sumarização cognitiva, apesar de a técnica que institui um procedimento mais abreviado[6] também compor, a nosso aviso, o conceito de tutela diferenciada, como é a hipótese do rito sumaríssimo do

---

as palavras da lei; seres inanimados que não podem nem moderar a força nem o rigor dessas palavras." (MONTESQUIEU. Do Espírito das Leis. Tradução de: FERREIRA, R. L. São Paulo: Martin Claret, 2010. p. 175.)

[3] De modo que a gênese do processo de conhecimento, concebido como palco da verificação dos fatos e da declaração da lei, está justamente na tentativa de nulificação do poder do juiz: "A separação entre conhecimento e execução teve o propósito de evitar que o juiz concentrasse, no processo de conhecimento, os poderes de julgar e de executar". (MARINONI, 2010. p. 31.)

[4] Resumindo: "o procedimento só é ordinário porque – ao seguir-se a ordem natural dos juízos (ordo judiciorum privatorum) – riscam-se dele todas as decisões liminares, por meio das quais poderia o magistrado eventualmente dar disciplina provisória aos fatos da lide, ou mesmo antecipar-lhe, como acontece, por exemplo, com as liminares dos processos interditais, o resultado final da provável sentença de procedência" (DA SILVA, O. A. B. Curso de Processo Civil. v. 1, 5. ed., rev. e atual. São Paulo: Revista dos Tribunais, 2000. p. 121.)

[5] "Tutela jurisdicional diferenciada quer significar, em um certo sentido, tutela adequada à realidade de direito material. Se uma determinada pretensão de direito material está envolvida numa situação emergencial, a única forma de tutela adequada desta pretensão é aquela que pode satisfazer com base em cognição sumária. Esta espécie de tutela vem sendo prestada no direito brasileiro, como também no direito italiano, em face do art. 700 do CPC (LGL\1973\5) Italiano, sob o manto protetor da tutela cautelar." (MARINONI, L. G. Considerações Acerca da Tutela de Cognição Sumária. Revista dos Tribunais, São Paulo, v. 81, n. 675, 1992. p. 288-95.)

[6] Neste sentido, o Prof. Barbosa Moreira aduz: "A sumarização do procedimento pode decorrer: a) da criação de ritos especiais, com prazos menores, dispensa de certas formalidades e outras características havidas por idôneas para encurtar o itinerário processual; b) da abreviação eventual do próprio rito ordinário, sob circunstâncias capazes de tornar desnecessário o percurso total previsto qual paradigma". (MOREIRA, J. C. B. Tutela de Urgência e Efetividade

microssistema dos Juizados Especiais, disciplinado nas leis n.9.099/95, 10.259/01 e 12.153/09.[7]

Andrea Proto Pisani (1982), no entanto, faz uma importante distinção quanto ao sentido de tutela jurisdicional diferenciada, ao sustentar que não se confunde a predisposição de diversos procedimentos de cognição plena e exauriente, voltados a atender uma determinada categoria de situações substanciais controvertidas, com o emprego da expressão "tutela jurisdicional diferenciada" como uma predisposição de formas típicas de tutelas sumárias, as quais, portanto, representariam o verdadeiro sentido da expressão.[8]

Andrea Proto Pisani (1982) ainda apresenta três razões fundamentais para que a cognição sumária que caracteriza as tutelas diferenciadas sejam observadas. Seriam elas, em síntese: I – o custo excessivo de um processo de cognição plena e exauriente, notadamente quando desprovido de uma contestação consistente; II – a prevenção do abuso do direito de defesa do réu que não tenha razão; III – o assegurar a efetividade da tutela jurisdicional, em situações que poderiam causar um prejuízo irreparável ou de difícil reparação à parte, que estaria compelida a manter seu estado de insatisfação pelo tempo necessário ao desenvolvimento do processo de cognição plena e exauriente.[9]

---

do Direito. Revista do Tribunal Regional do Trabalho da 15ª Região, Campinas, n. 23, 2003. Disponível em: <https://juslaboris.tst.jus.br/handle/1939/101057>)

[7] Respectivamente, leis que instituíram os Juizados Especiais no âmbito estadual e federal, e regulamentaram os Juizados da Fazenda Pública.

[8] *"L'equivoco di fondo che a mio avviso si annida dietro ad un uso indiscriminato della espressione t.g.d. è il seguente: Una cosa è la t.g.d., ove con tale termine si intenda la predisposizione di più procedimenti a cognizione piena ed esauriente taluni dei quali modellati sulla particolarità di singole categorie di situazioni sostanziali controverse; altra cosa è la t.g.d., ove com tale termine si intenda la predisposizione di forme tipiche di tutela somaria (cautelare o sommaria tout court)".* (PISANI, A. P. Appunti Sulla Giustizia Civile, Bari, IT: Cacucci Editore, 1982. p. 217.)

[9] *"I motivi per cui il legislatore disciplina (o dovrebbe o potrebbe disciplinare) ipotesi di procedimenti sommari possono essere ricondotti a ter filoni principal: A) Evitare (alle parti e all'amministrazione della giustizia) il costo del processo <<a cognizione piena ed esauriente>> quando esso non sai giustificato da una contestazione effetiva. B) Evitare l'abuso del diritto di difesa (degli strumenti di garanzia previsti dal processo <<a cognizione piena ed esauriente>> da parte del convenuto (del debitore, dell'obbligato, del titolare della soggezione) che abbia torto. C) Assicurare l'effettività della tutela giurisdizionale con riferimento a tutte quelle situazioni di vantaggio che, avendo contenuto e/o funzione (esclusivamente o prevalentemente) non patrimoniale, subirebbero per definizione un pregiudizio irreparabile (cioè non suscettibile di essere riparato adeguatamente nella forma dell'equivalente monetário) ove dovessero permanere in uno stato*

TUTELA DA EVIDÊNCIA

É justamente nesta moldura que se encontra a tutela da evidência, ou seja, uma tutela diferenciada, caracterizada pela redução cognitiva tanto na sua amplitude (aspecto horizontal), quanto em sua profundidade (plano vertical), na medida em que a cognição sumária que caracteriza esta técnica processual é fundada em juízo de probabilidade ou verossimilhança, assim como ocorre com as tutelas de urgência.

Isto ocorre porque, ao reportar-se em evidência, estamos diante de hipóteses em que a *fattispecie* invocada pelo autor está respaldada em critérios previamente estabelecidos pelo legislador, mas que exigem a prova documental necessária para formar-se a convicção quanto à probabilidade da existência do direito invocado, cuja concessão provisória é permeada especialmente pelo critério da efetividade da prestação jurisdicional, dispensando-se o *periculum in mora*, embora, conforme será visto mais adiante, não seja com ele incompatível.

2.2 A (Re)Distribuição do Ônus do Tempo do Processo

Uma das maiores angústias que envolvem o direito processual civil é, sem dúvida, o fator tempo ou mais precisamente o lapso temporal que decorre desde o início do processo até a integral satisfação do direito do autor. O tempo em si, numa análise abstrata e até filosófica, pode sofrer – é bem verdade – variações em suas diversas perspectivas. Por este ângulo, via de regra, o tempo de um aposentado que permitiu-se retirar para uma vida tranquila no campo após anos dedicados ao trabalho, não seria o mesmo tempo daquele recém-formado, ingresso num programa de *trainee* de uma multinacional, de quem são exigidas muitas atividades e metas de trabalho. O tempo, nestes casos, não seria igual para ambos.[10]

Porém, por outro aspecto, havendo direta relação com o desenvolvimento desse tema, e referindo-se ao tempo do processo propriamente dito,

---

di insoddisfazione per tutto il tempo necessario allo svolgimento di un processo <<a cognizione piena ed esauriente>>. (Ibidem, p. 315-16.)

[10] "E, apesar do relógio marcar as horas igualmente em qualquer lugar do planeta, para muitos o tempo voa. Alguns deixam de contemplar o movimento do tempo. Para outro, o tempo não passa." (TUCCI, J. R. C. Tempo e Processo: uma análise empírica das repercussões do tempo na fenomenologia processual, civil e penal. São Paulo: Revista dos Tribunais, 1997. p. 19.)

é possível aferir uma circunstância objetiva quanto ao elemento temporal, que aproxima as duas situações ventiladas no parágrafo anterior.

Estamos falando aqui do ônus do tempo do processo, que, independentemente do *status* pessoal de cada um, acaba invariavelmente recaindo sobre o autor da demanda e, o que é mais nefasto, em face do autor que não raro está salvaguardado por tese jurídica verossímil, seja porque pacificada nos Tribunais Superiores, inclusive em súmulas, seja porque escudada em provas documentais robustas, seja ainda em face de outras circunstâncias que tornam o seu direito provável. Em suma, o ônus do tempo acaba sendo suportado pelo autor que aparentemente tem razão.

E, de fato, o modelo de processo ordinário adotado a partir do Estado Liberal do século XIX era fortemente pontuado pela necessidade de assegurar liberdade aos cidadãos, o que somente seria possível nesta visão, através da segurança jurídica obtida através de uma demanda plenária, dotada de ampla cognição e contraditório pleno, com rígida separação entre as atividades cognitivas e executivas, além de ser marcado por intensa restrição dos poderes do juiz.[11]

Esse procedimento ordinário, portanto, não se contentava com nada menos do que uma cognição plena e exauriente, em busca da certeza jurídica que revelasse uma suposta verdade dos fatos controvertidos[12], o que representava um trâmite demorado, com inegável benefício ao réu, que, ciente de não ter razão na demanda, utilizava o tempo do processo em seu favor.

---

[11] "É por este ângulo, precisamente, que os defeitos e inconveniências do *procedimento ordinário* mais se destacam, porque, além de sua natural morosidade – que o transforma em instrumento processual de índole conservadora, enquanto preserva às vezes por longos e longos anos o *status quo* anterior à propositura da demanda –, funda-se ele igualmente num outro princípio herdado do liberalismo do século XIX, qual seja a existência de um magistrado destituído de quaisquer poderes para intervir no *objeto litigioso*, dando-lhe, através de decisões liminares, alguma forma de disciplina provisória enquanto a demanda se processa" (DA SILVA, 2000. p. 120).

[12] "A impossibilidade de tutela fundada em verossimilhança, no procedimento ordinário clássico (que tem origem no direito liberal), decorre da suposição de que o único julgamento que poderia afirmar as palavras da lei seria posterior à verificação da existência do direito. Na trilha do direito liberal, o processo, para não gerar a insegurança do cidadão, deveria conter somente um julgamento, que apenas poderia ser realizado após a elucidação dos fatos componentes do litígio" (MARINONI, 2010. p. 36).

TUTELA DA EVIDÊNCIA

A tutela da evidência, portanto, é uma técnica processual sumária que, apesar de não exigir o perigo do dano ou do ilícito para a sua admissibilidade, tem por finalidade justamente o restabelecimento do equilíbrio e da isonomia entre as partes litigantes, através da distribuição do ônus do tempo no processo, o qual, a rigor, sob a égide do procedimento ordinário, é atribuído exclusivamente em face do autor que tem razão.[13]

Esta técnica processual funda-se na evidência do direito[14], ou melhor, nos fatos constitutivos do direito comprovado pelo autor e na inconsistência da defesa apresentada pelo réu, com o objetivo de equacionar o problema do ônus do tempo do processo, permitindo que o autor, ainda que desprovido de urgência, possa obter desde logo a tutela jurisdicional do direito, sem a necessidade de aguardar o longo período até o exaurimento do trâmite processual ordinário.[15]

2.3 O Dano Marginal

O risco de que o provimento assegurado pelo procedimento ordinário seja intempestivo é um dos fundamentos para a concessão da tutela sumária pautada na urgência, e está relacionado justamente com o tempo do processo, mais precisamente com o receio de que ele possa provocar danos ao titular de um direito. A aferição do risco de dano neste caso é realizada

---

[13] "Note-se que esta espécie de tutela dos direitos é o resultado da admissão de que: i) o tempo do processo não pode ser jogado nas costas do autor, como se esse fosse o culpado pela demora inerente à investigação dos fatos; ii) portanto, o tempo do processo deve ser visto como um ônus; iii) o tempo deve ser distribuído entre os litigantes em nome da necessidade de o processo tratá-los de forma isonômica." (MARINONI, L. G. Tutela de Urgência e Tutela da Evidência. São Paulo: Revista dos Tribunais, 2017. p. 276.)

[14] "Quando o direito do autor é evidente e a defesa do réu carece de seriedade, surge a tutela da evidência como técnica de distribuição do ônus do tempo do processo, pois de outra forma uma *defesa abusiva* estará protelando a tutela jurisdicional do direito." (*Ibidem*. p. 279.)

[15] "De outra parte, mercê da liberalidade com que nosso sistema processual oferece dilações e recursos aos demandantes (na Constituição está, art. 5º, LV, que às partes assiste direito ao contraditório e ampla defesa, com todos os 'meios e recursos a ela inerentes'), mesmo os processos que 'corram' normalmente abrem ensejo a prejuízos às partes, prejuízos por vezes notáveis, por vezes mesmo irreversíveis." (CARNEIRO, A. G. Da Antecipação de Tutela. 6. ed., atual. em conformidade com as Leis nº 10.352, de 26.12.2001, nº 10.358, de 27.12.2001 e nº 10.444, de 07.05.2002. Rio de Janeiro: Forense, 2005. p. 02.)

na hipótese concreta[16] trazida a juízo, com lastro nos fatos integrantes da causa de pedir e nas provas produzidas unilateralmente pelo autor.

Piero Calamandrei (1936), em obra clássica sobre o tema[17], analisou o conceito de *periculum in mora* sob duas vertentes diversas. A primeira referia-se ao seu aspecto preventivo, que tinha por escopo permitir a eficácia ou o resultado útil do processo principal, que poderia restar frustrado se uma medida conservativa de direitos não fosse efetivada. A urgência, sob este prisma, estaria calcada no fundado risco de que a demanda principal, após percorrer todo o trâmite inerente ao rito ordinário, não fosse capaz de assegurar a satisfação do direito do autor, em virtude de seu perecimento derivado de manobras perpetradas pelo réu com o objetivo de frustrá-lo.

Assim, seria o exemplo tanto de uma prova cuja postergação no tempo poderia comprometer a sua produção[18] quanto a hipótese de um direito de crédito em face de um devedor recalcitrante e mal intencionado, que dilapida o seu patrimônio com o único propósito de frustrar a satisfação da tutela jurisdicional do direito deferida ao autor. Aqui, fala-se em *periculum in mora* no sentido de perigo de infrutuosidade do provimento final.

Calamandrei (1936) também utilizou a terminologia *periculum in mora*, a partir de uma outra configuração que tem por finalidade combater a demora do processo principal, com vistas à própria satisfação do direito. Propôs esta configuração, portanto, para que o direito material do autor fosse desde logo efetivado através de provimento provisório que lhe assegurasse inclusive a utilização dos meios executivos necessários para tanto.[19]

---

[16] "Esse 'perigo na demora da prestação jurisdicional' deve ser entendido no sentido de que é fundamental para que o processo realize, em concreto, os valores que lhe são impostos pela Constituição Federal que a tutela jurisdicional seja antecipada, antecipada no sentido de que tratei no item 2.6, isto é, que possa o autor sentir efeitos concretos sobre a situação de lesão ou ameaça a direito que narra perante o juiz antes que seja tarde demais (...)." (BUENO, C. S. Tutela Antecipada. 2. ed. rev., atual. e ampl. São Paulo: Saraiva, 2007. p. 42.)

[17] CALAMANDREI, Piero. Introduzione allo studio sistematico dei provvedimenti cautelari, Opere Giuridiche. Vol. IX. Padova: CEDAM, 1936.

[18] "Si suole parlare in questi casi di conservazione o assicurazione della prova (2), tenendo presenti quei casi in cui il provvedimento cautelare mira ad acquisire preventivamente dati probatori positivi che, coll'andar del tempo diventerebbe impossibile, o più difficile, raccogliere." (Ibidem. p. 180-181)

[19] "Qui, pertanto, il provvedimento provvisorio cade direttamente sul rapporto sostanziale controverso: è un accertamento interinale di merito (per es. del diritto agli alimenti, nel caso previsto dall'art. 808 Cod. proc. civ; del diritto al rispetto delle distanze legali nella denuncia di nuova opera, ecc.), il quale dà modo alla parte che ha ottenuto a suo favore il provvedimento cautelare di soddisfare immediatamente, anche

TUTELA DA EVIDÊNCIA

Neste sentido, o *periculum in mora* assumiria a conotação de risco de um provimento tardio, em que, apesar da satisfação do direito do autor não estar propriamente ameaçada por alguma postura do réu tendente a frustrá-lo, a realização *a posteriori* do direito material reconhecido ao autor poderia ser intempestiva, inócua, permeada por prejuízo irreparável, a exemplo do sujeito que necessita de uma determinada quantia pecuniária para fazer frente a despesas com cirurgia inadiável.[20]

O dano marginal – conceito atribuído a Enrico Finzi[21] e denominado posteriormente por Italo Andolina[22] como *dano marginal em sentido estrito* ou *dano marginal de indução processual* – embora aparentemente relacionado com o *periculum in mora* nos moldes definidos por Calamandrei (1936), com ele não se confunde. Nada obstante a proximidade do dano marginal com o segundo aspecto definido por Calamandrei (2000) para o *periculum in mora*, qual seja, o risco do provimento tardio, deve ser salientado que o dano marginal é ínsito em qualquer processo que o autor esteja resguardado por uma tese favorável.

Por este ângulo, o dano marginal, ao contrário do *periculum in mora*, encontra-se presente em qualquer processo no qual o autor, apesar de estar respaldado em direito provável, é compelido a aguardar o tempo decorrente do desenvolvimento do processo para, finalmente, obter a tutela jurisdicional de seu direito. Difere portanto, do *periculum in mora* na acepção do fundado risco de provimento tardio, em face da necessidade

---

attraverso la esecuzione forzata, il diritto provvisoriamente riconosciutole, in atessa del provvedimento principale." (*Ibidem.*p.196)

[20] "*Ma, se il creditore, per sue particulare ragione di bisogno (perché, poniamo, si è ridotto en miseria ed ha nella riscossione del suo credito l'unica speranza di sostentamento) teme il danno forse irreparabile che gli deriverebbe dal dover attendere a lungo la sodisfazione del suo diritto, non gli gioverebbero contro questo pericolo li misure cautelari che unicamente fossero rivolte a tenere in riserva per il giorno della esecuzione forzata i beni del deditore, ma gli occorrono, in quanto il diritto positivo le preveda, misure cautelari atte ad accelerare l'esecuzione forzata.*" (*Ibidem.* p.197)

[21] Riv. Dir. Proc. Civ., 1926, II, p. 50, conforme nota de rodapé inserta em Introduzione allo studio sistematico dei provvedimenti cautelari, Opere Giuridiche. Vol. IX. Padova: CEDAM. (1936, p. 173).

[22] "*Questo peculiare tipo di danno può essere indicato come 'danno marginale' in senso stretto, oppure come 'danno marginale da induzione processuale', appunto in quanto esso specificamente causato, e non soltanto genericamente occasionato, dalla distensione temporale del processo.*" (Italo Andolina, "Cognizione" ed "esecuzione forzata" nel sistema della tutela giurisdizionale, *op. cit.*, p. 20, citado em nota de rodapé por MARINONI, L. G. Abuso do Direito de Defesa e Parte Incontroversa da Demanda. 2. ed. São Paulo: Revista dos Tribunais, 2011. p. 25-6.)

de este ser demonstrado num determinado caso específico, o que remete à ideia de perigo concreto.[23]

Portanto, a tutela da evidência, apesar de não estar atrelada ao *periculum in mora* sob qualquer perspectiva, encontra seu fundamento, por esta ótica, na necessidade de prevenir ou ao menos reduzir o dano marginal, que, por ser oriundo do tempo natural para o trâmite processual percorrido sob o rito ordinário, acaba atingindo sistematicamente aquele autor que está amparado por um direito verossímil, provável, e que, assim, é obrigado a suportar sozinho o ônus deste lapso temporal.[24]

No Brasil, não é difícil constatarem-se inúmeros exemplos de danos causados pelo demasiado tempo de tramitação do processo, o que resulta no dano marginal ora mencionado. Apenas para uma breve ilustração, antes da entrada em vigor do CPC/2015 – que passou a elencar o crédito oriundo de despesas de condomínio no rol dos títulos executivos extrajudiciais[25] –, os condomínios ajuizavam ações de cobrança para receber tais créditos, as quais, em geral, mesmo seguindo um rito procedimental mais acelerado (rito sumário), levavam anos até a satisfação do crédito do autor, já que, além de a legislação conferir efeito suspensivo à apelação interposta, a fase de cumprimento de sentença era permeada por outros debates lançados na impugnação, que envolviam especialmente os critérios de correção e juros do cálculo, contribuindo para a procrastinação do feito.

Enquanto isso, o autor permanecia durante anos sem receber os valores do condômino recalcitrante, os quais eram destinados simplesmente a

---

[23] "Esse dano ínsito é aquele natural, decorrente apenas do tempo necessário a que a prestação jurisdicional possa ser fornecida, respeitadas todas as garantias do devido processo legal. É o dano marginal, diverso daquele perigo causado por determinado acontecimento concreto e específico, que vem a ameaçar a utilidade da tutela." (BEDAQUE, J. R. **Tutela Cautelar e Tutela Antecipada:** Tutelas Sumárias e de Urgência (tentativa de sistematização). 5. ed. rev. e ampl. São Paulo: Editora Malheiros, 2009. p. 276.)

[24] "No caso do procedimento comum não há outra alternativa a não ser inserir no seu interior uma técnica capaz de permitir a distribuição do tempo do processo. Afigura-se completamente irracional obrigar o autor a sofrer com a demora, quando esse demonstra, no curso do procedimento, que provavelmente o direito lhe pertence." (MARINONI, L. G. **Tutela Antecipatória, Julgamento Antecipado e Execução Imediata da Sentença.** 3. ed. São Paulo: Editora Revista dos Tribunais, 1999. p. 27.)

[25] "Art. 784. São títulos executivos extrajudiciais: VIII – o crédito, documentalmente comprovado, decorrente de aluguel de imóvel, bem como de encargos acessórios, *tais como taxas e despesas de condomínio*". [Grifo nosso.]

fazer frente às despesas de uso das partes comuns. O que dizer, então, das ações que envolvem expurgos inflacionários referentes aos planos econômicos implementados no final da década de 1980 e início dos anos 1990?

Ora, apesar de a controvérsia ter sido definida há bastante tempo e envolver basicamente a diferença entre índices oficiais e reais de correção monetária aplicados por instituições financeiras e pelo próprio governo federal, até hoje o debate sobre questões diversas persiste, a ponto de a Corte Especial ter afetado vinte e nove recursos especiais representativos de controvérsias para formação de temas em julgamentos repetitivos.[26]

Em ambos os casos, é inegável a existência do prejuízo derivado do tempo processual que foi causado em face dos autores que tinham razão, isto porque, independentemente da urgência aferida concretamente, na hipótese do condomínio, certamente alguma obra de conservação relevante ou mesmo uma benfeitoria voluptuária que poderia ser desfrutada por todos os comunheiros deixou de ser realizada. No caso dos expurgos inflacionários, da mesma forma, os valores a que os autores fazem jus, poderiam permitir que eles executassem projetos de vida que o passar dos anos acabou por frustrar.

2.4 A Verossimilhança ou Juízo de Probabilidade

As expressões "verossimilhança" e "juízo de probabilidade" têm sido empregadas como sinônimas no âmbito da cognição sumária[27] que caracteriza as tutelas provisórias. E, neste sentido, a verossimilhança refere-se a um direito muito provável, amparado em prova robusta, *inequívoca*, na terminologia utilizada no CPC revogado[28]. Trata-se, a rigor, de um direito que, apesar de não se apoiar em juízo de certeza, próprio de uma cognição

---

[26] Fonte: Disponível em: <http://www.stj.jus.br/SCON/jurisprudencia/toc.jsp?livre=EXPURGOS+INFLACIONARIOS&repetitivos=REPETITIVOS&&tipo_visualizacao=RESUMO&b=ACOR&thesaurus=JURIDICO&p=true>. Acesso em: 12/10/2017.

[27] Na classificação acima apresentada, o vocábulo "sumária" ficou reservado, unicamente, à *cognição superficial* que se realiza em relação ao objeto cognoscível constante de dado processo. Portanto, traduz a ideia de limitação no plano vertical, no sentido da profundidade. (WATANABE, K. Cognição no Processo Civil. 4. ed. São Paulo: Saraiva, 2012. p. 128.)

[28] Sob a égide do CPC/73, o seu art. 273, *caput*, assim previa: "O juiz poderá, a requerimento da parte, antecipar, total ou parcialmente, os efeitos da tutela pretendida no pedido inicial, desde que, *existindo prova inequívoca*, se convença da verossimilhança da alegação". [Grifo nosso.]

exauriente no plano vertical[29], está imbuído de elevada probabilidade, na medida em que a tese jurídica suscitada na causa de pedir está respaldada em elemento probatório seguro quanto à sua convicção.[30]

É importante asseverar, no entanto, que importante doutrina estabelece distinção entre os elementos "verossimilhança" e "probabilidade", ao que parece pautados muito mais no elemento jusfilosófico "verdade". Assim, Michele Taruffo (2016), que equipara a verossimilhança ao aforismo latino *id quod plerumque accidit*, ou a "aquilo que ocorre rotineiramente", numa tradução livre. Portanto, segundo o doutrinador peninsular, se um determinado acontecimento opera-se com regularidade, a verossimilhança implica supor que ele se repetirá no futuro.[31] A probabilidade, por outro lado, não se confundiria com a verossimilhança, pois segundo Taruffo (2016) a probabilidade estaria relacionada a elementos cognoscitivos, notadamente as provas.[32]

Merece ser observado que a definição de verossimilhança, a partir do brocardo *id quod plerumque accidit*, já era sustentada por Calamandrei, que se utilizava do critério da máxima da experiência, do acontecimento ocorrido com regularidade, para definir-se a verossimilhança.[33] No Brasil, Marinoni e Arenhart (2011)[34], após afirmarem que a verdade substancial é um mito

---

[29] "No *plano vertical*, a cognição pode ser classificada, segundo o grau de sua profundidade, em *exauriente* (completa) e *sumária* (incompleta)." (WATANABE, *op. cit.*, p. 118.)

[30] "Assim, o que a lei exige não é, certamente, prova de verdade absoluta – que sempre será relativa, mesmo quando concluída a instrução –, mas uma prova robusta, que, embora no âmbito de cognição sumária, aproxime, em segura medida, o juízo de probabilidade do juízo de verdade." (ZAVASCKI, T. A. Antecipação da Tutela. 4. ed. São Paulo: Saraiva, 2005. p. 78.)

[31] "Se normalmente ocorre que eu receba os estudantes nas manhãs de quarta-feira às 10 horas, é verossímil que eu tenha assim procedido também na quarta-feira passada e que assim proceda também na próxima quarta-feira, no mesmo horário." (TARUFFO, M. Uma Simples Verdade. 1. ed. Tradução de: RAMOS, V. P. São Paulo: Marcial Pons, 2016. p. 111.)

[32] "No âmbito do processo, em que as informações disponíveis são oferecidas pelas provas, pode ocorrer que essas forneçam um determinado grau de confirmação ao enunciado que concerne a um fato relevante para a decisão. Poder-se-á, então, dizer que esse enunciado é "provavelmente verdadeiro", com a condição de que se queira dizer com essa expressão que as provas produzidas no processo fornecem razões suficientes para que se considere confirmada a hipótese de que aquele enunciado seja verdadeiro." (*Ibidem*, p. 113.)

[33] "Para atingir o conceito de *verossimilhança*, Calamandrei se vale da ideia de máxima da experiência. Partindo desse conceito, estabelece a noção de que "verossimilhança" é uma ideia que se atinge a partir daquilo que normalmente acontece." (MARINONI, L. G.; ARENHART, S. C. Prova. 2. ed. São Paulo: Revista dos Tribunais, 2011. p. 41.)

[34] *Ibidem*.

TUTELA DA EVIDÊNCIA

inatingível, ponderam que o máximo que a atividade do juiz pode alcançar é um conceito que se assemelha com a aproximação da verdade pautado na sua convicção, correspondente à verossimilhança.

Asseveram, no entanto, que a verossimilhança como conceito aproximativo da verdade não possui um grau determinado, o que pode comprometê-lo, na medida em que seriam utilizadas como verossimilhança outras noções aplicáveis no processo civil, como probabilidade, aparência e possibilidade.[35] Aqui, também parece ter havido uma distinção entre os conceitos de verossimilhança e probabilidade.[36]

Antonio Cláudio da Costa Machado (1999)[37], por sua vez, ao analisar o conceito de verossimilhança, entendeu que a acepção do seu termo confunde-se com probabilidade, e que, a rigor, esta probabilidade – porque atrelada à prova inequívoca – estaria vinculada ao seu grau máximo.

Esta conclusão, apresentada na análise dos requisitos para a concessão da tutela antecipada sob a égide do CPC de 1973, está escudada na ideia de que a maior intensidade da verossimilhança que se pode vislumbrar em sede de cognição sumária é a que está fundada numa prova inequívoca.[38]

Kazuo Watanabe, por seu turno, apesar de reconhecer que os entendimentos doutrinários são divergentes em relação ao tema, inclina-se pela

---

[35] "E essa indeterminação também pode comprometer o conceito, pois permite confundi-lo com outras noções que, corriqueiramente, se utilizam no direito processual civil, a exemplo das ideias de probabilidade, de aparência e de possibilidade." (*Ibidem*, 2011.)

[36] Daniel Mitidiero também faz esta distinção ao pontuar que: "A *probabilidade* constitui descrição em maior ou menor grau aproximada da verdade. Afirmar que determinada alegação é provável significa dizer que a proposição corresponde em determinada medida à verdade. Isso quer dizer que a *probabilidade* concerne a uma *alegação concreta* e indica a existência de válidas razões para tomá-la como correspondente à *realidade*. A *verossimilhança*, de outro lado, não diz respeito à *verdade* de determinada proposição. A verossimilhança apenas indica a conformidade da afirmação àquilo que *normalmente acontece* (*id quod plerumque accidit*) e, portanto, vincula-se à simples *possibilidade* de que algo tenha ocorrido ou não em face de sua precedente ocorrência em geral". (MITIDIERO, D. Antecipação da Tutela – da tutela cautelar à técnica antecipatória. 2. ed. São Paulo: Revista dos Tribunais, 2014. p. 99.)

[37] MACHADO, A. C. C. Tutela Antecipada. 3. ed. São Paulo: Juarez de Oliveira, 1999.

[38] "Pelo menos em relação ao processo civil nacional, temos por certo, em face do que acabamos de expor – a circunstância textual de a lei n. 8.952 ter vinculado, no *caput* do art. 273, as locuções "prova inequívoca" e "verossimilhança" – que parece fora de dúvida que a antecipação da tutela exige probabilidade e probabilidade intensa, o que induz a identificação plena entre probabilidade e verossimilhança." (*Ibidem*, p. 392.)

distinção proposta por Calamandrei[39], em relação aos conceitos de possibilidade, verossimilhança e probabilidade, os quais são diferenciados em graus de aproximação da verdade.[40]

Para fins deste trabalho, o termo "verossimilhança" deve ser utilizado como sinônimo de "probabilidade", compreendida como a constatação de que o direito alegado pelo autor encontra respaldo em provas robustas e suficientes para considerá-lo factível, mesmo que em sede de cognição superficial. E assim deve ser, a nosso aviso, porque, apesar da ausência de previsão do CPC quanto à tutela provisória da evidência, o art. 300, *caput*, que disciplinou as tutelas provisórias de urgência, fez menção expressa ao termo "probabilidade do direito", como o primeiro requisito para sua concessão.

Por este aspecto, não faria sentido, numa primeira observação, diferenciar "probabilidade" de "verossimilhança", como requisito para a concessão da tutela de urgência, já que estes conceitos convergem para uma única direção, que é justamente a robustez da tese jurídica apresentada, a qual estaria associada a uma prova consistente, forte, suficiente para amparar o direito de que o autor sustentou ser titular.

Esta mesma probabilidade, embora não mencionada no art. 311, *caput*, também deve, na nossa compreensão, premeditar a concessão da tutela da evidência. Isto significa dizer que, a rigor, o deferimento da tutela da evidência não dispensa a demonstração da probabilidade do direito alegado, devidamente apoiada em prova de elevada credibilidade.

Não basta, por esta ótica, que apenas sejam invocadas na causa de pedir quaisquer das hipóteses elencadas no art. 311, I a IV do Código, para a obtenção da tutela da evidência, pois a alegação deve necessariamente ter amparo em elementos probatórios, presunções ou regras de experiência que sejam capazes de formar a convicção do juiz quanto à probabilidade do direito evidenciado.

---

[39] CALAMANDREI, P. Verdad y verosimilitud en el proceso civil. *In*: Estudios sobre el proceso. Trad. Santiago Sentís Melendo. Buenos Aires: EJEA, 1962.

[40] "Calamandrei, notando que é difícil estabelecer uma precisa diferença entre as noções de possibilidade, verossimilhança e probabilidade, esclarece que possível é o que pode ser verdadeiro, verossímil é o que tem aparência de ser verdadeiro e provável é o que se pode provar como verdadeiro. (...) São, portanto, mais adequadas, para o nosso direito, as terminologias utilizadas por Calamandrei." (WATANABE, 2012. p. 133-4.)

Isto já seria intuitivo, a partir da interpretação sistemática do art. 294, *caput* do CPC, que classifica as tutelas provisórias em urgência e evidência. Ora, considerando a regulação geral que foi conferida às tutelas provisórias (no Livro V, Título I do CPC) e que a tutela de urgência – espécie do gênero tutela provisória – exige a probabilidade do direito como pressuposto para sua concessão, não haveria razão para ser feita esta distinção com a tutela da evidência, dispensando-a de tal requisito.

Ademais, a redação dos incisos de II a IV do art. 311 refere-se especificamente à prova documental produzida de plano para as hipóteses neles contempladas, o que remete à ideia de verossimilhança ou probabilidade, vale dizer, direito alegado provável porque fundado em elemento probante dotado de credibilidade.

Com relação à hipótese do art. 311, I, cumpre destacar que o abuso do direito de defesa ou o manifesto propósito protelatório do réu – expressões equivalentes sob o prisma teleológico – constituem os próprios fundamentos da tutela da evidência, a que convergem as demais previsões contidas nos demais incisos.[41]

2.5 A Tutela Antecipada Prevista no Art. 273, II, e no 273, § 6º, do CPC/73

O CPC/73 foi marcado ao longo de sua vigência por sucessivas alterações que produziram a inserção de técnicas processuais voltadas à efetividade do processo. Assim, além da mudança paradigmática introduzida pela técnica antecipatória, através da lei n. 8.952/94, merece registro a introdução do § 6º[42] ao então artigo 273 pela minirreforma realizada pela lei n. 10.444/02.

Este dispositivo, com efeito, viabilizou a concessão da tutela antecipada diante da incontrovérsia total ou parcial de um ou mais pedidos,

---

[41] "Para a tutela da evidência, contudo, são necessárias a evidência do direito do autor e a fragilidade da defesa do réu, não bastando apenas a caracterização da primeira. A defesa deve ser frágil, de modo que o seu exercício, ao dilatar a demora do processo, configure abuso. Note-se, aliás, que de lado o inciso I do art. 311 – que fala expressamente em abuso do direito de defesa –, os demais incisos deste artigo representam hipóteses em que o direito é evidente e a defesa de mérito deve ser frágil." (MARINONI, 2017. p. 282.)

[42] § 6º A tutela antecipada também poderá ser concedida quando um ou mais dos pedidos cumulados, ou parcela deles, mostrar-se incontroverso.

permitindo assim que o autor obtivesse desde logo, através da técnica antecipatória, a fruição de seu direito, desde que os fatos constitutivos de um ou mais pedidos não fosse – integral ou parcialmente – refutados pelo réu na contestação, o que abrangeria por intuitivo a hipótese de reconhecimento da procedência deste pedido pelo réu. O referido dispositivo, todavia, tinha um alcance muito maior, pois seu escopo era o de prevenir que um ou mais pedidos cumulados que restassem incontroversos desde logo fossem submetidos a uma desnecessária dilação probatória para que o direito respectivo pudesse ser efetivado.[43]

Por este ângulo, seria possível concluir, em princípio, que a norma inserta no referido art. 273, § 6º do CPC/73, contemplava uma nítida hipótese de tutela da evidência, que autorizava sua concessão independentemente do requisito urgência, antes do provimento final emitido com a sentença de mérito. Inclusive, é interessante observar que, antes da entrada em vigor do dispositivo ora em análise, Luiz Guilherme Marinoni já sustentava a utilização da técnica antecipatória nas situações de incontrovérsia parcial do pedido, fundada no abuso do direito de defesa ou manifesto propósito protelatório do réu.[44]

O problema, no entanto, surgiu a partir da entrada em vigor do art. 273, § 6º, diante da divergência doutrinária no sentido de tratar-se o provimento concedido com base em tal dispositivo, de tutela antecipada fundada na incontrovérsia – decisão interlocutória portanto – ou de verdadeiro julgamento antecipado da lide, ou seja, uma sentença parcial. Esta divergência apresentava algumas implicações a depender da posição adotada,

---

[43] "O que sempre gerou perplexidade no cotidiano dos tribunais foi a impossibilidade de se definir, no curso do processo, parte do pedido ou um dos pedidos cumulados, exatamente quando, não obstante a negação dos fatos constitutivos, a prova apresentada com a petição inicial é suficiente para tornar parte da demanda incontroversa." (MARINONI, 2011. p. 208.)

[44] "Ocorre, aí, reconhecimento parcial do pedido, autorizando a tutela antecipatória com base no art. 273, II, do CPC, pois abusa do seu direito de defesa o réu que reconhece parcialmente a sua dívida e nada faz para pagá-la. (...) Ora, se o réu não contesta o fato ilícito, admitindo a sua culpa, e igualmente não contesta os outros fatos que constituem o direito da vítima ao pagamento dos danos emergentes, não há razão para não se admitir a tutela antecipatória do direito de crédito incontroverso. Obrigar o autor a esperar a plenitude da instrução do processo, necessária parque sejam demonstrados os lucros cessantes e o dano estético, configura atentado ao princípio de que o processo não pode prejudicar o autor que tem razão, bem como ao outro princípio, por nós formulado, de que é injusto obrigar o autor a esperar a realização de um direito que não se mostra mais controvertido." (MARINONI, 1999. p.94-5.)

TUTELA DA EVIDÊNCIA

especialmente no tocante à profundidade da cognição realizada, com aptidão ou não, à formação da coisa julgada material.

Assim, Luiz Guilherme Marinoni, apesar de entender pela natureza de decisão interlocutória, sustentava que se tratava de decisão que apreciava parcela do mérito e, portanto, produzia coisa julgada material.[45] Daniel Mitidiero, a pesar de sustentar tratar-se de verdadeira sentença parcial de mérito[46], compreendia, na mesma linha de Marinoni, que a referida sentença seria desafiada por agravo de instrumento por ausência de previsão legal de cisão de julgamento.

O regime recursal, todavia, deveria observar, conforme ponderou, as mesmas garantias previstas para o recurso de apelação, sob pena de violação ao princípio da paridade de armas, eis que a irresignação contida no agravo de instrumento era pertinente ao próprio mérito da demanda.[47] Cassio Scarpinella Bueno também aderiu ao entendimento de que estaríamos diante de uma cisão de pedidos cumulados que resultaria em julgamento antecipado parcial de mérito, reconhecendo, da mesma forma, que a natureza da decisão era interlocutória e, portanto, submetida ao recurso de agravo de instrumento.[48]

---

[45] "Portanto, a decisão do § 6º do art. 273, embora julgue o mérito no curso do processo, deve ser definida como decisão interlocutória para permitir a sua impugnação na forma adequada, ou seja, mediante agravo de instrumento (...) A decisão que concede a tutela da parte incontroversa da demanda, por produzir *coisa julgada material*, pode ser executada em *caráter definitivo* no curso do processo." (MARINONI, 2011. p. 220.)

[46] "Em sendo assim, não há como negar natureza de sentença à decisão que encerra a apreciação jurisdicional de conhecimento no que concerne à parcela incontroversa de um pedido ou que julga um dos pedidos incontroversos formulados em regime de cumulação simples: com efeito, ao julgar antecipada e parcialmente a lide, o juiz prolata uma decisão que "implica alguma das situações previstas" no art. 269, CPC (art. 162, § 1º), notadamente, art. 269, I, CPC, não podendo revogar a sua tomada de posição, porquanto aí operada a preclusão consumativa (art. 463, CPC)." (MITIDIERO, D. Processo Civil e Estado Constitucional. Porto Alegre: Livr. do Advogado, 2007. p. 49.)

[47] "Enquanto o direito brasileiro não contar com uma apelação incidente (ou parcial), por instrumento, o recurso contra a sentença parcial tem de ser o de agravo de instrumento. Em substância, porém, trata-se de apelação, motivo pelo qual se pode e deve admitir [sic], por exemplo, embargos infringentes do julgamento desse peculiar agravo, desde que concorram os demais requisitos de cabimento desse recurso (art. 530, CPC)." (Ibidem.)

[48] "A meu ver, o § 6º do art. 273 cuida muito mais de uma técnica de desmembramento de pedidos cumulados ou de parcela deles do que, propriamente, de tutela antecipada (...). O recurso adequado para contrastar a decisão, inclusive no que diz respeito à ocorrência da hipótese de incidência do próprio § 6º do art. 273 é o agravo, e não o recurso de apelação." (BUENO, 2007. p. 53 e 60.)

De outra parte, José Roberto Bedaque entendia que a decisão fundada no art. 273, § 6º, era interlocutória e não definitiva, revogável, desprovida, portanto, de aptidão para a formação da coisa julgada material.[49] Esta mesma posição era compartilhada por Teori Zavascki, apesar de ele reconhecer que a cisão do julgamento que viabilizaria a sentença parcial seria a solução mais apropriada.

Zavaski pautou o seu entendimento, sobretudo, na disciplina legislativa conferida à matéria.[50] Paulo Afonso Brum Vaz (2006) trilhou a mesma linha, no sentido de que o sistema processual vigente não permitia uma interpretação pela cisão de julgamentos, especialmente para a efetivação da decisão.[51]

A rigor, a posição doutrinária que interpretou o então art. 273, § 6º, como cisão de julgamento, é sem dúvida a mais acertada, em que pese a sua diminuta aplicação prática sob a égide do Código revogado. Realmente, subverteria a lógica tanto a concessão de uma tutela antecipada pautada na incontrovérsia de um dos pedidos em face da não refutação do fato pelo réu ou mesmo diante do reconhecimento da sua procedência quanto este mesmo provimento não estar chancelado pela definitividade, com a possibilidade de sua revogação em momento posterior.

Ora, se o réu deixou de observar o ônus da impugnação específica de algum fato, ou se entendeu por bem (nas demandas que envolvem direitos

---

[49] "Reconheci, todavia, que a simples antecipação de efeitos não gera resultado definitivo, pois nada obsta que o juiz, durante a instrução, entenda inexistente o direito, embora incontroversa a afirmação do autor. É claro que a contestação parcial torna altamente provável o acolhimento da pretensão não atacada, mas não está afastada a possibilidade de improcedência do pedido, cujos efeitos foram antecipados por força do § 6º." (BEDAQUE, 2009. p. 362.)

[50] "Para a imediata tutela da parte incontroversa do pedido, talvez a melhor solução tivesse sido a da cisão do julgamento, permitindo sentença parcial, mas definitiva, de mérito (...) Não foi essa, todavia, a opção do legislador, que preferiu o caminho da tutela antecipada provisória. Com isso, limitou-se o âmbito da antecipação aos efeitos executivos da tutela pretendida." (ZAVASCKI, 2005. p. 111.)

[51] "Não vislumbramos, dessarte, no art. 273, § 6.º, do CPC (LGL\1973\5), a introdução do regime do julgamento antecipado parcial da lide, sobretudo porque dependente de uma reforma mais ampla no CPC (LGL\1973\5). Tal como admitida por parte da doutrina, além de não ensejar vantagem prática para o autor da ação, encontra sério óbice no sistema processual no que tange ao regime de efetivação, revelando-se, assim, forçada a exegese que extrai do citado preceptivo legal a autorização para a cisão do julgamento definitivo da causa." (VAZ, P. A. B. *Tutela antecipada fundada na técnica da ausência de controvérsia sobre o pedido (§ 6.º do art. 273 do CPC)*. Revista de Processo, v. 131, 2006. p. 124-44.)

disponíveis) reconhecer a procedência de um dos pedidos, tais pontos não chegaram a formar uma questão controvertida justamente pela ausência de oposição, a menos que possa ser extraído do teor da contestação, contextualmente, que este fato não impugnado não foi admitido como verdadeiro pelo réu.[52]

Sendo assim, a matéria foi abarcada pela preclusão consumativa e não pode ser rediscutida, tornando-se definitiva e apta a ser imunizada pela coisa julgada material. Não faria qualquer sentido, por exemplo, uma tutela antecipada deferida em face da incontrovérsia gerada pelo reconhecimento da procedência de um dos pedidos ter o condão de ser revogada na sentença em face do arrependimento do réu.

E o Código em vigor dirimiu qualquer dúvida que pudesse subsistir a respeito ao introduzir, no capítulo denominado *julgamento conforme o estado do processo*, uma seção específica pertinente ao *julgamento antecipado parcial do mérito*, que disciplinou a cisão de julgamento para os casos de incontrovérsia ou de possibilidade de imediato julgamento de um ou mais pedidos cumulados ou de parcela deles, submetendo tal decisão ao recurso de agravo de instrumento, apesar da natureza de sentença (parcial) do provimento decidido.

Infere-se, portanto, que a hipótese prevista no art. 273, § 6º, do Código revogado, não se tratava propriamente de uma tutela provisória da evidência, mas, sim, de um julgamento antecipado realizado em cognição exauriente, em relação à parcela de um ou mais pedidos que resultaram incontroversos no curso da demanda.

2.6 A Tutela de Urgência e a Tutela da Evidência Sistematizadas no CPC/2015

O Código de Processo Civil em vigor dedicou um livro próprio às tutelas provisórias (livro V), tendo estabelecido no dispositivo introdutório do título I que as tutelas provisórias compreendiam os provimentos sumários

---

[52] "Para que um fato não contestado possa ser presumido verdadeiro, é necessário analisar a defesa globalmente, verificando, a partir do conjunto das alegações do réu, se é certo concluir que o fato não especificamente impugnado foi aceito como verdadeiro. É apenas a partir da análise da defesa na sua totalidade que se pode dizer que um fato não contestado deve ser considerado incontroverso." (MARINONI e ARENHART, 2011. p. 126.)

pautados na urgência e na evidência.[53] As tutelas de urgência, sob a égide da nova codificação, foram unificadas, englobando sob o aspecto estrutural as técnicas antecipatória e cautelar, inexistindo, portanto, um livro próprio para o processo cautelar, conforme era observado no Código revogado.

Assim, diante desta unificação do regime das tutelas de urgência, os pressupostos para a concessão das tutelas satisfativa e conservativa de direitos foram aglutinados num mesmo dispositivo, no qual restou previsto, além do requisito pertinente à plausibilidade do direito invocado, o perigo de dano[54] ou o risco ao resultado útil do processo.[55]

A tutela cautelar, portanto, perdeu sua autonomia procedimental, na medida em que, além de passar a integrar o gênero "tutela de urgência" e ser prestada diretamente num processo principal ou, melhor dizendo, num processo único, ela deixa de inaugurar outra demanda que tramitava em autos apartados e apensados aos principais.

E, com efeito, a tutela de urgência cautelar requerida de forma antecedente deve ser apresentada como petição inicial do processo, a qual deverá ser aditada com o pedido e a causa de pedir da pretensão principal, no prazo de 30 dias contados da efetivação da tutela cautelar, independentemente do recolhimento de novas custas, ressalvada a possibilidade do autor, desde logo, apresentar a petição inicial com todos os pedidos e a narrativa dos fatos e os fundamentos jurídicos respectivos.

Esta inevitável conclusão quanto à autonomia procedimental, todavia, não afasta a autonomia funcional da tutela cautelar, como pretensão à prestação de segurança em face de uma situação jurídica acautelada, não

---

[53] Art. 294. A tutela provisória pode fundamentar-se em urgência ou evidência.

[54] Deve ser assinalado que o NCPC prevê no seu art. 497, parágrafo único, tutela em face do ilícito (inibitória).

[55] Apesar da expressão consagrada no NCPC, é certo que a tutela cautelar visa precipuamente prestar segurança ao direito material, atuando, pois, como um instrumento para tutelar o direito material acautelado, e não como meio voltado a tutelar a jurisdição ou o processo. Neste sentido, Marinoni e Arenhart (2014): "Como está claro, entendemos que a tutela cautelar é a tutela assecuratória da tutela prometida pelo direito material e da situação a que o direito material confere tutela jurídica (...) A tutela cautelar não é uma tutela da jurisdição ou do processo, por várias razões. A mais óbvia é a de que, caso fosse tutela do Estado, não poderia ser entregue aos litigantes". (MARINONI, L. G.; ARENHART, S. C. Curso de Processo Civil: Processo Cautelar. 6. ed. São Paulo: Revista dos Tribunais, 2014. v. 4. p. 23.)

TUTELA DA EVIDÊNCIA

sendo adequado afirmar, por esta ótica, que a tutela cautelar mantém relação de acessoriedade com o direito material assegurado.[56]

Também merece ser salientada outra característica marcante das tutelas cautelares no Código de Processo Civil em vigor, a qual derivou da própria unificação das tutelas de urgência conservativas de direito e satisfativas.

Trata-se da sua atipicidade, que teve por consequência a ausência de previsão das tutelas cautelares nominadas ou típicas. Isto implica dizer que todos os direitos que requeiram uma providência acautelatória para assegurar sua satisfatividade podem ser tutelados por uma prestação de segurança cuja concessão depende apenas da presença dos requisitos aplicáveis a toda e qualquer situação jurídica acautelada: a probabilidade do direito invocado (*fumus boni iuris*) e o perigo de um provimento tardio (*periculum in mora*).

Desta forma, o rol de medidas cautelares mencionado no art. 301, *caput* do CPC é meramente exemplificativo, o que é inclusive confirmado pelo conteúdo final de seu dispositivo.[57]

Com relação ao regime da tutela de urgência antecipada antecedente, o novo código adotou um procedimento muito similar à técnica monitória, consistente na possibilidade de sua estabilização por tempo indeterminado, o que confere autonomia a este provimento sumário, especialmente se o autor não aditar a petição inicial no prazo assinado pelo juiz.

Esta técnica sumária, inspirada no *référé* francês[58], permite que a tutela antecipada deferida em caráter antecedente adquira estabilização de seus

---

[56] Conforme magistério de Alcides Munhoz da Cunha: "A autonomia da lide cautelar, com conteúdo de direito material, evidencia a autonomia da tutela cautelar, que nasce de uma pretensão cautelar, fundada no direito de cautela subsidiário, com *causa petendi* específica, contendo alegação de *fumus* e de *periculum damnum*, visando, autonomamente, a atuação finalística ou instrumental do *fumus* enquanto *fumus* para a salvação emergencial de interesses periclitantes, que podem ou não coincidir com o *fumus*". (CUNHA, A. M. Comentários ao Código de Processo Civil, vol. 11. Coord. Ovídio Araújo Baptista da Silva. São Paulo: Revista dos Tribunais, 2001. p. 470.)

[57] "Art. 301. A tutela de urgência de natureza cautelar pode ser efetivada mediante arresto, sequestro, arrolamento de bens, registro de protesto contra alienação de bem e qualquer outra medida idônea para asseguração do direito."

[58] "O instituto do *référé* é antigo no direito francês: seu nascimento é situado em 1685, no âmbito do Châtelet de Paris, e depois incorporado no Código de Processo de 1806. Na origem, era ligado diretamente à necessidade de obter tutela judicial célere em casos de urgência." (THEODORO JUNIOR, H. A Autonomização e a Estabilização da Tutela de Urgência no Projeto de CPC. Revista de Processo, v. 37, n. 206, 2012. p. 13-59.)

efeitos, se, após a sua concessão, o réu conformar-se com a decisão e não apresentar qualquer resistência, seja através de contestação, seja através do recurso adequado ou de qualquer outro meio de impugnação.

Assim, mantendo-se o réu inerte e deixando o autor de aditar a petição inicial no prazo fixado para tanto, com a complementação da causa de pedir, apresentação de pedido final e juntada de novos documentos, a tutela de urgência antecipada que foi deferida inicialmente estabiliza-se por tempo indefinido[59]. Parece salutar, a nosso aviso, que o juiz fixe um prazo pouco mais dilatado para o autor aditar a inicial, conforme autoriza o art. 303, § 1º, I do CPC.

A finalidade é evitar a coincidência entre o prazo do réu recorrer para evitar a estabilização – o qual seria de 15 dias, *ex vi* do art. 1.070 – e o prazo para o autor aditar a inicial, que, se não for fixado de forma diversa pelo juiz, também será de 15 dias.

Assim, fixando-se prazo um pouco maior, se o réu não se irresignar pela via recursal, o autor já estaria ciente de que a tutela foi estabilizada e, portanto, poderá abster-se de apresentar o aditamento e contentar-se com os efeitos da tutela satisfativa estabilizada, sem a necessidade de aprofundar a cognição, o que resultaria na extinção do processo sem a resolução do mérito.[60]

Operada a estabilização dos efeitos da tutela sumária satisfativa, caberá a qualquer das partes aforar no prazo de dois anos demanda em cognição exauriente, com a finalidade de revisar o teor da tutela antecipada antecedente. Em que pese a previsão legal de que ambas as partes podem

---

[59] A despeito de posições contrárias, que defendem a imprescindibilidade de aditamento da inicial pelo autor em qualquer hipótese, para que ocorra a estabilização. Neste sentido, Leonardo Ferres da Silva Ribeiro, assevera que "(...) na nossa opinião, não haverá estabilização da tutela antecipada, mesmo diante da ausência de recurso (ou resistência) do réu, quando o autor não aditar a petição inicial (inciso I do art. 303), o que implicará a extinção do processo (art. 303, § 2º), com a perda da eficácia da tutela antecipada deferida". (RIBEIRO, L. F. da S. Tutela Provisória – Tutela de Urgência e Tutela da Evidência do CPC/1973 ao CPC/2015. 2. ed. São Paulo: Revista dos Tribunais, 2016. p. 228.)

[60] Neste sentido, Talamini e Wambier: "(...) se o prazo para a formulação do pedido principal encerra-se depois do prazo para o réu recorrer da decisão concessiva da antecipação, e esse recurso não é interposto, estabiliza-se a tutela antecipada, o processo extingue-se – e o autor não precisa mais formular o pedido de tutela principal (art. 304 do CPC/2015)". (WAMBIER, L. R.; TALAMINI, E. Curso Avançado de Processo Civil. 16. ed. São Paulo: Revista dos Tribunais, 2016. v. 2. p. 891.)

propor a ação de cognição exauriente, a monitorização do procedimento é indiscutível, na medida em que, salvo hipótese peculiar, inverte-se o ônus de ajuizar a ação com cognição exauriente em face do réu, já que o autor estaria amparado pelos efeitos da tutela sumária que restou estabilizada.[61]

O Código de Processo Civil, a despeito de ter instituído as tutelas de urgência – cautelares e antecipadas – em caráter antecedente, permitindo seu aditamento em prazo oportuno e a estabilização das tutelas satisfativas, manteve a possibilidade de as tutelas de urgência serem requeridas incidentalmente, na petição inicial ou em qualquer outro momento processual em que os seus requisitos possam emergir.

A tutela da evidência, por seu turno, foi disciplinada em título próprio, no qual foram elencadas as hipóteses que autorizam seu deferimento, deixando de ser contemplada juntamente com as tutelas de urgência antecipadas, conforme ocorria sob a égide do Código revogado.

E, a rigor, a tutela da evidência, que tem em sua gênese uma técnica destinada a concretizar o princípio da isonomia processual através da redistribuição do ônus do tempo processual e a coibir a defesa abusiva[62], era prevista na vigência da codificação revogada como uma das hipóteses que autorizavam a utilização da técnica antecipatória, de modo que não existia esta autonomia estrutural inaugurada pelo Código atual, que regulamentou a técnica em título próprio e elencou outras hipóteses normativas, além do abuso do direito de defesa e o manifesto propósito protelatório do réu.[63]

Outro aspecto que merece ser destacado é que a tutela da evidência fundada na incontrovérsia total ou parcial de um ou mais pedidos ou parcela deles, que era estabelecida no Código revogado como modalidade da

---

[61] "A técnica monitória consiste na rápida viabilização de resultados práticos, sem a produção de coisa julgada material, nos casos em que, cumulativamente, (i) há concreta e marcante possibilidade de existência do direito do autor (aferida mediante cognição sumária); e (ii) há inércia do réu. Então, transfere-se ao réu o ônus da instauração do processo de cognição exauriente (*Ibidem*. p. 892)."

[62] "Quando o direito do autor é evidente e a defesa do réu carece de seriedade, surge a tutela da evidência como técnica de distribuição do ônus do tempo do processo, pois de outra forma uma defesa abusiva estará protelando a tutela jurisdicional do direito." (MARINONI, 2017. p. 279.)

[63] Neste ponto, conforme será observado ao longo deste trabalho, é importante registrar que o rol de situações que permitem a utilização da técnica da evidência não estão restritas ao art. 311, I a IV do CPC.

técnica antecipatória, foi corretamente incluída como uma das hipóteses de julgamento antecipado parcial da lide no CPC atual.[64]

A inovação pertinente à estabilização da tutela de urgência requerida em caráter antecedente é aplicável exclusivamente às tutelas de urgência satisfativas, ou seja, às tutelas antecipadas aforadas quando o *periculum in mora* encontra-se presente desde o surgimento da pretensão a ser deduzida judicialmente. A ausência de estabilização para as tutelas de urgência cautelares pode ser explicada pela aparente incoerência de manter-se estabilizada uma tutela destinada à conservação de um direito acautelado que, no entanto, não é sequer discutido na demanda em face do não aditamento e consequente invocação do pedido principal.

Apesar de esta premissa mostrar-se correta em princípio, especialmente quando a tutela sumária deferida tem nítida função cautelar, é importante ressaltar que esta diferenciação nem sempre é fácil de constatar, diante da existência de situações matizadas pelas zonas de penumbra, nas quais a sutileza entre a satisfação e a conservação é fonte de dúvidas difíceis de serem equacionadas.[65]

Por este ângulo, talvez a previsão de um regime unificado quanto à estabilização da tutela de urgência requerida em caráter antecedente fosse mais conveniente, pois teria a virtude de prevenir discussões a respeito da maior ou menor preponderância de carga antecipatória ou conservativa na tutela antecedente deferida, o que, a depender do caso, poderia gerar impasse e dar margem à polêmica se determinada tutela de urgência – mesmo que aparentemente cautelar – teria o condão de adquirir os efeitos da estabilização.[66]

---

[64] Na verdade, de acordo com o que será ponderado neste trabalho, a tutela antecipada fundada no art. 273, § 6º do CPC/73 (incontrovérsia de parcela dos pedidos) era balizada por cognição exauriente, a despeito de estar prevista como modalidade de tutela provisória.

[65] "O ponto pode gerar dúvidas a respeito da natureza da medida, se cautelar ou se antecipada, a fim de se escolher o procedimento adequado, pois, como destaca a doutrina italiana, a diferenciação entre as medidas cautelar e antecipatória não é tarefa fácil: não obstante a existência de campos em que a separação é tranquila, há outros que constituem verdadeiras zonas cinzentas, em que a diferenciação se mostra extremamente delicada." (ANDRADE, E.; NUNES, D. Os contornos da estabilização da tutela provisória de urgência antecipatória no novo CPC e o "mistério" da ausência de formação da coisa julgada. 2015. Disponível em: <http://www.academia.edu/28516699>. Acesso em: 02 de dez. de 2017.)

[66] Conforme bem salientaram Talamini e Wambier: "A diferença entre as medidas cautelares e as antecipatórias urgentes não é qualitativa, mas quantitativa. É perceptível certa

TUTELA DA EVIDÊNCIA

Nada obstante, prevaleceu o regime da estabilização restrita às tutelas de urgência satisfativas. Quanto à tutela da evidência, não houve a previsão de procedimento que permitisse seu requerimento em caráter antecedente – embora, a nosso sentir, isto não fosse incompatível com a função desta tutela sumária. Ao que parece, o elemento *urgência* foi preponderante para a adoção da sistemática das tutelas sumárias antecedentes, e, assim, ficou reservada à tutela da evidência, essencialmente, sua previsão em caráter incidental.

A estabilização da tutela de urgência satisfativa antecedente, a rigor, não está submetida à imunização da coisa julgada, tanto que está expressamente prevista a inversão do ônus de ajuizar demanda em cognição exauriente por qualquer das partes, com o objetivo de revisar ou invalidar a tutela estabilizada no prazo bienal.

A não sujeição da tutela estabilizada à coisa julgada está fundada especialmente na sumariedade da cognição nela realizada, que não seria apta, por esta ótica, à atribuição da autoridade da coisa julgada, diante do não enfrentamento de todas as matérias que envolvem a controvérsia – observado o contraditório e a oportunidade de produzir provas – com a profundidade de uma cognição exauriente.[67]

A doutrina parece inclinar-se francamente pela natureza decadencial[68] do prazo de dois anos para a propositura da demanda que tem por escopo revisar ou invalidar a tutela satisfativa deferida em caráter antecedente que adquiriu estabilidade, ficando afastada, portanto, qualquer possibilidade de formação da coisa julgada material, mesmo após o decurso deste

---

gradação da carga antecipatória nas medidas de urgências não tendentes a ser tornar, por si só, definitivas – mesmo naquelas pacificamente tidas como conservativas". (WAMBIER e TALAMINI, 2016. p. 865.)

[67] "O instituto da coisa julgada é constitucionalmente incompatível com decisão proferida com base em cognição superficial, e, por isso mesmo, provisória, sujeita à confirmação. Há uma vinculação constitucional da coisa julgada à cognição exauriente." (*Ibidem*. p. 896.)

[68] "O direito de rever, reformar ou invalidar a tutela antecipada, por meio da ação própria prevista no § 2º, extingue-se após dois anos, contados da ciência da decisão que extinguiu o processo. Trata-se de prazo *decadencial* e, portanto, não se admite sua suspensão ou interrupção." (RIBEIRO, 2016. p. 229.)

No mesmo sentido, Wambier e Talamini: "Trata-se de prazo decadencial, pois limita temporalmente o exercício de um direito potestativo (o direito de desconstituir a tutela que se estabilizou)". (WAMBIER e TALAMINI *op. cit.* p. 897.)

prazo.[69] Justamente por esta razão a consumação do prazo decadencial, apesar de confirmar a estabilização da tutela antecedente, não impediria o debate em outra ação, do próprio direito material cuja eficácia satisfativa foi antecipada, respeitados os prazos prescricionais da pretensão e decadencial do direito potestativo, conforme o caso.[70]

A forma como foram sistematizadas as tutelas sumárias no Código de Processo Civil, notadamente as tutelas de urgência, conferiu um autêntico sincretismo ao processo, o que já havia sido percebido no Código revogado, a partir da previsão do cumprimento de sentença como fase integrante do processo de conhecimento, introduzido pela lei n.11.232/2005.

Este sincretismo, ampliado pelo Código atual, caracteriza-se pela concomitância de atividades conservativas de direito, satisfativas, cognitivas e executivas no bojo de um modelo procedimental único.

2.7 A Enumeração das Hipóteses de Tutela da Evidência: Rol Exaustivo?

A tutela da evidência foi disciplinada no livro V, capítulo III, do Código de Processo Civil de 2015, que se refere às tutelas provisórias. Com efeito, no art. 294, *caput*, é mencionado que as tutelas provisórias compreendem as tutelas de urgência ou da evidência, ao passo que no art. 311, I a IV, são elencadas as hipóteses que autorizam a concessão da tutela fundada na evidência do direito, com o parágrafo único respectivo, estabelecendo regra a respeito da concessão desta modalidade de tutela em caráter liminar.[71]

---

[69] "O legislador refere que a decisão que concede a tutela antecipada não *fará coisa julgada* (será apenas estável), mas seus efeitos *não poderão ser afastados de modo nenhum* se, depois de dois anos, *não for proposta ação tendente ao exaurimento da cognição*." (MARINONI, L. G.; ARENHART, S. C.; MITIDIERO, D. Curso de Processo Civil. 2. ed. São Paulo: Revista dos Tribunais, 2016. v. 2. p. 216). [Itálico, no original.]

[70] "Passado esse prazo, diante da inexistência de coisa julgada acerca da matéria, nada impede que qualquer das partes, respeitados os prazos prescricionais pertinentes, ingresse com uma nova demanda, com cognição exauriente, que diga respeito ao mesmo bem da vida discutido na ação que foi extinta." (RIBEIRO, 2016. p.230.)

[71] "Art. 311. A tutela da evidência será concedida, independentemente da demonstração de perigo de dano ou de risco ao resultado útil do processo, quando:
I – ficar caracterizado o abuso do direito de defesa ou o manifesto propósito protelatório da parte;

TUTELA DA EVIDÊNCIA

Parece-nos, todavia, que a tutela sumária da evidência não se limita aos casos elencados no art. 311, incisos I a IV, pois dentro do próprio sistema do Código de Processo Civil, bem como em legislações extravagantes, é possível constatar a previsão de hipóteses de tutelas sumárias que dispensam o requisito da urgência, requisito típico das cautelares ou das antecipatórias satisfativas.

Essas previsões somente confirmam a primazia do valor da efetividade da jurisdição, que possui assento constitucional como direito fundamental[72], e por extensão permitem concluir que as situações que foram disciplinadas no art. 311, I a IV do Código, mesmo conferindo-se uma interpretação sistemática[73] que ampliaria as hipóteses respectivas, constituiriam, por este prisma, um rol exemplificativo, incapaz de exaurir os casos que comportam a tutela sumária pautada na evidência no sistema jurídico nacional[74].

2.7.1 Abuso do Direito de Defesa ou o Manifesto Propósito Protelatório do Réu

Desde logo, ressaltamos que estamos diante de uma cláusula geral, aberta, uma norma jurídica especial, que confere ao juiz o mister de dar-lhe

---

II – as alegações de fato puderem ser comprovadas apenas documentalmente e houver tese firmada em julgamento de casos repetitivos ou em súmula vinculante;

III – se tratar de pedido reipersecutório fundado em prova documental adequada do contrato de depósito, caso em que será decretada a ordem de entrega do objeto custodiado, sob cominação de multa;

IV – a petição inicial for instruída com prova documental suficiente dos fatos constitutivos do direito do autor, a que o réu não oponha prova capaz de gerar dúvida razoável.

Parágrafo único. Nas hipóteses dos incisos II e III, o juiz poderá decidir liminarmente."

[72] "XXXV – a lei não excluirá da apreciação do Poder Judiciário lesão ou ameaça a direito. LXXVIII – a todos, no âmbito judicial e administrativo, são assegurados a razoável duração do processo e os meios que garantam a celeridade de sua tramitação."

[73] Seria um exemplo desta interpretação sistemática a aplicação do art. 311, II em consonância com o art. 928, I e II, o que permitiria a extensão da tutela da evidência para as hipóteses de IRDR, RESP e REEX repetitivos.

[74] "Já que o legislador criou um artigo para prever as hipóteses de tutela da evidência, deveria ter tido o cuidado de fazer uma enumeração mais ampla, ainda que limitada a situações previstas no Código de Processo Civil. Afinal, a liminar da ação possessória, mantida no Novo Código de Processo Civil, continua a ser espécie da tutela de evidência, bem como a ação monitória, e nenhuma delas está prevista no art. 311. A única conclusão possível é que o rol de tal dispositivo legal é exemplificativo." (NEVES, D. A. A. Novo CPC. Editora Método. p. 218.)

concretude para sua operabilidade, de conformá-la na hipótese a ele submetida a partir de valores extraídos de princípios não necessariamente codificados.

E, com efeito, o abuso do direito de defesa ou o manifesto propósito protelatório apresentam-se como norma de caráter semântico, vago, que permite ao juiz a própria criação do direito a ser aplicado num dado caso concreto, ou como pontos de apoio para a construção da norma jurídica do caso sob análise, conforme bem observado por Judith Martins-Costa (1992).[75]

Portanto, tal norma jurídica especial dotada de vagueza semântica desafia o juiz a colmatar, no caso concreto, a lacuna deixada pela generalidade das expressões de abuso de direito de defesa ou manifesto propósito protelatório, traduzindo-se, assim, numa verdadeira cláusula geral da tutela da evidência.

Isto ocorre porque, mesmo que o direito do autor não esteja escudado no rol ilustrativo previsto no art. 311, II a IV do Código de Processo Civil, ele ainda assim poderá requerer a tutela fundada na evidência do direito recorrendo a esta cláusula geral, a qual, ao amparar o direito provável diante de uma defesa inconsistente, permite a redistribuição do ônus do tempo do processo.[76]

---

[75] "As cláusulas gerais atuam instrumentalmente como meios para esta concreção porquanto são elas elaboradas através da formulação de hipótese legal que, em termos de grande generalidade, abrange e submete a tratamento jurídico todo um domínio de casos. Por esta via, ideias genéricas e alheadas de uma elaboração acabada e casuística – como as de boa-fé, bons costumes, uso abusivo de direito, usos do tráfico jurídico e outras similares, que só produzem frutos quando animadas por problemas reais, passam a funcionar como "pontos de partida para a formação concreta de normas jurídicas (...) A grande diferença entre princípio e cláusula geral, do ponto de vista da atividade judicial, está, pois, em que estas permitem a formação da norma não através da interpretação do princípio, mas pela criação, através da síntese judicial onde encontram como elemento de atuação fatos ou valores éticos, sociológicos, históricos, psicológicos, ou até mesmo soluções advindas da análise comparativista, atuando tais critérios tradicionalmente tidos como extralegais através das verdadeiras 'janelas' consubstanciadas em tais cláusulas." (MARTINS- COSTA, J. As Cláusulas Gerais como Fatores de Mobilidade do Sistema Jurídico. Revista de informação legislativa, v. 28, n. 112, 1991. p. 13-32. Disponível em: <http://www2.senado.leg.br/bdsf/item/id/175932>. Acesso em: 05/02/2017.)

[76] De acordo com Marinoni: "Assim, caso não existisse o inciso I, ou melhor, a cláusula geral da tutela da evidência, a oportunizá-la em todos os casos em que há direito evidente e defesa inconsistente que exige dilação probatória, haveria violação da isonomia. Não é por outro motivo que o inciso I do art. 311 deve ser visto como uma regra geral de democratização

TUTELA DA EVIDÊNCIA

E, de fato, não haveria justificativa para que a utilização da técnica da evidência dependesse exclusivamente do enquadramento da tese jurídica apresentada pelo autor a uma das hipóteses elencadas normativamente no art. 311, II a IV, sob pena de afronta à isonomia, na medida em que duas situações similares poderiam, em tese, receber tratamento distinto quanto à tutela do direito mediante instrumentos diferenciados.[77]

Desta forma, a cláusula geral do abuso do direito de defesa ou manifesto propósito protelatório assume esta função, qual seja, assegurar uma aplicação irrestrita e atípica da técnica da evidência, estendendo essa técnica a quaisquer hipóteses em que o direito do autor se respaldasse em juízo de verossimilhança e a defesa do réu se mostrasse desprovida de seriedade.

O abuso do direito de defesa ou o manifesto propósito protelatório, a rigor, possuem sentido equivalente, e portanto serão empregados dentro do mesmo contexto semântico, sem que haja necessidade de diferenciar-se as duas expressões.[78] Para os que entendem pela sua distinção, em geral, o argumento reside na circunstância de que o manifesto propósito protelatório está relacionado com posturas adotadas pelo réu antes mesmo da apresentação de sua defesa.[79]

De qualquer forma, o conceito que melhor reflete o abuso do direito de defesa ou o manifesto propósito protelatório pode ser definido pela

do processo – que viabiliza técnica processual idônea a toda e qualquer situação de direito substancial." (MARINONI, 2017. p. 334.)

[77] "Na verdade, caso o art. 311 fosse um mero amontoado de exemplos, haveria uma simples descrição de hipóteses traçadas em privilégio de determinados titulares de documentos ou contratos (*Ibidem*)."

[78] A respeito, Luiz Fux assevera que: "Uma última observação se impõe quanto a considerar--se repetitiva a lei ao referir-se a abuso do direito de defesa e intuito protelatório do réu, por isso que essa segunda modalidade de conduta processual encaixa-se no gênero da primeira prevista, na medida em que os incidentes processuais suscitáveis nessa fase do procedimento encontram-se englobados na expressão 'defesa do réu'". (FUX, L. Tutela de Segurança e Tutela da Evidência: Fundamentos da Tutela Antecipada. São Paulo: Saraiva, 1996. p. 347.)

[79] Medina (2016), por exemplo, pondera que: "O 'manifesto propósito protelatório' pode ficar caracterizado antes da apresentação pelo réu (por exemplo, pode-se demonstrar que o réu, tomando conhecimento da existência de ação contra si, oculta-se com o intuito de frustrar a citação)." (MEDINA, J. M. G. Novo Código de Processo Civil Comentado. 4. ed. 2. tir. São Paulo: Revista dos Tribunais, 2016. p. 529.)

defesa inconsistente[80], infundada, frágil. A despeito de tratarem-se de expressões ainda muito imprecisas, é certo que cumpre ao juiz confrontar a tese jurídica e as provas apresentadas pelo autor de plano, com os fundamentos da defesa, para então inferir se ela está ou não matizada pela sua inconsistência.

Em síntese, a verossimilhança do direito invocado pelo autor de um lado, e a apresentação de uma defesa inconsistente de outro, é que autoriza a concessão da tutela pautada na evidência. É importante salientar que a defesa, apesar de infundada, deve necessariamente exigir a dilação probatória para que a técnica da evidência atue e assegure a redistribuição do ônus do tempo no processo, pois a tutela da evidência situa-se num campo limítrofe, em que a inconsistência da defesa, a despeito, não dispensa a produção de provas.

É relevante pontuar que a necessidade de dilação probatória não tem o condão de tornar uma defesa inconsistente em robusta. Entretanto, o juiz, ao analisar o teor da defesa e concluir pela sua inconsistência, exerce um juízo de probabilidade que, portanto, deve ser submetido à cognição exauriente antes de receber um pronunciamento definitivo.

Por outra via, se o juiz constatar prontamente que a defesa é inconsistente e que as provas requeridas são desnecessárias – pois a matéria não depende de sua produção ou é incontroversa – então a hipótese será de julgamento antecipado, total ou parcial.

A defesa inconsistente que, nada obstante, requeira a produção de provas, isoladamente, não é suficiente para a concessão da tutela sumária fundada na evidência do direito. É imprescindível que, atrelada à inconsistência da defesa, a tese do autor e as provas que instruíram a petição inicial permitam constatar a verossimilhança do seu direito.[81]

---

[80] "A defesa abusiva é a inconsistente, bem como a que não enfrenta com objeções, defesa direta ou exceções materiais a pretensão deduzida, limitando-se à articulação de preliminares infundadas. FUX, *op. cit.* p. 347.)

[81] Consoante explica Cassio Scarpinella Bueno (2014): "Assim, importa, para os fins do art. 273, II, que haja abuso de direito de defesa ou propósito protelatório do réu, aliado à prova inequívoca que convença o magistrado da verossimilhança da alegação nos termos discutidos pelo n. 2.3 supra." (BUENO, C. S. Curso Sistematizado de Direito Processual Civil. 6. ed. 2. tir. São Paulo: Saraiva, 2014. v. 4. p. 46.)

2.7.2 Alegações de Fato Comprovadas Documentalmente e Tese Firmada em Julgamento de Casos Repetitivos ou em Súmula Vinculante

O Código de Processo Civil em vigor desenvolveu senão um microssistema uma metodologia específica para sistematizar o julgamento de demandas semelhantes ou com questões idênticas a serem apreciadas, assim como enfatizou a necessidade de conferir racionalidade ao sistema jurídico, ao ressaltar o dever de observância pelos juízes e tribunais inferiores das decisões emanadas dos Tribunais Superiores.

Esta postura da novel codificação pode ser sentida a partir da previsão normativa de incidentes de julgamentos repetitivos, como é o exemplo do IRDR, do incidente de assunção de competência e dos incidentes de recursos especial e extraordinário repetitivos.

É neste contexto que a hipótese normativa da tutela da evidência inserta no art. 311, II. do Código de Processo Civil foi prevista, ao definir uma situação jurídica amparada em súmula vinculante emanada do STF ou em julgamentos repetitivos como fundamento para a tutela fundada na evidência do direito. A necessidade de demonstrar as alegações fáticas pela via documental, a rigor, impõe apenas que os fatos subjacentes narrados na causa de pedir – que devem estar respaldados pela tese jurídica sedimentada em súmula vinculante ou em julgamento de incidentes de casos repetitivos – sejam comprovados de plano, o que somente é viável através de prova documental ou, em última hipótese, por intermédio de prova documentada.

A primeira ponderação que emerge de uma análise crítica do dispositivo em apreço refere-se ao desvirtuamento da cláusula geral que, salvo melhor entendimento, constitui o pressuposto que justifica a previsão de uma técnica sem o requisito *urgência*, qual seja, a defesa inconsistente atrelada à probabilidade do direito do autor.

Ora, ainda que a tese jurídica apresentada pelo autor esteja devidamente amparada em súmula vinculante ou julgamento de casos repetitivos, a análise do conteúdo da defesa do réu mostra-se imprescindível antes da apreciação da tutela da evidência. Isto se dá porque, se sob o aspecto funcional a técnica da evidência pauta-se na redistribuição do ônus do tempo do processo, parece claro que seu escopo é impedir que o réu que apresentou uma defesa inconsistente e requereu a produção de provas – notadamente para desincumbir-se de um ônus que lhe foi atribuído pela regra estática prevista ordinariamente no Código – permaneça em posição de vantagem perante o autor que apresentou uma tese verossímil.

Afinal, se o direito invocado pelo autor mostrou-se provável desde logo, violaria o princípio da isonomia compeli-lo a suportar o tempo necessário à produção de provas para desincumbir-se de um ônus que é do réu.

Assim, parece-nos que se a tutela da evidência é deferida liminarmente – conforme autoriza o Código – e o réu apresenta contestação sem invocar exceções substanciais indiretas ou qualquer outra defesa de mérito que dependa de dilação probatória, então a hipótese seria de julgamento antecipado[82] (ainda que parcial) do mérito e, portanto, a tutela referida não teria um fundamento lógico que lhe justificasse, ao menos sem que o requisito *urgência* estivesse presente simultaneamente.

Por outro ângulo, destaca-se que apenas com a análise do teor da contestação é que o juiz poderá aferir, primeiro, se a defesa é inconsistente, e, segundo, se a produção probatória postulada para a desincumbência de um ônus do réu[83] permite a concessão da tutela da evidência, a qual, neste caso, ocupa a função de redistribuir o ônus do tempo do processo e atender ao perfil funcional desta técnica sumária.

A premissa contida no art. 311, II, ora em análise, no sentido de que bastaria ao autor indicar que sua tese apoia-se em súmula vinculante ou em julgamentos repetitivos para que a defesa seja presumidamente inconsistente, deve ser recebida com ressalvas, especialmente porque o teor da súmula em si ou da tese sintetizada a partir de julgamentos de casos repetitivos, que usualmente são utilizadas como paradigmas, não passam de enunciados normativos abstratos.

Assim sendo, é salutar que seja oportunizado ao réu manifestar-se previamente em contraditório, até mesmo para que possa eventualmente influenciar na decisão, ao apontar que a situação fática narrada na causa de pedir não está respaldada pelos fundamentos determinantes que

---

[82] "Seria possível raciocinar mediante o argumento de que as alegações de fato do autor devem estar provadas documentalmente, sem depender de qualquer outra prova. Porém, ao não existir qualquer outra alegações de fato passível de demonstração – *nem do réu* –, entendimento da Corte Suprema serviria apenas para mais uma vez viabilizar o julgamento antecipado do mérito." (MARINONI, 2017. p. 335.)

[83] Como seria a hipótese de uma defesa de mérito indireta que requer a produção de prova oral, pois neste caso, de acordo com a distribuição estática prevista no art. 373, II do CPC, o ônus pertence ao réu.

TUTELA DA EVIDÊNCIA

deram origem à súmula vinculante ou à tese chancelada em julgamento repetitivo.[84]

Ademais, deve ser salientado que o âmbito de abrangência do inciso 311, II, do Código de Processo Civil, não está restrito às hipóteses de julgamento das matérias afetadas em julgamentos de casos repetitivos, nem às súmulas vinculantes emanadas do Supremo.

Esta conclusão é extraída, sem maiores dificuldades, da própria função reservada à técnica da evidência, que é concretizar o direito fundamental à tutela jurisdicional do direito através da inversão do ônus do tempo processual. A premissa lógica reside na circunstância de que esta técnica exige a verossimilhança do direito do autor e o oferecimento de defesa inconsistente que, apesar disso, depende de dilação probatória.

Ora, para que o direito apresentado pelo autor tenha suporte na verossimilhança, não é imprescindível que exista súmula vinculante ou tese sufragada em julgamento de casos repetitivos a dar-lhe guarida. E, com efeito, existem diversas situações em que a tese jurídica do autor mostra-se verossímil independentemente da formulação de súmulas vinculantes ou teses derivadas de julgamentos repetitivos, como seria o exemplo da jurisprudência majoritária alinhar-se com a tese do autor, e até mesmo com uma única decisão dos Tribunais Superiores, que enfrentou matéria similar à que foi versada na demanda.

Nota-se que nestes dois exemplos não existe súmula vinculante ou tese que aprovou tema afetado em recurso especial ou extraordinário repetitivos. Infere-se, portanto, que, ao referir-se às decisões oriundas de súmulas vinculantes ou julgamentos repetitivos, o dispositivo inserto no art. 311, II, do Código apenas elencou de forma não taxativa duas hipóteses que

---

[84] Trata-se de aplicar a técnica da distinção ou *distinguishing* do sistema do *stare decisis*. Segundo Marinoni: "O *distinguishing* expressa a distinção entre casos para o efeito de se subordinar, ou não, o caso sob julgamento a um precedente. A necessidade de *distinguishing* exige, como antecedente lógico, a identificação da *ratio decidendi* do precedente. Com a *ratio* espelha o precedente que deriva do caso, trata-se de opor o caso sob julgamento à *ratio* do precedente decorrente do primeiro caso. Assim, é necessário, antes de mais nada, delimitar a *ratio decidendi*, considerando-se os fatos materiais do primeiro caso, ou seja, os fatos que foram tomados em consideração no raciocínio judicial como relevantes ao encontro da decisão. De modo que o *distinguishing* revela a demonstração entre as diferenças fáticas entre os casos ou a demonstração de que a *ratio* do precedente não se amolda ao caso sob julgamento, uma vez que os fatos de um e outro são diversos". (MARINONI, L. G. Precedentes Obrigatórios. 2. ed. São Paulo: Revista dos Tribunais, 2011a. p. 327.)

permitem aquilatar a probabilidade do direito do autor, sem excluir outros casos, especialmente fundados em entendimentos hauridos da jurisprudência ou dos fundamentos determinantes extraídos de acórdão emanado dos tribunais.[85]

2.7.3 Pedido Reipersecutório Fundado em Prova Documental Adequada do Contrato de Depósito

A previsão normativa contida no art. 311, III, substituiu a ação de depósito específica prevista no Código revogado, que previa rito procedimental próprio para a entrega de bem objeto de contrato de depósito, sendo largamente utilizada nos contratos de alienação fiduciária em garantia, disciplinados no Decreto-Lei n. 911/69, posteriormente à tentativa frustrada de busca e apreensão dos bens alienados.

Trata-se, portanto, de hipótese voltada a tutelar a posse ou a propriedade de um bem que restaram violados pelo devedor, ou seja, pretensão reipersecutória que, neste caso, é especialmente relacionada a contrato de depósito.

A primeira ponderação que se faz é que as pretensões reipersecutórias nem sempre são fundadas em contrato de depósito. Assim sendo, até mesmo para preservar a isonomia de situações jurídicas que reclamam uma técnica processual adequada, parece ser salutar conferir-se interpretação extensiva ao dispositivo para abranger outros pedidos reipersecutórios, mesmo que não tenham origem em vínculo obrigacional fundado em depósito.[86]

---

[85] Neste sentido, assinala Marinoni (2017) que: "A ideia de súmula vinculante e de decisão tomada em 'casos repetitivos' indica meros exemplos do entendimento das Cortes Supremas, que, mais do que em qualquer outro lugar, está em seus precedentes." (MARINONI, 2017. p. 334-5.)

[86] Compartilham deste entendimento Flávio Yarshell e Helena Abdo (2015): "Mais uma vez, a *prova documental* revela a evidência do direito e enseja a interpretação de que se trata de pretensão plausível, com grande probabilidade de ser deferida. Neste caso, a prova documental recai exclusivamente sobre o contrato de depósito, o que, de certa forma, é desnecessariamente limitador: a disposição poderia abarcar todo e qualquer pedido reipersecutório, ainda que não com fundamento em depósito." (YARSHELL, F. L.; ABDO, H. As Questões Não Tão Evidentes Sobre a Tutela da Evidência. *In*: BUENO, C. S. *et al.* (Coords.). Tutela Provisória no Novo CPC. São Paulo: Saraiva, 2016. p. 461-2.)

Merece ser destacado, ainda, que a concessão da tutela da evidência nesta hipótese depende de o pedido ser instruído com prova documental, a qual seria representada pelo contrato em que foi pactuada a obrigação de caráter reipersecutório. No mais, tem sido defendida doutrinariamente a exigência da prévia comprovação da mora como requisito essencial para a concessão da tutela sumária fundada no inciso em análise[87], o que, de acordo com a nossa posição, mostra-se desnecessário, notadamente em face da inviabilidade de concessão da tutela em caráter liminar, conforme será sustentado adiante.

A utilização das medidas de apoio normatizadas no art. 139, IV, para a efetivação da decisão, a rigor, é inafastável e, assim, a medida de coerção indireta mencionada expressamente no dispositivo deve ser interpretada como meramente exemplificativa, em especial por força da exegese sistemática que lhe deve ser atribuída, permitindo ao juiz utilizar dos meios coercitivos que entender pertinentes, inclusive a busca e a apreensão.[88]

2.7.4 Petição Inicial Instruída com Prova Documental Suficiente dos Fatos Constitutivos do Direito do Autor, a que o Réu Não Oponha Prova Capaz de Gerar Dúvida Razoável

A hipótese versada no art. 311, IV, parece ajustar-se à cláusula geral que dá fundamento à tutela fundada na evidência do direito, qual seja, a defesa

---

[87] Por exemplo, Bruno Bodart (2015): "Deve-se reputar implícita ao dispositivo a exigência de comprovação da mora por meio do protesto ou de notificação extrajudicial, conforme a iterativa jurisprudência do STJ a respeito do procedimento de busca e apreensão de bem alienado fiduciariamente." (BODART, B. V. da R. Tutela de Evidência – Teoria da cognição, análise econômica do direito processual e comentários sobre o novo CPC. 2. ed. São Paulo: Revista dos Tribunais, 2015. p. 130.)

[88] "Com a extinção do procedimento especial de depósito pelo novo CPC, passando a admitir que a obrigação de restituir coisa decorrente de contrato de depósito fosse tutelada pelo procedimento comum, aplicando-se as regras de tutela específica das obrigações de entregar coisa (reipersecutórias), previu-se essa modalidade de tutela da evidência que antes ficava situada na específica previsão do art. 902 do CPC/1973, agora restrita ao depósito convencional." (DIDIER JR.; BRAGA; OLIVEIRA, 2016, p. 640). Além da prova documental, deve estar presente para configurar a evidência a comprovação da mora (*Ibidem*, p. 640-1; BODART, 2015, p. 161). Prevê-se expressamente a cominação de multa, mas se aplica aqui igualmente a regra geral de que devem ser empregados os meios adequados para a efetivação da medida. (GODINHO, R. R. Comentários ao Novo Código de Processo Civil. 2. ed. Editora Forense, 2016. p. 487. Coords: Antonio do Passo Cabral e Ronaldo Cramer.)

abusiva ou protelatória incapaz de afastar a verossimilhança do direito do autor, devidamente demonstrada através de prova documental ou documentada.[89]

Esta percepção, na realidade, é pautada na ideia de que a prova documental ou documentada apta a comprovar o fato constitutivo do direito do autor refere-se ao acervo probatório que instruiu a inicial e que é, portanto, necessário para demonstrar a verossimilhança do direito alegado.

Assim, o direito provável, amparado em provas unilaterais robustas que comprovam a sua verossimilhança, é confrontado com uma defesa que, na avaliação do Juiz, mostra-se inconsistente, o que permite seja deferida a tutela da evidência para que cumpra o seu perfil funcional de inversão do ônus do tempo do processo. O inciso 311, IV, do Código, ora em análise, aplica-se tanto para o caso de o réu apresentar defesa de mérito direta e requerer a produção de provas, quanto para a hipótese de defesa de mérito indireta infundada que, no entanto, requer a dilação probatória para ser dirimida.

Alguns cenários merecem ser destacados para melhor análise. Primeiro, mesmo em face da demonstração da verossimilhança do direito do autor, o réu pode adotar a estratégia de negar o fato constitutivo respectivo e apresentar requerimento de provas. Se o juiz desde logo entender que a defesa de mérito direta é inconsistente mas depende de instrução probatória para ser dirimida a contento, então a solução mais pertinente será o deferimento da tutela pautada na evidência do direito, já que, para chegar a esta conclusão, pautou-se na premissa de que o réu não opôs dúvida razoável à verossimilhança do direito do autor, comprovada mediante prova documental ou documentada que instruiu a petição inicial.

Por outro vértice, o réu poderá simplesmente invocar defesa de mérito indireta, vale dizer, alegar fatos extintivos, modificativos ou impeditivos do direito do autor. Diante deste quadro, caberá a concessão da tutela da evidência na hipótese do juiz, após concluir que o direito do autor é provável, convencer-se de que os argumentos do réu são frágeis, em que pese demandarem produção probatória.

---

[89] "Admitida a falta de técnica jurídica, é possível ler no lugar de prova documental prova capaz de ser apresentada mediante papel, ou seja, prova que pode constituir documento e também prova testemunhal ou pericial documentada." (MARINONI, 2017. p. 337.)

Esta conjuntura caracteriza um cenário típico que reclama a inversão do ônus do tempo do processo, pois, do contrário, o autor seria compelido a suportar todo o percurso processual necessário para o réu desincumbir-se do ônus da prova de uma defesa de mérito indireta suscitada.[90] É fácil perceber que o legislador mais uma vez valeu-se da técnica das cláusulas abertas para a hipótese normativa inserta no art. 311, IV, do Código de Processo Civil, permitindo, assim, que sua operabilidade, resultante da definição do conceito e determinação de suas consequências jurídicas, fosse implementada pelo juiz, ao analisar a situação concreta submetida a julgamento.

De acordo com esta premissa, constata-se que é inviável antever todas os casos concretos que podem sujeitar-se à apreciação do juiz, de modo que tudo dependerá da defesa de mérito direta ou da exceção substancial indireta suscitadas e da hipótese concreta, para que seja definido se a tutela da evidência será ou não deferida, ou se a demanda comporta julgamento antecipado, ainda que parcial.

Entretanto, alguns cenários podem ser desenhados a partir de conjecturas a seguir formuladas. Assim, por exemplo, o réu poderá aduzir a nulidade do documento que serviu para comprovar a verossimilhança da tese apresentada pelo autor, ao sustentar que a assinatura aposta é falsa. Em princípio, esta alegação impediria o deferimento da tutela da evidência, já que o ônus de provar a autenticidade da assinatura é do autor[91] e enquanto não for realizada a perícia grafotécnica, a defesa não poderá ser considerada inconsistente.[92]

Todavia, se o réu alegar que, apesar da assinatura ser autêntica, o documento foi preenchido abusivamente, através da complementação de conteúdo não ajustado, então o ônus desta prova passa a ser atribuído ao réu, conforme prevê o art. 429, I, do Código.[93]

---

[90] Conforme Garcia Medina (2016): "Por outro lado, caso o réu apresente defesa de mérito indireta com base em frágeis elementos probatórios, poderá haver espaço para a incidência do inc. IV do art. 311 do CPC/2015." (MEDINA, 2016. p. 530.)

[91] O art. 429, II do Código de Processo Civil, atribui o ônus da prova à parte que produziu o documento, no caso de ser impugnada a sua autenticidade.

[92] Marinoni bem observa que: "A alegação de falsidade, ao abrir oportunidade a prova, retira a força do documento, excluindo a possibilidade de tutela da evidência." (MARINONI, 2017. p. 338.)

[93] "Art. 429. Incumbe o ônus da prova quando:

II – se tratar de impugnação da autenticidade, à parte que produziu o documento."

O argumento utilizado pelo réu, entretanto, que refletiu diretamente sobre o teor do documento, não pode ser considerado abusivo ou protelatório, e também exige dilação probatória para ser devidamente apurado. Neste caso, embora pareça, num primeiro momento, ser inviável a concessão da tutela da evidência, deve ser destacado que o seu deferimento pode ser perfeitamente aventado, se a verossimilhança do direito alegado pelo autor não estiver amparada exclusivamente no documento contestado.

Assim, se por hipótese o autor instruir a inicial com um acervo documental robusto, apto a comprovar a verossimilhança da sua tese jurídica apresentada, não haveria óbice à concessão da tutela sumária fundada na evidência do direito, desde que outros documentos que tenham sido juntados pelo autor dessem suporte à sua tese jurídica.

Ocorre que, em tal hipótese, a defesa do réu torna-se inconsistente, pois, apesar de o contrato ter sido impugnado pela alegação de acréscimo indevido de seu teor, o conjunto de provas documentais ou documentadas juntadas pelo autor com a inicial mostrou-se suficiente para demonstrar a probabilidade de seu direito, que não restou afetada pela insurgência levantada pelo réu.

A dilação probatória, ao que nos parece, deve ser deferida, para que a alegação da inclusão do teor que não integrou o ajuste das partes seja equacionado. No entanto, o autor, justamente em razão de seu direito estar evidenciado pelas demais provas documentais ou documentadas, não deve suportar o ônus do tempo necessário à produção da prova pericial, o que impõe nesta hipótese ilustrativa a concessão da tutela da evidência com fundamento no art. 311, IV, do Código de Processo Civil.

O último exemplo aqui proposto refere-se à hipótese do autor, igualmente, apresentar acervo probatório suficiente para comprovar a verossimilhança da sua tese jurídica, e o réu questionar na contestação a autenticidade da assinatura de apenas uma das provas documentais que foram apresentadas. Ora, em tendo sido refutada a própria firma, aposta num determinado documento que serviu de base para a formação da convicção acerca da verossimilhança do direito do autor, a necessidade de produzir a prova pericial grafotécnica esgotaria qualquer chance de ser deferida a tutela da evidência.[94]

---

[94] Marinoni é enfático neste sentido, ao pontuar que: "A alegação de falsidade, ao abrir oportunidade a prova, retira a força do documento, excluindo a possibilidade de tutela da evidência." (MARINONI, 2017. p. 338.)

TUTELA DA EVIDÊNCIA

Porém, merece ser asseverado que neste quadro hipotético a verossimilhança da tese do autor estaria apoiada não somente no documento cuja assinatura foi contestada, mas em outras provas documentais ou documentadas, todas suficientes para formar a convicção quanto ao juízo de probabilidade. Neste cenário, a defesa do réu poderia insurgir-se não apenas quanto à autenticidade da assinatura de uma das provas documentais, como também em face do restante do acervo probatório produzido com a inicial.

Nesta hipótese, o juiz poderá concluir, após analisar o teor da contestação, que, ressalvada a impugnação lançada sob a firma aposta em um dos documentos, a defesa apresentada é inconsistente, nada obstante não comporte imediato julgamento antecipado, diante da necessidade de produzir outras provas para melhor apuração da questão controvertida.

Diante deste quadro, abrem-se as seguintes possibilidades: I – o juiz defere a produção probatória, inclusive a prova pericial grafotécnica, para aferir a autenticidade da assinatura contestada, e deixa de conceder a tutela da evidência diante da necessidade de esclarecer esta questão; II – o juiz, já convicto que a verossimilhança do direito do autor restou demonstrada, independentemente da prova documental cuja assinatura foi questionada, consulta o autor para que ele manifeste ou não sua concordância com desentranhamento desta prova dos autos, o que viabilizará a concessão da tutela da evidência, diante da convicção de que o restante da defesa apresentada mostrou-se inconsistente.[95]

A rigor, apesar de estarmos no campo hipotético, com as naturais dificuldades que a formulação de exemplos sem um caso concreto proporciona, a segunda solução apresentada parece compatibilizar-se tanto com a técnica da evidência fundada no art. 311, IV, como também com os princípios adotados pelo Código de Processo Civil, que prestigiou um modelo cooperativo, em que partes e juiz mantêm uma posição de simetria

---

[95] Interessante mencionar precedente do STJ, em situação similar: "INCIDENTE DE FALSIDADE. Fotografias. Expediente protelatório. Propondo-se a parte que produziu o documento a retirá-lo dos autos, o incidente perde a razão de ser. Fotografias que corresponderiam a outro estabelecimento de recolhimento de idosos. Equívoco que poderia ser demonstrado nos autos independentemente do incidente. Recurso não conhecido." (Resp 297.440/RJ, Rel. Ministro RUY ROSADO DE AGUIAR, QUARTA TURMA, julgado em 22/03/2001, DJ 07/05/2001, p. 152.)

e colaboração durante o trâmite processual, investidos dos deveres de prevenção, esclarecimento, auxílio e, notadamente, consulta às partes.[96]

Da mesma forma, a segunda alternativa proposta observa os poderes instrutórios conferidos ao juiz, permitindo-lhe uma postura mais ativa no âmbito probatório de que é destinatário, sem olvidar-se da função primordial reservada à técnica da evidência a partir de um prisma constitucional, que é justamente materializar o direito fundamental à efetividade da jurisdição.

2.8 Outras Hipóteses de Tutela Sumária Satisfativa que Dispensam o Requisito Urgência no Direito Brasileiro

A conclusão a que se chegou em tópico anterior, quanto ao caráter exemplificativo das hipóteses de tutela da evidência disciplinadas no art. 311, I a IV, revela o alinhamento do sistema jurídico com o direito fundamental à tutela adequada, tempestiva e efetiva, estabelecido como princípio no art. 5º, XXXV, da Magna Carta, notadamente no seu aspecto da adequação da tutela[97], o qual remete à busca da tutela jurisdicional que seja apta à realização do direito material pretendido.

E, para que o processo possa prestar-se a tutelar adequadamente o direito material, é que surgem as tutelas jurisdicionais diferenciadas já mencionadas neste estudo, as quais utilizam (embora não exclusivamente[98]) da restrição da cognição, como meio eficaz para assegurar a proteção pertinente da situação de direito material trazida a juízo.

---

[96] "Encarar o processo civil como uma comunidade de trabalho regida pela ideia de colaboração, portanto, é reconhecer que *o juiz tem o dever de cooperar com as partes* a fim de que o processo civil seja capaz de chegar efetivamente a uma decisão justa, fruto de um *diálogo efetivo*, mais franco, aberto e ponderado (arts. 6º, 7º, 9º e 10º). Há um efetivo "dever de engajamento" do juiz no processo." (MARINONI; ARENHART; MITIDIERO, 2016. p. 73.) [Itálico, no original.]

[97] "A tutela jurisdicional tem de ser adequada para tutela dos direitos. O processo tem de ser capaz de promover a realização do direito material. O meio tem de ser idôneo à promoção do fim. A adequação da tutela revela a necessidade de análise do direito material posto em causa para se estruturar, a partir daí, um processo dotado de técnicas processuais aderentes à situação levada a juízo." (SARLET, I. W.; MARINONI, L. G.; MITIDIERO, D. Curso de Direito Constitucional. 3. ed., rev., atual. e ampl. São Paulo: Revista dos Tribunais, 2014. p. 718.)

[98] Conforme pontua Ricardo de Barros Leonel: "Nosso conceito de tutela jurisdicional diferenciada, portanto, é mais abrangente que o conceito da doutrina, que identifica o emprego

TUTELA DA EVIDÊNCIA

Não fosse a previsão das tutelas diferenciadas, concebidas a partir da estruturação de técnicas (instrumentos) adequadas para tutelar a crise de direito material, certamente o direito fundamental em análise estaria comprometido quanto à sua eficácia, o que representaria uma contradição inaceitável, decorrente da aplicabilidade direta, imediata e integral dos direitos fundamentais elencados no art. 5º e incisos da Constituição Federal.[99]

Embora o foco deste trabalho refira-se à tutela jurisdicional diferenciada sob o aspecto da restrição cognitiva do juiz, primordialmente no plano vertical[100], uma vez que estamos discorrendo a respeito da técnica da evidência, é importante destacar que a tutela jurisdicional diferenciada pode ser identificada tanto pela vertente de restrição da cognição no plano vertical, quanto pela adoção de procedimentos diferenciados marcados pela cognição parcial no plano horizontal, ou seja, cognição limitada na sua extensão em face das matérias que podem ser suscitadas ou das provas que podem ser produzidas.[101]

2.8.1 A Técnica Monitória

A técnica monitória, primeiramente, pauta-se numa lógica procedimental de contraditório eventual, inversão do contraditório ou, mais

---

dessa técnica apenas nos casos em que a cognição judicial é superficial". (LEONEL, R. de B. Tutela Jurisdicional Diferenciada. São Paulo: Revista dos Tribunais, 2010. p. 26.)

[99] "O acesso à jurisdição integra, sem dúvida, a categoria dos direitos fundamentais. Necessário, portanto, que o resultado da atividade jurisdicional, consubstanciado na tutela jurisdicional, seja eficaz, isto é, produza os efeitos desejados no plano material." (BEDAQUE, J. R. dos S. Direito e Processo – Influência do Direito Material sobre o Processo. 6. ed. rev. e ampl. São Paulo: Malheiros, 2011. p. 81.)

[100] "Nas ações sumárias cautelares e não cautelares, sobre as quais discorreremos mais de espaço no capítulo final, a cognição é sumária ou superficial. Essa modalidade de cognição é, também, a que o juiz realiza por ocasião das medidas liminares em geral, inclusive na antecipação da tutela prevista no art. 273 do Código de Processo Civil." (WATANABE, 2012. p. 127.)

[101] "Conforme bem salientado por Ricardo de Barros Leonel: "Cabe apenas salientar que nossa proposta foi voltada ao estudo e melhor sistematização daquilo que vem sendo tratado pela doutrina sob a chancela da tutela jurisdicional diferenciada, demonstrando que essa locução é sinônima do emprego da técnica legislativa da limitação da cognição (tanto no plano da sua extensão, como da sua profundidade), com o escopo de obtenção de provimentos jurisdicionais mais céleres e, dentro do possível, mais eficazes." (LEONEL, 2010. p. 176.)

precisamente, da transferência ao réu do ônus de ajuizar a demanda de cognição exauriente.[102]

O deferimento do mandado inicial de cumprimento da obrigação de adimplir valores, entregar coisa ou cumprir prestação positiva ou negativa depende, a rigor, da existência da probabilidade do direito à prestação exigida, através de prova documental verossímil, robusta, munida de elevada credibilidade e que seja, portanto, hábil a comprovar, em cognição superficial ou sumária, que o direito obrigacional representado por documento desprovido de eficácia executiva está presente.

É relevante registrar que o próprio código faz referência no *caput* do art. 701[103], à evidência do direito do autor, como pressuposto imprescindível à expedição do mandado. Todavia, a despeito, a expressão utilizada não significa mais do que a própria verossimilhança ou probabilidade do direito a uma prestação, aferida a partir de prova documental suficiente para este fim, o que importará na inversão do ônus de aforar demanda com a finalidade de discutir em cognição exauriente a matéria controvertida.[104]

A defesa eventual do réu, que será realizada através de embargos à ação monitória, impõe a suspensão *ope legis* do mandado inicial de cumprimento da prestação (de dar, entregar coisa, fazer ou não fazer) e permite ao réu

---

[102] "Mais do que inverter-se o contraditório [sic], inverte-se o ônus da instauração de um processo de cognição exauriente. No modelo processual comum, caberia ao interessado na obtenção da tutela de seu pretenso direito instaurar processo de cognição exauriente no qual haveria de demonstrar a efetiva existência de seu direito. No processo monitório, permite-se a esse sujeito submeter sua pretensão ao mero crivo da cognição sumária: sendo positivo o juízo de verossimilhança então desenvolvido, transfere-se ao adversário o encargo de promover processo comum de conhecimento, com cognição exauriente." (TALAMINI, E. Tutela de Urgência no Projeto de Novo Código de Processo Civil: A Estabilização da Medida Urgente e a «Monitorização» do Processo Civil Brasileiro. Revista de Processo, v. 209, 2012. p. 13-34.)

[103] "Art. 701. *Sendo evidente o direito do autor*, o juiz deferirá a expedição de mandado de pagamento, de entrega de coisa ou para execução de obrigação de fazer ou de não fazer, concedendo ao réu prazo de 15 (quinze) dias para o cumprimento e o pagamento de honorários advocatícios de cinco por cento do valor atribuído à causa". [Grifo nosso.]

[104] "O procedimento monitório, ao supor que a ausência de iniciativa do réu confirma a existência do direito que já era aceito (em virtude da prova escrita) como provável, apenas reafirma a tão sentida necessidade de tratamento diferenciado aos direitos evidentes (...) É preciso ter em mente que o título executivo judicial, formado pelo procedimento monitório, aceitou o risco de que a defesa ocorre em nome da necessidade de tutela adequada aos direitos evidentes." (MARINONI, 2011. p. 96.)

TUTELA DA EVIDÊNCIA

invocar toda a matéria de defesa pertinente em cognição plenária, inclusive formular pleito reconvencional.

A técnica monitória, em suma, tem por premissa a verossimilhança do direito do autor a uma prestação, amparada em prova documental escrita sem eficácia de título executivo, e a inversão do ônus de promover a cognição exauriente, que passa a ser transferida ao réu. O mandado inicial de cumprimento da obrigação, portanto, é deferido a partir de um provimento com restrição cognitiva no plano vertical, fundado em juízo de probabilidade e cognição sumária, que está absolutamente desvinculado do *periculum in mora*.

Não restam dúvidas, por este prisma, que estamos diante de verdadeira técnica pautada na evidência do direito, de vez que tutela um direito provável a despeito da ausência de um fundado receio de dano no caso concreto.

Os embargos à ação monitória, por seu turno, que, por expressa previsão do código[105], têm o condão de suspender o mandado inicial de pagamento, pode render ensejo à utilização da técnica da evidência, logo após sua oposição pelo réu. Ocorre que o juiz poderá constatar, logo após os embargos apresentados e pela análise dos fundamentos de defesa que foram articulados, que o mecanismo de defesa foi utilizado com fins de abuso do direito respectivo ou com o intuito meramente protelatório, com a finalidade única de sustar o cumprimento da prestação a que está obrigado e impedir o seu adimplemento em tempo razoável.

Em sendo esta a hipótese, caberá ao juiz valer-se da técnica da evidência e conceder a tutela respectiva, com fundamento no art. 311, inciso I[106] do Código de Processo Civil, o que permitirá que a suspensão do mandado inicial de cumprimento seja afastada, viabilizando a efetivação imediata da prestação representada pela prova documental que instruiu a ação monitória.[107]

---

[105] "Art. 702...

§ 4º A oposição dos embargos suspende a eficácia da decisão referida no *caput* do *art. 701* até o julgamento em primeiro grau". [Grifo nosso]

[106] "Art. 311. A tutela da evidência será concedida, independentemente da demonstração de perigo de dano ou de risco ao resultado útil do processo, quando:

I – ficar caracterizado o abuso do direito de defesa ou o manifesto propósito protelatório da parte (...)"

[107] "Não é muito difícil perceber a realidade: o devedor exerce a sua defesa através de embargos ao mandado, não estando livre de se ver tentado a dela abusar. Com efeito, também é possível que o réu queira se valer dos embargos apenas para protelar a realização do direito

Esta possibilidade revela uma situação interessante, pois assegura a prestação de tutela jurisdicional diferenciada através da técnica da evidência, no bojo do procedimento injuncional, que também é caracterizado pela restrição cognitiva, já que, uma vez realizada a sua admissibilidade, impõe o imediato cumprimento da obrigação pretendida e deixa a critério do réu a iniciativa de exercer o contraditório e inaugurar a discussão da controvérsia em cognição ampla e exauriente através dos embargos, com a suspensão do mandado inicial.

Verifica-se, portanto, e salvo melhor compreensão, a concessão de tutela jurisdicional diferenciada durante o trâmite de uma ação de rito específico, que também é marcada por prestar tutela diferenciada, atendidos os seus requisitos.

2.8.2 A Tutela Sumária nas Ações Possessórias

A tutela sumária concedida nas ações possessórias de força nova também é fundada na evidência do direito e, por consequência, dispensa a análise do *periculum in mora*. É importante esclarecer prefacialmente que o interdito proibitório, que também integra o rol de ações que tutelam a posse, não estaria abrangido pela técnica pautada exclusivamente na evidência, na medida em que é exigido, particularmente para esta modalidade de demanda possessória, o requisito pertinente ao *periculum in mora*, que tem origem na ameaça à violação da posse.[108]

E, com efeito, conforme previsão contida no Código de Processo Civil, cumpre ao autor que teve sua posse violada ou turbada tão somente demonstrar o exercício da posse, a turbação ou o esbulho perpetrado e o seu início respectivo, além do prosseguimento da posse turbada ou a sua perda, consoante seja a hipótese de manutenção ou reintegração.[109]

---

afirmado pelo autor. Ora, o intuito protelatório, no procedimento monitório, evidentemente não pode ser desconsiderado, especialmente porque este procedimento visa a tratar de forma diferenciada um direito evidente." (MARINONI, 2011. p. 97.)

[108] "Art. 567. O possuidor direto ou indireto que tenha justo receio de ser molestado na posse poderá requerer ao juiz que o segure da turbação ou esbulho iminente, mediante mandado proibitório em que se comine ao réu determinada pena pecuniária caso transgrida o preceito."

[109] "Art. 561. Incumbe ao autor provar:

I – a sua posse;

II – a turbação ou o esbulho praticado pelo réu;

III – a data da turbação ou do esbulho;

Não há, portanto, qualquer alusão ao requisito fundado "receio de dano" ou *periculum in mora*, o que leva à conclusão de que, ao menos nas tutelas possessórias de força nova, ou seja, de violação à posse operada em período inferior a ano e dia, o deferimento da tutela sumária independe do requisito *urgência* e, assim, está fundado apenas na verossimilhança ou probabilidade do direito, tratando-se, pois, de tutela baseada na evidência do direito[110] (ou da situação fática que caracteriza a posse).

Apesar de o juiz estar autorizado a deferir a tutela de reintegração ou manutenção na posse em caráter liminar, mostra-se recomendável – senão indispensável – especialmente se o requisito *periculum in mora* não estiver cumulativamente presente (frustração da colheita ou destruição da plantação, p.ex.), que seja oportunizado ao réu o exercício do contraditório antes de ser apreciada a tutela sumária. Afinal, inexistindo urgência, não haveria sentido em diferir o direito fundamental ao contraditório, pois a efetividade da tutela jurisdicional não restaria prejudicada pela postergação de sua análise até a resposta do réu.

De qualquer forma, o que importa e parece relevante para o estudo ora proposto é que estamos diante de tutela sumária com fundamento na evidência do direito do autor, à margem das hipóteses previstas no art. 311, I a IV, do Código de Processo Civil, ainda que não fosse descartada, neste caso, a possibilidade de a tutela da evidência ser deferida após a oitiva do réu, com suporte no abuso do direito de defesa ou manifesto propósito protelatório, ou mesmo no caso de prova documental suficiente a que o réu não oponha dúvida razoável.

IV – a continuação da posse, embora turbada, na ação de manutenção, ou a perda da posse, na ação de reintegração."

[110] Neste sentido, julgado recente, emanado do TJ-MG: AGRAVO DE INSTRUMENTO – REINTEGRAÇÃO DE POSSE – LIMINAR INAUDITA ALTERA PARS – ART. 561 DO CPC – ESBULHO NÃO COMPROVADO. A liminar de reintegração de posse, prevista no *caput* do art. 562 do CPC, consiste em uma espécie de tutela de evidência, cujo deferimento condiciona-se à demonstração da probabilidade de o autor obter êxito na tutela jurisdicional, à luz dos requisitos previstos no art. 561 do CPC. Inexistindo prova do esbulho, inviável a concessão da liminar reintegratória. (TJMG – Agravo de Instrumento-Cv 1.0000.17.008063-4/001, Relator(a): Des.(a) Alberto Diniz Junior, 11ª CÂMARA CÍVEL, julgamento em 26/04/2017, publicação da súmula em 27/04/2017.)

2.8.3 Os Embargos de Terceiro

Também destinados a tutelar a posse – e os direitos reais, como a propriedade – que foi indevidamente violada por constrição judicial, os embargos de terceiro são um meio processual cujo provimento liminar, especialmente nos casos de constrição judicial já realizada, dispensam o requisito *urgência* e, portanto, permitem a utilização da técnica da evidência, à margem das hipóteses disciplinadas no art. 311, incisos I a IV do Código de Processo Civil.

Merece ser ressaltado, todavia, que a referência contida no art. 674, *caput* do CPC, quanto à *ameaça de constrição*[111], realmente remete à ideia de urgência e, assim sendo, exigiria o *periculum in mora* para o seu deferimento. Neste caso específico, estamos diante de tutela preventiva, inibitória, voltada a prevenir um ilícito.

Ora, apesar de inexistir risco de dano propriamente – já que a tutela inibitória tem por fundamento constitucional a ameaça à violação de um direito[112], e por objetivo, impedir que um ato ilícito seja praticado, repetido ou continuado[113], atuando no plano fático, portanto, antes de qualquer perspectiva de dano –, é inegável que esta modalidade de tutela somente terá o condão de ser deferida se estiver presente o risco de um ilícito ser praticado, repetido, ou ter a sua ação continuada no tempo.

Do contrário, não haveria – salvo melhor juízo – razão para a concessão da tutela inibitória, especialmente através da técnica antecipatória, pois diante da ausência de risco iminente de um ato ilícito na hipótese concreta, a tutela, mesmo sendo preventiva, poderia ser concedida em outro momento processual, inclusive na sentença em que fosse julgado o mérito de uma ação inibitória, por exemplo.

---

[111] "Art. 674. Quem, não sendo parte no processo, sofrer constrição ou *ameaça de constrição* sobre bens que possua ou sobre os quais tenha direito incompatível com o ato constritivo, poderá requerer seu desfazimento ou sua inibição por meio de embargos de terceiro." [Grifo nosso.]

[112] "XXXV – a lei não excluirá da apreciação do Poder Judiciário lesão ou ameaça a direito (...)"

[113] "Não há dúvida que há direito constitucional à tutela jurisdicional capaz de inibir a violação de um direito, ainda que este nunca tenha sido violado. De modo que, em resumo, a ação inibitória pode ser utilizada (i) para impedir a prática de um ilícito; (ii) para impedir a repetição de um ilícito ou (iii) para impedir a continuação da atividade ilícita, o que está expressamente confirmado no parágrafo único do art. 497 do CPC/2015." (MARINONI, L. G. Tutela Contra o Ilícito. São Paulo: Revista dos Tribunais, 2015. p. 66.)

TUTELA DA EVIDÊNCIA

Situação diversa, no entanto, é aquela em que já foi realizada a constrição judicial violadora da posse legítima ou do direito real de propriedade exercido pelo autor dos embargos de terceiro. Nesta hipótese, apesar de não ser em tese desconsiderada a possibilidade eventual de coexistência da urgência com a verossimilhança num dado caso concreto, via de regra, o *periculum in mora* não se faz presente e, inclusive, não é sequer invocado como requisito necessário para a concessão da tutela em caráter liminar[114], a qual dispensa o *periculum in mora*, alinhando-se, portanto, com a técnica da evidência, fora do elenco normativo constante nos incisos I a IV do art. 311 do Código de Processo Civil.

2.8.4 A Tutela Sumária Prevista no Art. 647, Parágrafo Único do CPC

O Código de Processo Civil trouxe uma inovação no direito das sucessões, ao estabelecer expressamente a possibilidade de antecipação de uso e fruição de parcela do quinhão hereditário por qualquer dos herdeiros. A rigor, não havia óbice sob a égide do Código revogado, a que o herdeiro pudesse usar e fruir de um determinado bem integrante do espólio antes da realização da partilha, inclusive porque o herdeiro poderia formular pedido neste sentido, com fundamento no regime da tutela antecipatória.

Ocorre que, neste caso, o herdeiro deveria comprovar o *periculum in mora* para a concessão da tutela, o que tornava mais difícil a sua concessão. Nas demais hipóteses, era viável, em tese, que o herdeiro apresentasse pedido de alvará, incidentalmente ao inventário aforado, para que pudesse fazer jus à utilização de determinado bem móvel ou imóvel integrante do espólio.

---

[114] "Art. 678. A decisão que reconhecer suficientemente provado o domínio ou a posse determinará a suspensão das medidas constritivas sobre os bens litigiosos objeto dos embargos, bem como a manutenção ou a reintegração provisória da posse, se o embargante a houver requerido". E:
"O deferimento liminar dos embargos, conforme refere o art. 1.051 do CPC, trata de autêntica antecipação dos efeitos da sentença, assim como a liminar possessória. A diferença com a generalidade dos casos de antecipação é que, nos embargos, *a lei não exige a demonstração do periculum in mora*, ou seja, a só demonstração sumária da posse é suficiente para a antecipação satisfativa liminar. E o que antecipa o juiz? Não é a declaração do direito do embargante ao bem, nem a desconstituição do ato do ato de constrição do patrimônio. Não. O juiz antecipa a posse ou a tranquilidade nela." (RODRIGUES, R. Z. Embargos de Terceiro. São Paulo: Revista dos Tribunais, 2006. p. 111). [Grifo nosso.]

Existia, de qualquer forma, o inconveniente de ser aforada demanda para esta finalidade, a qual impunha – por precaução – a oitiva de todos os herdeiros antes de ser decidida, o que poderia, sem dúvida, levar algum tempo até que o herdeiro finalmente obtivesse autorização judicial para usufruir antecipadamente parcela de seu quinhão hereditário.

A previsão inserta no art. 647, parágrafo único[115], do Código de Processo Civil, modifica este panorama, pois permite que o juiz autorize a qualquer dos herdeiros o uso e fruição de um dado bem integrante do espólio pelo qual tenham interesse, mediante o condicionamento de que o referido bem passe a integrar a sua cota hereditária.

Por seu turno, será responsável desde o deferimento da tutela sumária, pelo recolhimento de todos os tributos incidentes, assim como será responsável por eventuais questões envolvendo o referido bem, como, por exemplo, direitos correlatos de vizinhança em caso de imóvel e até mesmo a sua adequação em face de exigências do Poder Público. Poderá, em contrapartida, utilizar o imóvel e até mesmo receber os frutos respectivos.

É importante observar que o juiz deverá atentar-se às dívidas do espólio antes de deferir a tutela, pois somente se restar comprovado a inexistência de dívidas em face do espólio, ou ainda seu adimplemento ou a separação de bens suficientes para o adimplemento dos credores habilitados, é que esta medida incidental poderá ser concedida. Mostra-se recomendável – e até imprescindível, por tratar-se de tutela que dispensa a urgência – que o inventariante seja previamente ouvido antes da sua concessão, sem prejuízo da oitiva do Ministério Público, se houver interesse de menores ou vulneráveis.

De qualquer modo, a despeito dos requisitos supra, em nenhum momento é exigida a presença do *periculum in mora* para que esta tutela sumária possa ser deferida em favor de qualquer herdeiro. Por esta ótica, não restam dúvidas de que estamos diante de tutela pautada na técnica da evidência – fora do rol de hipóteses normativas disciplinadas no art. 311, I a IV do Código – que não impõe a urgência como requisito para a sua

---

[115] "Art. 647 (...) Parágrafo único. O juiz poderá, em decisão fundamentada, deferir antecipadamente a qualquer dos herdeiros o exercício dos direitos de usar e de fruir de determinado bem, com a condição de que, ao término do inventário, tal bem integre a cota desse herdeiro, cabendo a este, desde o deferimento, todos os ônus e bônus decorrentes do exercício daqueles direitos."

TUTELA DA EVIDÊNCIA

concessão e que se satisfaz com o juízo de verossimilhança para este propósito, em franco prestígio à efetividade da jurisdição.

2.9 A Tutela da Evidência no Direito Comparado: O Caso do Art. 186 Bis do *Codice de Procedura Civile*, a *Condanna con Riserva* do Direito Italiano e o *Référé Provision* do Direito Francês

2.9.1 O Art. 186 bis do *Codice di Procedura Civile Italiano*

No direito comparado, notadamente nos direitos italiano e francês – este último com inegável destaque pela origem remota do instituto –, as tutelas sumárias fundadas na evidência do direito utilizam as técnicas da não contestação e da condenação com reserva de exceção substancial indireta (casos do direito italiano), além da técnica do *référé provision* do direito francês, que, sem dúvida, inspirou a tutela da evidência no processo civil brasileiro.[116]

O *Codice di Procedura Civile*, no seu artigo 186, *bis*[117], estabelece a possibilidade da parte requerer, durante o trâmite processual, o pagamento de importes pecuniários que não foram objeto de contestação pelo réu, permitindo, assim, que, em relação a tais valores não contestados, seja desde logo formado um título executivo judicial que assegure a imediata satisfação parcial do direito de crédito pelo autor.

Este título executivo, constituído a partir de uma ordem emitida diante da não contestação de parcela do valor pretendido pelo autor, mantém hígida a sua eficácia, mesmo em face da extinção do processo. Cumpre também observar que a disposição contida no art. 186, *bis*, do Código

---

[116] "Poucas legislações, no entanto, preveem a técnica antecipatória fundada na simples evidência. Dentre elas, sem dúvida se destacam o *Code de Procédure Civile Francês*, com a possibilidade do *référé provision*, e o nosso Código de Processo Civil, com a previsão da tutela antecipatória à vista de *defesa inconsistente*. (art. 273, II, 'abuso de direito de defesa' ou 'manifesto propósito protelatório do réu')." (MITIDIERO, 2014. p. 135.)

[117] "*Su istanza di parte il giudice istruttore può disporre, fino al momento della precisazione delle conclusioni, il pagamento delle somme non contestate dalle parti costituite. Se l'istanza è proposta fuori dall'udienza il giudice dispone la comparizione delle parti ed assegna il termine per la notificazione. (²) L'ordinanza costituisce titolo esecutivo e conserva la sua efficacia in caso di estinzione del processo. L'ordinanza è soggetta alla disciplina delle ordinanze revocabili di cui agli articoli 177, primo e secondo comma, e 178, primo comma.*"

italiano, é expressa ao referir-se à soma de valores, o que permite deduzir que prestações de outra natureza, diversas da entrega de valores, não sejam abrangidas por esta regra.

Outra característica marcante do art. 186, *bis*, do processo italiano, e que justamente por isso, conduz à conclusão de que estamos diante de tutela provisória, sumária, baseada na evidência do direito, é a sua revogabilidade. E, com efeito, a parte final do seu dispositivo remete à aplicação e à disciplina dos artigos 177[118] e 178[119] do CPC italiano, no que se referem à possibilidade de revogação das *ordinanze*.

Fica claro, por esta lógica, que a tutela concedida através da técnica da não contestação de parcela dos valores pretendidos é provisória, apesar de não estarmos propriamente diante de provimento jurisdicional imbuído de cognição sumária, na medida em que, diante da inexistência de impugnação pelo réu quanto a parcela dos valores reclamados pelo autor, o pedido seria incontroverso e, portanto, definitivo.

A técnica processual prevista no art. 186, *bis*, do CPC italiano, assemelhava-se por um aspecto, à tutela antecipada prevista no art. 273, § 6º,[120] do nosso Código de Processo Civil revogado, que se fundava na incontrovérsia total ou parcial de um ou mais pedidos.

Tal realidade se faz porque a não contestação de parcela dos valores cobrados pelo autor significa a incontrovérsia de tais valores. Entretanto, as duas técnicas mostravam-se bastante distantes, na medida em que a tutela prevista no Código de 1973, inegavelmente, escudava-se em cognição exauriente e não sumária, pois decidia a matéria incontroversa em caráter definitivo, com aptidão para ser imunizada pela coisa julgada material, embora se tratasse de decisão interlocutória, desafiada pelo recurso de agravo de instrumento, portanto.[121]

---

[118] *"Le ordinanze, comunque motivate, non possono mai pregiudicare la decisione della causa. Salvo quanto disposto dal seguente comma, le ordinanze possono essere sempre modificate o revocate dal giudice che le ha pronunciate."*

[119] *"Le parti, senza bisogno di mezzi di impugnazione, possono proporre al collegio, quando la causa è rimessa a questo a norma dell'art. 189, tutte le questioni risolute dal giudice istruttore con ordinanza revocabile."*

[120] A tutela antecipada também poderá ser concedida quando um ou mais dos pedidos cumulados, ou parcela deles, mostrar-se incontroverso.

[121] "Portanto, a decisão do § 6º do art. 273, embora julgue o mérito no curso do processo, deve ser definida como decisão interlocutória para permitir a sua impugnação na forma adequada, ou seja, mediante agravo de instrumento." (MARINONI, 2011. p. 220.)

No mais, a técnica da antecipação da parcela incontroversa abrangia não apenas prestações de entrega em pecúnia, como é o caso italiano, mas qualquer tipo de prestação, de fazer ou não-fazer, fungível ou infungível, que restasse incontroversa no curso da demanda.[122] A técnica da antecipação de parcela incontroversa dos pedidos deu origem, inclusive, ao julgamento antecipado parcial da demanda, *ex vi* do art. 356, I do Código em vigor.[123]

2.9.2 A *Condanna con Riserva* do Processo Civil Italiano

No direito italiano, além da técnica da não contestação, tal como prevista no art. 186, *bis*, do *Codice Di Procedura Civile*, também pode ser mencionada, como técnica fundada na evidência do direito, a condenação com reserva de exceção substancial indireta.

Esta técnica sumária consiste essencialmente na antecipação da tutela jurisdicional do direito do autor, na hipótese de os fatos constitutivos do seu direito estarem evidenciados e o réu invocar fatos extintivos, modificativos ou impeditivos que, além de demandarem dilação probatória, mostrarem-se, desde logo, com base nos próprios fundamentos e nas provas já constantes nos autos, provavelmente infundados.[124]

Portanto, para que esta técnica seja aplicada, não é suficiente que o fato constitutivo do direito do autor seja evidente pelas circunstâncias decorrentes de sua verossimilhança, atrelada à incontrovérsia que resulta do seu reconhecimento ou não contestação pelo réu[125], que, no entanto, apresenta exceção substancial indireta.

Na verdade, a exceção substancial indireta deve ser infundada, segundo o juízo de probabilidade realizado pelo juiz, e, além disso, exigir instrução probatória para ser dirimida, pois, do contrário, ou seja, em se tratando de

---

[122] "É de se estranhar, também, a razão pela qual o art. 186-bis somente admite a tutela em caso de não contestação de soma, deixando de lado hipóteses como a de entrega de coisas fungíveis." (MARINONI, 1999. p. 74.)

[123] "Art. 356. O juiz decidirá parcialmente o mérito quando um ou mais dos pedidos formulados ou parcela deles:
I – mostrar-se incontroverso (...)"

[124] *"Il ricorso alla tecnica della condanna con riserva delle eccezioni, anche ove non sia automatico ma subordinato alla delibazione della infondatezza delle eccezioni stesse (...)".* (PISANI, 1982. p. 325.)

[125] "A apresentação de uma exceção substancial indireta equivale, na grande maioria dos casos, e por um princípio de incompatibilidade lógica, à não contestação dos fatos constitutivos alegados pelo autor." (MARINONI, 1999. p. 450.)

exceção que pode ser resolvida de plano, a hipótese seria de julgamento antecipado do mérito.

Por outra via, se a exceção apresentada não mostrar-se, desde logo, inverossímil ou ventilada exclusivamente com propósitos protelatórios, a concessão da tutela fundada nesta técnica seria inviável.

Imagine-se, por exemplo, um contrato em que nada obstante a comprovação de sua validade e seu inadimplemento o réu oponha fato impeditivo referente à exceção do contrato não cumprido, cuja alegação, a par de ser consistente, dependa, para sua demonstração, de produção de prova oral. Neste caso, salvo se ainda subsistir parcela incontroversa da obrigação, o deferimento da tutela a partir da *condanna con riserva* estaria afastada, justamente porque a exceção substancial indireta não seria infundada.[126]

No direito italiano, as hipóteses em que se aplicam a técnica da *condanna con riserva* estão contempladas em diversos diplomas legais, como é o exemplo do *codice de procedura civile*, no seu art. 665, da *legge cambiaria*, no seu art. 65, da *legge assegni* (cheque), no seu art. 57, e do *Codice Civile*, no seu art. 1.462.[127] Esta técnica, ao menos no direito italiano, caracteriza-se pela sua previsão típica, o que impõe a sua observância apenas para os casos expressamente abrangidos nos referidos dispositivos legais.

Há carência, portanto, de uma previsão geral, aplicável a todas as hipóteses que reclamam a redistribuição do ônus do tempo do processo, a fim de que um direito evidente, demonstrado a partir de prova documental verossímel, seja satisfeito desde logo e não fique aguardando a realização de instrução probatória requerida pelo réu, que invocou exceção substancial indireta provavelmente infundada.[128]

---

[126] *"Teoricamente la condanna com riserva: a) può esser concessa in ogni caso in cui il creditore possa fornir ela prova dei fatti costitutivi del diritto dedotto; b) oppure può esser concessa ove non solo il creditore dia prova della sussistenza dei fatti costitutivi del diritto fatto valere in giudizio ma sussistano anche eccezioni dedotte e non provate da parte del debitore."* (SCARSELLI, G. La Condanna Con Riserva. Milano: Giuffrè, 1989. p. 550.)

[127] *"Art. 1462 Clausola limitativa della proponibilità di eccezioniLa clausola con cui si stabilisce che una delle parti non può opporre eccezioni al fine di evitare o ritardare la prestazione dovuta, non ha effetto per le eccezioni di nullità (1418 e seguenti), di annullabilità (1425 e seguenti) e di rescissione (1447 e seguenti) del contrattoNei casi in cui la clausola è efficace, il giudice, se riconosce che concorrono gravi motivi, può tuttavia sospendere la condanna, imponendo, se nel caso, una cauzione (att. 167; Cod. Proc. Civ.119)."*

[128] "Com efeito, se os fatos constitutivos são incontroversos e é apresentada uma defesa de mérito indireta infundada que requer instrução dilatória, é racional que o réu suporte o tempo que correrá em seu benefício." (MARINONI, 2011. p. 113.)

TUTELA DA EVIDÊNCIA

A ausência de uma norma geral, que viabilize a incidência da técnica da *condanna con riserva* em toda e qualquer situação concreta no direito italiano, é, aliás, alvo de críticas, justamente pela possibilidade de tratar hipóteses semelhantes de forma diversa[129], pois, mesmo que o autor comprove o fato constitutivo de seu direito e o réu reconheça-o e apresente exceção substancial indireta sem fundamento, se a hipótese específica não estiver tipicamente prevista na legislação, a utilização desta técnica não será viável por ausência de permissivo legal.

No Brasil, a técnica da *condanna con riserva* apresenta características similares e tem aplicação de acordo com as hipóteses de tutela da evidência pautadas nos incisos I e IV do art. 311 do CPC.[130]

E, realmente, se tomarmos em conta a premissa de que ambas as técnicas fundam-se na evidência do direito e estão comprometidas com a redistribuição do ônus do tempo do processo, não restam dúvidas que a alegação de exceção substancial indireta infundada, que demanda dilação probatória, configura defesa abusiva ou protelatória, o que autoriza o deferimento imediato da tutela jurisdicional do direito, seja pelo aspecto da efetividade, seja pela necessidade de assegurar a isonomia das partes no processo, evitando que o ônus do tempo necessário à instrução processual recaia justamente em face do autor, que está amparado por um direito evidenciado pela comprovação do fato constitutivo e pela inconsistência da defesa respectiva.[131]

---

[129] *"Tra queste ci sia consentito constatare che il sistema attuale, com la sola predisposizione di ipotesi determinate e specifiche di condannna com riserva, rischia di trattare in modo diverso situazione del tutto analoghe, e quindi rischia di vanificare in parte le giustificazioni logiche e sistematiche che stano alla base dell'istituto qui studiato."* (SCARSELLI, 1989. p. 563.)

[130] "Art. 311. A tutela da evidência será concedida, independentemente da demonstração de perigo de dano ou de risco ao resultado útil do processo, quando:
I – ficar caracterizado o abuso do direito de defesa ou o manifesto propósito protelatório da parte;
IV – a petição inicial for instruída com prova documental suficiente dos fatos constitutivos do direito do autor, a que o réu não oponha prova capaz de gerar dúvida razoável."

[131] *"(...) Mi sembra si possa osservare che il ricorso alla tecnica della condanna con riserva, come strumento di reazione all'abuso del diritto di difesa del convenuto e di garanzia – a livello di effettività- del diritto di azione dell'attore, appare razionalmente giustificato e non costituisce una ingiustificata compressione del principio di eguaglianza dei cittadini o del diritto di difesa del convenuto solo quando: a) la prova dei fatti costitutivi del diritto fatto valere dall'attore sai particolarmente attendibile (cioè i fatti o non siano contestati o siano provati documentalmente) e b) le eccezioni del convenuto, oltre a richiedere una lunga istruzione probatória, appaiano infondate ad uma delibazione somaria."* (PISANI, 1982. p. 437.)

O CONCEITO DE *TUTELA DA EVIDÊNCIA* E SUA PREVISÃO NO CPC/73 E NO CPC/2015

A hipótese de tutela da evidência escudada na prova dos fatos constitutivos do direito do autor, a que o réu não oponha prova suscetível de gerar dúvida razoável, também encontra bastante semelhança com a técnica do direito italiano ora retratada.

A identidade das duas técnicas reside na circunstância de que, tanto na *condanna con riserva* quanto no caso do art. 311, IV, exige-se a comprovação do fato constitutivo do direito invocado pelo autor através de prova produzida prontamente com a petição inicial, seja ela documental ou documentada, como seria o exemplo neste último caso, de depoimentos testemunhais reduzidos em ata notarial, ou de uma perícia realizada em cautelar preparatória, com a participação do réu.

Deve ser ressaltado que, mesmo diante do acervo probatório apresentado de plano pelo autor – inclusive uma prova pericial antecipada que contou com a participação da parte contrária –, poderia o réu simplesmente negar o fato constitutivo de seu direito e requerer a produção complementar de provas, mediante o argumento de que a prova oral é imprescindível para demonstrar as alegações do autor.

Em assim sucedendo, a concessão da tutela da evidência logo após a contestação do réu, de acordo com a *fattispecie* em análise, somente restaria prejudicada em face da conclusão do juiz a respeito da consistência da defesa e da necessidade da prova oral para dirimir a controvérsia. Se, por outro lado, o juiz entender de plano que, embora a prova oral pretendida pelo réu deva ser produzida para melhor instrução do processo a verossimilhança do direito do autor demonstrada a partir de prova documental robusta, não foi seriamente questionada pelos argumentos apresentados na contestação, então a hipótese imporia a concessão da tutela fundada na evidência do direito.

2.9.3 O *Référé Provison* do Processo Civil Francês

No processo civil francês, o *référé provision*, que, sem dúvida, foi a grande inspiração para a tutela da evidência prevista no Código de Processo Civil[132], é

---

[132] A respeito, Mitidiero, comentando o então vigente art. 273, II do CPC/73, assim ponderou: "Na realidade, é suficiente para utilização da técnica antecipatória fundada na evidência que o demandado exerça o seu direito de defesa de maneira não séria, vale dizer, de forma inconsistente. Visto nessa perspectiva, o art. 273, II, CPC, assemelha-se ao art. 809, segunda parte, do *Code de Procédure Civile* francês, expediente de há muito reclamado inclusive pela doutrina

TUTELA DA EVIDÊNCIA

uma técnica processual sumária que também dispensa o requisito urgência para a sua concessão. Com efeito, esta técnica pauta-se essencialmente na efetividade da prestação da jurisdição, e conforma-se com a defesa inconsistente, ou melhor, não seriamente contestável, como pressuposto para o seu deferimento.

Algumas características marcantes desta técnica merecem ser destacadas, para melhor compreensão deste instrumento de sumarização do processo que tem origem secular. E, a rigor, o surgimento do *référé* remete ao ano de 1685, quando foi instituído por Decreto Real para atender especificamente hipóteses que exigiam urgência do provimento.[133] A partir de então, operou-se significativa reconfiguração do modelo inicial, sendo certo, todavia, que sua finalidade permanece atrelada, via de regra, ao requisito *urgência*.[134] O *référé provision*, introduzido no processo civil francês no ano de 1973[135], é apenas uma das modalidades de *référés* contempladas no sistema processual daquele país, a França, que abrange outras figuras desta técnica com algumas variações nos seus aspectos funcionais, pois estão aptos a assumir função conservativa de direitos, preventiva ou satisfativa, conforme o caso.[136]

italiana para inserção em seu ordenamento jurídico, devendo ser encarado o abuso do direito de defesa ou o manifesto propósito protelatório do réu como manifestações de contestações ou defesas não sérias ao longo do processo." (MITIDIERO, 2014. p. 137.)

[133] "O nascimento oficial do instituto do *référé* remonta ao Decreto Real de 22 de janeiro de 1685, que disciplinava o procedimento do Châtelet de Paris, cujo art. 6º indicava em quais hipóteses taxativas, caracterizadas por uma situação de urgência, o juiz podia proferir um provimento provisório, em conclusão de um procedimento rápido e informal, para neutralizar o perigo da demora-intempestividade da tutela jurisdicional comum." (BONATO, G.; QUEIROZ, P. G. *Os référés no ordenamento francês*. Revista de Processo, v. 255, 2016. p. 527-66.)

[134] "Como se deduzia da formulação do art. 806 do CPC de 1806, o *référé* era fundado na urgência, ou seja, na exigência de tutelar as posições jurídicas subjetivas do perigo de atraso da intervenção jurisdicional em via ordinária; urgência que condicionava a estrutura e as regras do procedimento, para garantir a rapidez do seu desenvolvimento." (*Ibidem*)

[135] "Acrescentaremos apenas que o "référé-provision", introduzido na França em 1973, experimentou desde então considerável desenvolvimento, especialmente em matéria de responsabilidade civil e nos litígios relativos à construção imobiliária." (PERROT, R. O processo civil francês na véspera do século XXI. Revista Forense, v. 342, 1998. p. 161-8. Trad. de Barbosa Moreira.)

[136] Assim, o *référé* geral *classique*, que estabelece a possibilidade do presidente do tribunal de grande *instance* conceder, através deste instrumento, as medidas pertinentes quando não se estiver diante de uma contestação séria ou que justifique a existência de um conflito. Neste caso, a urgência é um elemento essencial para o deferimento da medida, conforme art. 808 do

O CONCEITO DE *TUTELA DA EVIDÊNCIA* E SUA PREVISÃO NO CPC/73 E NO CPC/2015

Assim, por exemplo, dentre os *référés* gerais[137] – categoria a que pertence o *référé provision* – podem ser mencionados ainda o *référé classique*, o *référé de remise en état*, o *référé injonction* e o *référé probatorie*. Os *référés*, portanto, caracterizam-se por tratar-se de instrumentos processuais voltados a assegurar a prestação jurisdicional com notável celeridade, bem como por tutelarem as mais diversas situações jurídicas, o que lhes confere um certo caráter multifuncional.

Os provimentos emitidos através dos *référés*, se, por um lado, são marcados pela provisoriedade, por outro ângulo destacam-se pela sua efetividade, já que a apreciação da demanda e a decisão respectiva dependem apenas do contraditório prévio. Esta sumariedade que caracteriza a cognição nos *référés*, no entanto, é suscetível de, na prática, transformar a tutela prestada através desta técnica em definitivo.

Isto não significa que a decisão provisória estaria imunizada pela coisa julgada após o decurso de certo tempo, nem que uma eventual estabilização impediria o debate da matéria controvertida em profundidade ou teria o condão de converter a decisão provisória em definitivo. Neste ponto, é importante observar que o procedimento dos *référés* é autônomo e inclusive o juiz dos *référés* é distinto do juiz de mérito, existindo, assim, autonomia entre os órgãos jurisdicionais.[138]

Todavia, conforme bem observou Roger Perrot ao discorrer a respeito dos *référés provision*, a decisão sumária exarada no bojo do procedimento dos *référés* acaba servindo como mecanismo indutivo que estimula o não prosseguimento da demanda perante o juiz de mérito, em cognição ampla e exauriente. Ocorre que o próprio réu acaba conformando-se com a decisão do juiz de *référés*, ciente de que a sua tese de defesa é de fato inconsistente

---

Código de Processo francês: *Dans tous les cas d'urgence, le président du tribunal de grande instance peut ordonner en référé toutes les mesures qui ne se heurtent à aucune contestation sérieuse ou que justifie l'existence d'un différend.*

[137] "Como ficou exposto, no sistema francês existem diversos tipos de référés que se subdividem em référés gerais e référés especiais. À primeira categoria pertencem aqueles référés de aplicação geral, quais sejam: o référé classique do art. 808, fundado na urgência; o référé de remise em état do art. 809, § 1º; o référé provision do art. 809, § 2º; o référé injonction do art. 809, § 2º; o référé préventif ou probatorie do art. 145 do CPC (LGL/2015/1656)." (BONATO e QUEIROZ, 2016. p. 527-66.)

[138] "Além de designar um tipo de processo jurisdicional – dotado de um regime autônomo – o termo *référé* é ainda utilizado para indicar um órgão jurisdicional, o juiz dos *référés*, considerado um órgão autônomo em relação ao juiz de mérito." (BONATO e QUEIROZ, 2016.)

e dificilmente implicará na modificação do resultado provisório já obtido pelo autor.[139]

O regime do *référés provision*, precisamente, está muito próximo da técnica da evidência disciplinada no Código de Processo Civil brasileiro, a qual, conforme já pontuado, nele buscou inspiração. E, realmente, o *référé provision* é marcante, justamente, pela dispensa do requisito *urgência* para a sua concessão. Sua previsão constante no art. 809, 2ª parte[140], do *Code de Procédure Civile*, exige como pressuposto para a concessão da medida, essencialmente, a inexistência de uma contestação séria, ou, conforme estabelece o dispositivo legal, a existência de obrigação não seriamente questionável.[141]

Trata-se de uma cláusula geral, aberta, que, como tal, confere ao juiz o poder de concretizá-la, definindo seu conceito normativo e determinando eventuais consequências, as quais na hipótese resumem-se em aferir se a defesa apresentada pelo réu não é real e seriamente contestável, e deferir a tutela provisória adequada ao caso, a *L'ordonnance de référé*.[142]

A definição de contestação não séria, a rigor, apresenta o mesmo contexto semântico de defesa inconsistente, a qual expressa, por sua vez, o sentido de defesa abusiva ou protelatória, vale dizer, o mesmo requisito que, associado à verossimlhança do direito do autor, permite a concessão da tutela fundada na evidência no direito brasileiro.[143]

---

[139] "Mas particularmente interessante é a verificação de que, em muitos casos, o processo se detém no patamar do provisório, pois o réu, consciente de que sua causa é indefensável, nem sequer tenta dar continuação ao feito no tribunal. Em tal hipótese, lucram todos: o autor, que terá obtido rapidamente o que lhe era devido, e a Justiça, que terá economizado um longo processo, ao desencorajar uma resistência sem esperança." (PERROT, 1998, p. 203-12.)

[140] "Art. 809 ... *Dans les cas où l'existence de l'obligation n'est pas sérieusement contestable, il peut accorder une provision au créancier, ou ordonner l'exécution de l'obligation même s'il s'agit d'une obligation de faire.*"

[141] Alessandro Jommi destaca que: "*La funzione del référé provision si esplica invece sicuramente in uma prospettiva di economia processuale e di prevenzione contro l`abuso del diritto di difesa della parte del convenuto che ha torto*". (JOMMI, A. Per Un'efficace Tutela Sommaria Dei Diritti Di Obbligazione: Il Référé Provision. Rivista Di Diritto Civile, Anno XLIII, n. 1, 1997.)

[142] "Art. 484. *L'ordonnance de référé est une décision provisoire rendue à la demande d'une partie, l'autre présente ou appelée, dans les cas où la loi confère à un juge qui n'est pas saisi du principal le pouvoir d'ordonner immédiatement les mesures nécessaires.*"

[143] Bonato e Queiroz, a respeito dos *référés*, apresentaram a seguinte versão sobre o conceito de contestação séria: "Não podendo neste trabalho repercorrer completamente o debate sobre o requisito da ausência de *'contestation sérieuse'*, que suscitou várias dificuldades na doutrina,

O *référé provision*, portanto, está diretamente relacionado com o critério da evidência do direito discutido numa demanda, o que, à semelhança da técnica que dispensa a urgência no direito brasileiro, é valorada a partir da probabilidade do direito e da defesa inconsistente, ou ausência de contestação séria, de acordo com a previsão expressa contida no Código de Processo Civil francês. Alessandro Jommi, a propósito, qualifica o juiz competente para apreciar os *référés provision* como o juiz da evidência e do incontestável.[144]

O art. 809, 2º parte, do Código de Processo Civil francês faz referência às obrigações que, por não serem seriamente contestáveis, podem ser tuteladas pela via do *référé provision*. O conceito de *obrigação* para o juízo de admissibilidade do *référé provision* parece comportar interpretação extensiva, o que abrangeria todas as modalidades obrigacionais – entregar, fazer e não fazer –, pois, muito embora o dispositivo em análise tenha mencionado expressamente as obrigações de fazer, nenhum sentido faria em não contemplar igualmente as obrigações de não fazer, como situações jurídicas que podem ser suscitadas através desta técnica.

Quanto à fonte das obrigações respectivas, a interpretação também deve ser ampla, com a possibilidade de ser proposto o *référé provision* diante

---

podemos dizer que a contestação séria é: 'aquela que o juiz não pode sem hesitação rejeitar em poucas palavras. A sua ausência resulta da evidência ou do fato de que o juízo não decide nenhuma questão pertencente ao mérito da controvérsia'. A evidência consistiria naquilo que o juiz não poderia razoavelmente duvidar. Diz-se, portanto, que a contestação é séria quando: 'o réu propõe defesas que não parecem, com base numa análise superficial, totalmente desprovidas de fundamento, pois colocam elementos de dúvida, mesmo fraca', sobre a conformidade da medida pleiteada à solução que o juiz de mérito daria se julgasse'". (BONATO e QUEIROZ, 2016. p. 527-66.)

[144] *"Il critério adottato si encontra infatti <sull'evidenza del diritto posto a fondamento della domanda (e a tutela del quale si agisce), sulla sua manifesta incontestabilità, sulla certeza assoluta della sua esistenza>, sia pur <a livello delle apparenze> e riposa su una concezione del giudice dei référés come <giudice dell'evidente e dell'incontestabile> (almeno a livello della apparenze)".* A respeito dos pressupostos para a concessão da *l'ordonnance de référé* provision, Jommi acentua: *"Presuppposti dell'ordinanza di référé provision sono allora: a) la non contestazione della parte del convenuto dei fatti costitutivi addotti dall'attore a fondamento del diritto di credito, o la loro contestazione non <seria>; b) la mancata proposione della parte del convenuto di eccezioni di mérito (ossia la mancata allegazione di fatti impeditivi modificativi o estintivi) o, se proposte, la loro manifesta infondatezza; c) la verifica in iure della parte del giudice della idoneità dei fatti dedotti dall'attore a produrre gli effetti da lui affermati e dell'assenza di fatti impeditivi modificativi o estintivi emergenti dagli atti e rilevabili d'ufficio (se eccepiti dal convenuto si ricade nell'ipotesi sub b)."* (JOMMI, 1997.)

TUTELA DA EVIDÊNCIA

de vínculos obrigacionais com origem legal, contratual e inclusive atos delituosos, conforme pontuou neste sentido Alessandro Jommi ao reportar-se ao tema.[145]

Assim, apenas a título exemplificativo, as obrigações previstas em contratos de locação, compra e venda, prestação de serviços e seguros estão inseridas no âmbito de cognição do *référé provision*.

Da mesma forma, as obrigações originadas a partir de atos ilícitos, derivadas de violação de dever jurídico imposto legalmente, como é o caso de acidentes de trânsito, também estão abarcadas por esta técnica do processo civil francês e, portanto, permitem, em tese, a utilização da via do *référé provision* para a concessão da *L'ordonnance de référé* que assegure a reparação imediata dos danos causados no veículo, a depender da evidência do seu direito. Pense-se numa hipótese de colisão traseira e defesa que apresente argumentos genéricos, desconexos com o próprio fato em si.

É possível imaginar, ainda, a hipótese de uma prestação de serviços pertinentes à realização de cirurgia plástica, típica situação que envolve obrigação pautada pelo resultado. Neste caso, justamente pela característica da obrigação, se o resultado proposto pela intervenção cirúrgica flagrantemente não for atingido, a referida obrigação não restará cumprida pelo profissional.

A tutela do direito pela via sumária do *référé provision* dependeria em tal ilustração de uma perícia que fosse apta a confirmar que o resultado esperado nitidamente não foi alcançado, a fim de que *a l'ordonnance de référé*, em tese, pudesse ser deferida, já que o réu teria grande dificuldade para apresentar uma defesa consistente nesta situação.

Para este caso hipotético, o *référé provision* seria um meio processual adequado para tutelar o direito do autor ao cumprimento perfeito da prestação ajustada.

Por outra via, em se tratando de obrigação de meio, como seria o exemplo de uma intervenção cirúrgica de emergência, a utilização da via sumária do *référé provision* seria praticamente inviável, notadamente em face da ampla possibilidade de o réu atender ao pressuposto pertinente à apresentação de uma defesa robusta, pois estaria em princípio diante de uma obrigação seriamente contestável, o que afasta o uso deste instrumento

---

[145] *"Si è detto che la fonte dell'obbligazione dedotta in référé può essere indifferentemente contrattuale, delittuale, legale."* (JOMMI, 1997.)

processual, *ex vi* do art. 809, § 2ª parte[146], do Código de Processo Civil francês.

O inadimplemento da obrigação de meio, portanto, em sendo levada a debate pela via estreita do *référé provision*, especialmente em virtude da matéria controvertida que, salvo melhor juízo, conduzirá à necessidade de ampla discussão e produção probatória (já que tratar-se-ia, em princípio, de obrigação seriamente contestável), imporá ao juiz de *référé* que decline de sua competência para o juiz de mérito.[147]

O *référé provision* inegavelmente influenciou a técnica da evidência no processo civil brasileiro, tratando-se da técnica processual do direito alienígena que mais se assemelha a ela. A propósito, assim como a técnica da evidência, o *référé provision* é uma técnica voltada à concretização do direito fundamental à efetividade e à duração razoável do processo, que, inclusive, traduz-se em valores que integram o rol de direitos previstos na Convenção para a Proteção dos Direitos do Homem e das Liberdades Fundamentais, da qual a França é signatária.[148]

O elemento *urgência*, a rigor, não é exigido como requisito – tal como ocorre com a técnica da evidência – sendo suficiente para a concessão da medida a inexistência de uma contestação séria.[149]

---

[146] *"Dans les cas où l'existence de l'obligation n'est pas sérieusement contestable, il peut accorder une provision au créancier, ou ordonner l'exécution de l'obligation même s'il s'agit d'une obligation de faire."*

[147] Conforme ponderou Jommi a respeito: *"In caso di obbligazione di mezzi, l'obbligazione sarà invece più facilmente contestabili. Nel caso in cui sai seriamente controverso se la responsabilità riposi su una obbligazione di mezzi o di risultato, questa ricerca appartiene al giudice di mérito e il giudice dei référés dovrà declinar ela sua competenza"*. (JOMMI, 1997.)

[148] A referida convenção, assinada em Roma no dia 4.11.1950, assim dispõe: "ARTIGO 6° 1. Qualquer pessoa tem direito a que a sua causa seja examinada, equitativa e publicamente, num prazo razoável por um tribunal independente e imparcial, estabelecido pela lei, o qual decidirá quer sobre a determinação dos seus direitos e obrigações de carácter civil, quer sobre o fundamento de qualquer acusação em matéria penal dirigida contra ela. O julgamento deve ser público, mas o acesso à sala de audiências pode ser proibido à imprensa ou ao público durante a totalidade ou parte do processo, quando a bem da moralidade, da ordem pública ou da segurança nacional numa sociedade democrática, quando os interesses de menores ou a protecção da vida privada das partes no processo o exigirem, ou, na medida julgada estritamente necessária pelo tribunal, quando, em circunstâncias especiais, a publicidade pudesse ser prejudicial para os interesses da justiça".

[149] Neste sentido, Paim: "De acordo com o novo Código de Processo Civil (LGL\1973\5) francês, art. 809, segundo Comma, o único pressuposto do *référé provision* é a existência de uma obrigação que não seriamente contestada, ou seja, a ausência de uma contestação séria. Assim, não se exige urgência, o que representa um certo afastamento do modelo clássico e da

TUTELA DA EVIDÊNCIA

O *référé provision*, dentro da perspectiva dos direitos fundamentais mencionados no parágrafo anterior, assume a função de prevenir o abuso do direito de defesa, a exemplo do modelo brasileiro, que tem nesta finalidade o fundamento para o qual convergem todas as hipóteses que autorizam sua utilização. As diferenças mais marcantes entre as duas técnicas são matizadas pela obrigatoriedade do contraditório prévio no regime francês, o que não ocorre com a técnica da evidência no processo brasileiro, que permite a concessão da tutela liminarmente em duas situações contempladas em seus incisos[150].

Também deve ser registrada a independência do *référé provision* em relação ao procedimento de mérito, pois até mesmo os juízes de *référé* e do mérito são diversos, o que assegura à técnica francesa uma autonomia estrutural e funcional que não existe no similar brasileiro, especialmente porque a estabilização da tutela da evidência – ao menos numa interpretação literal – não foi prevista no Código de Processo Civil brasileiro.

Por este vértice, é possível afirmar que a técnica do *référé provision* é capaz de provocar uma verdadeira inversão do ônus do contraditório, a depender, obviamente, da concessão da *L'ordonnance de référé* ao autor. Ocorre que, em tal hipótese, o autor dificilmente terá estímulo para prosseguir no juízo do mérito, diante da satisfação da pretensão obrigacional que foi deduzida através deste instrumento de cognição sumária, o que acaba resultando na inversão da iniciativa do contraditório, caso o réu pretenda reverter a decisão.

De resto, cumpre ponderar que o *référé provision*, justamente em face da ausência de cognição plena e exauriente no bojo de seu procedimento, não está submetido à autoridade da coisa julgada e, portanto, sua decisão mantém-se provisória, nada obstante mantenha sua autonomia diante do juízo do mérito, diversamente do que ocorre com a tutela da evidência no processo civil brasileiro, que, *prima facie*, somente pode ser deferida incidentalmente e não tem aptidão para a sua estabilização.

A provisoriedade do provimento concedido através do *référé*, no entanto, não impede sua efetivação mesmo em caso de resistência do devedor, na

---

função tradicional do *référé*. A noção de contestação séria deve ser analisada no caso concreto, sendo, em grande parte, fruto das circunstâncias e da valoração do juiz." (PAIM, G. B. O *Référé* Francês. Revista de Processo, a. 37, v. 203, 2012. p. 99-118.)

[150] Neste trabalho sustentamos, todavia, a inconstitucionalidade do dispositivo legal que autoriza a concessão da tutela da evidência liminarmente.

medida em que a l'*ordonnance de référé* é um título executivo que habilita o credor a propor a execução provisória com esta finalidade.[151]

2.10 A Tutela da Evidência sob a Perspectiva Panprocessual

A máxima da proporcionalidade, sob a ótica de Robert Alexy, apresenta uma conexão muito estreita com a teoria dos princípios, e presta-se, essencialmente, a equacionar princípios fundamentais colidentes, através da aplicação dos postulados da adequação, necessidade e proporcionalidade em sentido estrito, os quais são denominados por Alexy "máximas parciais".[152]

A máxima da proporcionalidade, na definição de Robert Alexy, e mais difundida doutrinariamente como princípio da proporcionalidade, tem uma amplitude maior no direito brasileiro, e é empregada com frequência, inclusive, para dirimir conflitos principiológicos em outras áreas do direito, como é o caso do direito administrativo.[153] Reside aqui, todavia, a concepção de proporcionalidade com ênfase no âmbito interno do processo, ou endoprocessual, visto que utilizada para dirimir direitos fundamentais e princípios em rota de colisão, numa hipótese concreta debatida no processo.

Por uma outra vertente, porém, a proporcionalidade pode ser analisada sob o aspecto externo do processo, no contexto da gestão processual voltada a universalizar e racionalizar o serviço justiça, em consonância com os princípios da eficiência e da duração razoável.

---

[151] Consoante previsão contida no art. 514, 2ª parte, do *Code de Procédure Civile*: "*Sont notamment exécutoires de droit à titre provisoire les ordonnances de référé, les décisions qui prescrivent des mesures provisoires pour le cours de l'instance, celles qui ordonnent des mesures conservatoires ainsi que les ordonnances du juge de la mise en état qui accordent une provision au créancier*".

[152] "Afirmar que a natureza dos princípios implica a máxima da proporcionalidade significa que a proporcionalidade, com suas três máximas parciais da adequação, da necessidade (mandamento do meio menos gravoso) e da proporcionalidade em sentido estrito (mandamento do sopesamento propriamente dito), decorre logicamente da natureza dos princípios, ou seja, que a proporcionalidade é deduzível desta natureza." (ALEXY, R. Teoria dos Direitos Fundamentais. 2. ed., 5. tir. Tradução de: SILVA, V. A. São Paulo: Malheiros, 2017.)

[153] Dentre outros, STF, 1ª Turma, ARE 951561 AGR-segundo/DF, Rel. Min. Roberto Barroso, Dje 203, publicado em 08.09.2017; STF, Pleno, RE 898450/SP, Rel. Min. Luiz Fux, Dje 114, publicado em 31.05.2017.

TUTELA DA EVIDÊNCIA

Referimo-nos ao cânone da proporcionalidade panprocessual[154], com enfoque na análise dos processos em seu conjunto, numa dimensão macroscópica, e não propriamente no âmbito individual de cada demanda.[155] Parte-se da premissa de que a jurisdição é um serviço público que, como tal, deve ser prestado de forma eficiente para todos, em prazo razoável, com distribuição equânime de recursos e esforços para cada caso concreto submetido ao Poder Judiciário.[156]

Emergem da ideia do serviço justiça prestado de modo eficiente, segundo a ótica panprocessual, três fatores primordiais, a saber: fator legislativo, fator estrutural e fator cultural, os quais apresentam-se nesta exata ordem crescente de relevância, conforme salientou Remo Caponi.[157] Quanto ao primeiro aspecto, este refere-se à previsão num dado sistema jurídico, de leis modernas e aptas a atender com eficiência e presteza a demanda do serviço justiça. O fator estrutural, por seu turno, está relacionado aos recursos materiais e humanos que são disponibilizados ao Poder Judiciário, para que se possa enfrentar e proporcionar o melhor serviço possível dentro desta realidade.

Cuida-se de analisar o número de processos em tramitação, o número de juízes, a quantidade de assessores e servidores, o adequado aparelhamento com equipamentos de informática modernos e até sistemas de informação voltados a dinamizar o gerenciamento de processos, dentre outros pontos, todos voltados a atender a estrutura exigida para a prestação eficaz do

---

[154] Gustavo Osna emprega a terminologia "proporcionalidade em seu sentido mais amplo", que, no entanto, tem o mesmo significado. Segundo o autor, "Em nossa visão, é a partir dessa baliza que se pode construir um discurso mais coerente, articulando de maneira hígida os diferentes fatores que permeiam a atuação processual e atribuindo olhares macroscópicos à sua aplicação". (OSNA, G. Processo Civil, Cultura e Proporcionalidade: Análise Crítica da Teoria Processual. São Paulo: Revista dos Tribunais, 2017. p. 91.)

[155] Trata-se da aplicação do critério da proporcionalidade em sua dimensão panprocessual, ou seja, na relação externa dos processos ou, mais precisamente, na avaliação dos processos tomados em seu conjunto. (ARENHART, S. C. A Tutela Coletiva de Interesses Individuais. 2. ed. São Paulo: Revista dos Tribunais, 2014. p. 41.)

[156] "Em consequência, a jurisdição não pode ser concebida apenas como uma função do Estado moderno dirigida à atuação do direito no caso concreto, mas também – e em primeiro lugar – como serviço público orientado à composição das controvérsias segundo a Justiça (ou seja, com a aplicação de critérios de julgamento objetivos e predeterminados)." (CAPONI, R. O Princípio da Proporcionalidade na Justiça Civil: Primeiras Notas Sistemáticas. Revista de Processo, n. 192, 2011. p. 397-415.)

[157] *Ibidem.*

serviço judiciário. Finalmente, o fator cultural – o mais importante dentre eles[158] – refere-se diretamente à qualidade da demanda ajuizada.

Assim, fatores culturais que permeiam uma sociedade, como as posturas de lealdade, transparência e boa-fé no trato das relações econômicas e sociais, o conhecimento de seus direitos, sua disposição em procurar meios alternativos para resolução de conflitos, são indicadores relevantes para identificar esta vertente do princípio da proporcionalidade sob o prisma panprocessual.[159]

Os elementos legislativo, estrutural e cultural, que melhor definem a tramitação do processo numa perspectiva que atende aos princípios da efetividade e da duração razoável do processo, são inter-relacionados e, portanto, devem ser analisados conjuntamente.

Significa dizer que de nada adiantaria um sistema jurídico dotado de leis modernas que permitem a tutela dos direitos de forma altamente eficaz, se a estrutura à disposição do judiciário não assegura sua aplicação satisfatória, seja pela carência de juízes ou servidores, seja pela inexistência de sistemas de informação ou equipamentos de informática que assegurem a gestão dos processos de forma adequada. Igualmente, ainda que as leis modernas e eficazes estejam acompanhadas de uma estrutura suficiente dispensada ao Poder Judiciário, estes dois fatores sucumbiriam diante da ausência de advogados e juízes devidamente preparados tecnicamente, aptos a utilizar os instrumentos processuais previstos na legislação.[160]

É justamente na inter-relação dos três fatores supramencionados que a tutela da evidência comporta sua análise sob o ângulo panprocessual. E, a propósito, a introdução sistematizada da tutela sumária da evidência em título próprio do Código, inserto no livro destinado às tutelas provisórias,

---

[158] "O fator cultural, por isso, é de longe o mais importante, já que é dele que depende todo o esforço dos demais elementos." (ARENHART, 2014. p. 43.)

[159] "Nesse passo, cumpre examinar elementos como a lealdade e a boa-fé que presidem as relações econômicas e sociais de um povo, o seu grau de educação cívica e de conhecimento dos seus próprios direitos, a propensão a recorrer a outros meios de pacificação de conflitos, etc." (*Ibidem*)

[160] "Sob o prisma da oferta do serviço judiciário, é supérfluo salientar que a adequação técnica da disciplina legislativa tem pouca serventia se não é acompanhada da capacidade e da competência profissional dos advogados, dos magistrados e dos auxiliares, em recíproca colaboração, para interpretar tal disciplina da melhor forma, para abrandar e não incrementar eventuais defeitos, para evitar transformar fisiológica contraposição de papéis processuais em um conflito generalizado entre categorias profissionais." (CAPONI, 2011. p. 397-415.)

TUTELA DA EVIDÊNCIA

consistiu um avanço ao disciplinar uma modalidade de tutela jurisdicional diferenciada, voltada precisamente a atender princípios constitucionais do processo, como a tempestividade da jurisdição e a duração razoável, ambos direitos fundamentais contemplados, respectivamente, no art. 5º, XXXV[161], e LXXVIII[162] da Magna Carta.

Trata-se, portanto, de uma legislação coerente com os anseios da sociedade quanto à efetividade da tutela do direito material. Entretanto, a mera previsão normativa da técnica processual da evidência no Código de Processo Civil não basta para que o serviço justiça seja atendido com a efetividade que dele se espera na atualidade.[163] Para tanto, ainda é necessário que o aspecto estrutural pertinente aos recursos humanos e materiais seja observado, com a destinação de aporte orçamentário suficiente para que o Poder Judiciário possa aparelhar-se de forma adequada e racional.

Ainda assim, mesmo que o fator estrutural não seja deficitário, é imprescindível que os profissionais que atuam no processo, notadamente os advogados e juízes, primeiramente, estejam aptos a operar este instrumento processual que permite tutelar o direito material sem o elemento *urgência*.

E, de fato, a previsão normativa da técnica da evidência seria inútil se os atores processuais não souberem utilizar este instrumento, identificando as hipóteses fático-jurídicas que permitem, em tese, seu deferimento, ou não se atentando para a importância desta tutela diferenciada para a efetividade do processo.

Desta forma, a técnica processual pautada na evidência do direito, de acordo com a disciplina conferida pelo Código de Processo Civil, tem a virtude de atender ao cânone da proporcionalidade panprocessual. Para isso, todavia, é necessário que, a despeito de eventual escassez de recursos humanos e materiais, especialmente o elemento cultural do princípio tenha destaque, de forma que os atores processuais compreendam a relevância desta técnica processual e que estejam realmente preparados para

---

[161] "XXXV – a lei não excluirá da apreciação do Poder Judiciário lesão ou ameaça a direito."
[162] "LXXVIII a todos, no âmbito judicial e administrativo, são assegurados a razoável duração do processo e os meios que garantam a celeridade de sua tramitação."
[163] "Esta mudança de perspectiva – a justiça de uma função estatal para um serviço público – impõe que o sistema político seja cobrado hoje, de forma mais premente do que no passado, a responder às reinvindicações de eficiência dos usuários do serviço justiça, de modo que é mensurado e incentivado a qualidade, a produtividade, etc." (CAPONI, 2011.)

operá-la no cotidiano forense, não bastando para isso a mera ciência de sua previsão normativa.

É interessante pontuar que a proporcionalidade panprocessual em seu sentido mais amplo não é uma diretriz recente como gestão eficiente dos processos. Com efeito, no direito inglês, as *Civil Procedure Rules* de 1998 elencaram os parâmetros a serem observados pelo processo para que pudesse atender a esta finalidade, tendo sido destacado já na sua introdução "que estas regras constituem um novo código de processo que têm por objetivo permitir que os tribunais possam enfrentar os casos a ele submetidos com Justiça",[164] o que compreende aspectos como a preservação da isonomia entre as partes, a redução de custos, a distribuição racional de recursos de acordo com a complexidade das questões envolvidas, a necessidade de empregar recursos para as demais causas e a relevância da demanda.[165]

A tutela da evidência por este prisma atende ao escopo da gestão eficiente de processos, permitindo inclusive a consecução de um dos seus objetivos primordiais, que é justamente assegurar a concretização do direito fundamental à duração razoável do processo. Isto porque esta técnica, ao inibir a atuação do réu com fins procrastinatórios, garante, inicialmente, um equilíbrio da posição das partes no processo, impedindo que o ônus do tempo recaia exclusivamente em face do autor que tem razão.[166]

Ademais, deve ser destacado que a técnica da evidência fundada em teses jurídicas sedimentadas em recursos repetitivos ou súmulas vinculantes privilegia, da mesma forma, a distribuição racional de recursos e a contenção de gastos, na medida em que permite a aplicação do mesmo entendimento consolidado para casos semelhantes, o que, inclusive, pode prestar-se como desestímulo à resistência infundada do réu, seja pela opção

---

[164] "1.1 – (1) *These Rules are a new procedural code with the overriding objective of enabling the court to deal with cases justly.*"

[165] Conforme observa Gustavo Osna: "Em síntese, as reformas que conduziram ao atual modelo inglês perseguiam explicitamente três objetivos essenciais: (i) aprimorar o acesso à justiça e reduzir custos inerentes ao litígio; (ii) reduzir a complexidade das regras e modernizar a terminologia inerente ao processo; e (iii) por fim, eliminar distinções desnecessárias entre a realidade e o arcabouço processual." (OSNA, 2017. p. 99.)

[166] "Se o autor é prejudicado esperando a coisa julgada material, o réu, ao manter o bem na sua esfera jurídico-patrimonial durante o longo curso do processo, evidentemente é beneficiado. Portanto, o processo é um instrumento que sempre prejudica o autor que tem razão e beneficia o réu que não a tem." (MARINONI, 2011. p. 26.)

de não requerer uma improvável dilação probatória, seja pela viabilidade de optar, até mesmo, pela resolução amigável do conflito.

Finalmente, a tutela da evidência contribui para que o direito fundamental à duração razoável seja concretizado, pois, apesar de amparado em tutela provisória, o demandante pode efetivar desde logo o seu direito, independentemente da inexistência do requisito *urgência*. Neste ponto, é importante frisar que a duração razoável do processo está relacionada com o princípio da eficiência do serviço justiça, de onde extrai-se o fundamento do cânone da proporcionalidade panprocessual ou em seu sentido mais amplo.[167]

2.11 A Tutela da Evidência Liminar e o Princípio do Contraditório

O princípio do contraditório, na sua essência derivada do Estado liberal clássico, com a mínima intervenção estatal no âmbito das relações privadas, tinha por destinatários apenas as partes do processo e implicava, basicamente, na oportunidade conferida a uma das partes em refutar as alegações apresentadas pela outra, numa bilateralidade conformada pelo binômio conhecimento-reação.[168]

Esta concepção do contraditório restrita às partes não mais se sustenta no processo moderno pautado em valores constitucionais, de modo que o contraditório deixou de ser um princípio com espectro de atuação restrito às partes, e passou a ter uma abrangência que compreende um outro ator processual, quem seja, o juiz.

---

[167] "No direito italiano, o projeto do Código de Processo Civil, elaborado por Proto Pisani, também previa semelhante preceito. Segundo o art. 0.8, do projeto, em cada causa deveria ser assegurado o emprego proporcional de recursos judiciários em relação ao escopo de justa composição da controvérsia em um prazo razoável, tendo em conta a necessidade de reservar recursos aos outros processos. Essa orientação, aliás, encontra muito facilmente suporte no princípio da eficiência da atividade pública, e, em específico, no princípio da eficiência do serviço judiciário, que se pode, no sistema italiano, deduzir indiretamente da garantia da duração razoável do processo (art. 111,§ 2º, da Constituição italiana) e da garantia de acesso à Justiça (art. 24, da Constituição italiana)." (ARENHART, 2014.)

[168] "Em geral, do ponto de vista do seu conteúdo, o direito ao contraditório é identificado com a simples bilateralidade da instância, dirigindo-se tão somente às partes. Neste contexto, o contraditório realiza-se apenas com a observância do binômio conhecimento-reação." (SARLET; MARINONI; MITIDIERO, 2014. p. 735.)

A ideia de contraditório, portanto, a par da dinâmica conhecimento e reação, passou a fundar-se essencialmente no plano dialógico, no sentido de viabilizar a participação dos atores processuais na direção dos rumos do processo e na formação da convicção do juiz ao decidir. Em suma, o contraditório assume uma conotação mais ampla, que inclui o direito de influenciar na condução do processo e na decisão do juiz.[169]

Esta vertente do princípio do contraditório, de certa forma, inspirou o Código de Processo Civil, que concebeu um modelo cooperativo, do qual derivam deveres de esclarecimento, diálogo, prevenção e auxílio, em que os atores processuais – incluindo o juiz – assumem posições paritárias no diálogo e assimétrica apenas na decisão.[170]

O princípio do contraditório, neste contexto, aparece com notável destaque, conforme pode ser visto ao longo de dispositivos que expressamente consagram a participação paritária das partes e o direito de manifestarem-se previamente em contraditório, antes de qualquer decisão ser prolatada, mesmo que se trate de matéria apreciável de ofício.[171] Trata-se de um verdadeiro escudo em face de decisões surpresa, de forma a prevenir que o juiz decida sobre matérias em relação à quais as partes não tiveram oportunidade de manifestarem-se previamente.[172]

---

[169] "É lógico que o contraditório, no processo civil do Estado Constitucional, tem significado completamente diverso daquele que lhe era atribuído à época do direito liberal. Contraditório significa hoje conhecer e reagir, mas não só. 'Significa participar do processo e influir nos seus rumos'." (SARLET; MARINONI; MITIDIERO, 2014.)

[170] "Essa dupla posição do juiz – paritária no diálogo, assimétrica na decisão – e o reforço das posições jurídicas das partes conferem marca ao modelo de processo civil cooperativo, manifestando-se ao longo de todo o procedimento comum." (MITIDIERO, D. Colaboração no Processo Civil. 3. ed. São Paulo: Revista dos Tribunais, 2015. p. 99.)

[171] Assim, por exemplo, o art. 10, *caput* do CPC, ao dispor que "O juiz não pode decidir, em grau algum de jurisdição, com base em fundamento a respeito do qual não se tenha dado às partes oportunidade de se manifestar, ainda que se trate de matéria sobre a qual deva decidir de ofício".

[172] "A proibição de haver *decisão surpresa* no processo, decorrência da garantia instituída pelo princípio constitucional do contraditório, enseja ao juiz o poder-dever de ouvir as partes sobre todos os pontos do processo, incluídos os que possivelmente poderão ser decididos por ele, seja a requerimento da parte ou interessado, seja *ex officio*." (NERY JUNIOR, N. Princípios do Processo na Constituição Federal. 11. ed., rev., atual. e ampl. com as novas súmulas do STF simples e vinculantes e com análise sobre a relativização da coisa julgada. São Paulo: Revista dos Tribunais, 2013. p. 237-8.)

TUTELA DA EVIDÊNCIA

O próprio Código faz uma ressalva quanto à necessidade de contraditório prévio, ao estabelecer como exceções as tutelas de urgência, da evidência nos casos de teses fundadas em recursos repetitivos e súmulas vinculantes, contrato escrito de depósito, além dos mandados iniciais de cumprimento nos processos injuncionais.[173]

O ponto que aqui interessa é justamente a exceção referente à concessão da tutela da evidência liminarmente, nas hipóteses previstas no art. 311, incisos II e III[174] do código. E a grande questão reside no debate a respeito da constitucionalidade do art. 311, parágrafo único, que autoriza a concessão da tutela da evidência liminarmente, nos casos abrangidos pelos incisos II e III, supracitados.

Ocorre que a tutela da evidência é uma técnica processual que dispensa o requisito *urgência* para a sua concessão, e nada obstante seja uma tutela sumária, provisória e revogável, que tem por finalidade, em síntese, assegurar a efetividade do direito material envolto em juízo de verossimilhança nas hipóteses elencadas no código, é realmente muito questionável se a postecipação do contraditório que permite a sua concessão liminar não violaria o direito fundamental previsto no art. 5º, LV[175], da Magna Carta.

Afinal, se estamos diante de uma técnica desprovida do requisito *urgência*, não haveria sentido em não aguardar-se a manifestação do réu antes da concessão da tutela, pois, do contrário, o princípio do contraditório restaria subvertido, especialmente porque não haveria outro direito fundamental em rota de colisão a ser acomodado para permitir o deferimento *in limine* da tutela da evidência. É inegável que a técnica da evidência, conforme

---

[173] "Art. 9º Não se proferirá decisão contra uma das partes sem que ela seja previamente ouvida.
Parágrafo único. O disposto no caput não se aplica:
I – à tutela provisória de urgência;
II – às hipóteses de tutela da evidência previstas no art. 311, incisos II e III;
III – à decisão prevista no art. 701."

[174] "II – as alegações de fato puderem ser comprovadas apenas documentalmente e houver tese firmada em julgamento de casos repetitivos ou em súmula vinculante;
III – se tratar de pedido reipersecutório fundado em prova documental adequada do contrato de depósito, caso em que será decretada a ordem de entrega do objeto custodiado, sob cominação de multa (...)"

[175] "LV – aos litigantes, em processo judicial ou administrativo, e aos acusados em geral são assegurados o contraditório e ampla defesa, com os meios e recursos a ela inerentes (...)"

O CONCEITO DE *TUTELA DA EVIDÊNCIA* E SUA PREVISÃO NO CPC/73 E NO CPC/2015

já pontuado, ampara-se nos princípios da duração razoável e da tempestividade da jurisdição, sendo que, deste último, deriva a efetividade do processo.

Entretanto, mesmo diante de tais princípios, a ausência do *periculum in mora* como elemento necessário à concessão da tutela da evidência permitiria e inclusive recomendaria, a nosso aviso, que a concessão desta tutela sumária pudesse aguardar a manifestação prévia do réu, para somente então ser apreciada.

Ora, se a concepção do princípio do contraditório envolve o direito de participar nos rumos do processo e influenciar a decisão do juiz[176], mostra-se salutar que, em face da ausência de urgência na tutela sumária pretendida, o réu possa ser ouvido previamente, para que eventualmente possa trazer algum argumento ou até fatos que sejam capazes de afastar a pretensão sumária fundada na evidência do direito alegado.[177]

Este entendimento é reforçado, inclusive, pela postura do Código quanto ao respeito aos precedentes, julgamentos de casos repetitivos e súmulas dos Tribunais Superiores. Em tais casos, especialmente para a hipótese de tutela da evidência pautada em súmulas vinculantes, julgamentos de casos repetitivos e até mesmo precedentes[178], conforme previsto no

---

[176] Conforme pontuou Heitor Sica: "Há muitos anos, a doutrina processual brasileira reconhece que a garantia ao contraditório – insculpida no art. 5º, LV, da Constituição Federal de 1988 – deve ser encarada como um poder de influir eficazmente na formação do convencimento do julgador, e não simplesmente o direito ao binômio 'informação-reação', decorrente da bilateralidade da audiência. Uma das decorrências mais evidentes dessa mais ampla dimensão do contraditório está na exigência de que é dever do juiz propor à prévia discussão das partes a solução de questões cognoscíveis de ofício (SICA, H. V. M. Linhas Fundamentais do Novo Código de Processo Civil Brasileiro. Artigo disponível em: <https://usp-br.academia. edu/HeitorSica>. Acesso em 22/02/2018).

[177] "Nos casos de tutela de evidência *pura* não há qualquer perigo da demora, urgência ou qualidade da situação material que justifique a postergação do contraditório, direito fundamental do réu que deve ser preservado quando outras razões de igual dignidade não imponham o contrário. É dizer: nos casos de evidência sem qualquer urgência, e quando não exista qualquer peculiaridade material, o autor pode muito bem esperar pela resposta do réu, que poderá trazer elementos relevantes para elidir a pretensão à aplicação da técnica processual ou mesmo à tutela do direito, sem qualquer prejuízo, e, logo após a oportunização de espaço para a defesa, poderá o magistrado conceder a tutela de evidência." (MACÊDO, L. B. Antecipação da Tutela por Evidência e os Precedentes Obrigatórios. Revista de Processo, v. 242, 2015. p.523-52.)

[178] "O que o art. 311, II, autoriza, portanto, é a 'tutela da evidência' no caso de haver *precedente* do STF ou do STJ ou *jurisprudência* firmada em incidente de resolução de demandas repetitivas

TUTELA DA EVIDÊNCIA

inciso II do art. 311, que autoriza a sua concessão liminar, o contraditório prévio do réu é importante até mesmo para oportunizar-lhe a fazer uma distinção entre o caso que serviu de paradigma e a tese fático-jurídica apresentada pelo autor.

Assim, apesar da tese fático-jurídica do autor, a *priori*, apresentar-se com os mesmos fundamentos determinantes de um caso repetitivo, por exemplo, poderia o réu demonstrar justamente o contrário, ou seja, que um determinado ponto específico na tese do autor resultaria na distinção que afastaria a aplicação do entendimento sedimentado a partir de julgamento de casos repetitivos, o que seria suficiente para impedir a concessão da tutela da evidência pretendida.

Porém, a tutela da evidência em caráter liminar não deve ter o seu âmbito de atuação totalmente excluído pela inconstitucionalidade derivada da violação ao princípio do contraditório, em que pese, a rigor, a inconstitucionalidade material do art. 311, parágrafo único, pareça ser a posição mais acertada que deve emergir paulatinamente na doutrina.[179]

Na verdade, a concessão da tutela da evidência sem a oitiva do réu teria supedâneo para ser deferida em certas circunstâncias, em que, juntamente com a verossimilhança do direito do autor, respaldada em prova documental idônea e robusta, além da demonstração de que a sua tese

---

nos Tribunais de Justiça ou nos Tribunais Regionais Federais. Esses precedentes podem ou não ser oriundos de casos repetitivos e podem ou não ter adequadamente suas razões retratadas em súmulas vinculantes." (MARINONI; ARENHART; MITIDIERO, 2016. p. 202.)

[179] Luiz Guilherme Marinoni já manifestou-se neste sentido, ao sustentar: "Ao exigir direito evidente e, assim, não poder dispensar a análise da defesa, tutela da evidência antes da ouvida do réu não é apenas uma contradição em termos; é igualmente uma tutela que viola o contraditório e o direito de defesa". (MARINONI, 2017. p. 339-40.)

Lenio Streck, Lucio Delfino e Diego C. de Sousa também manifestaram-se neste sentido: "Conclui-se que o inciso II do artigo 9º e o parágrafo único do artigo 311 do CPC-2015 encerram proteção deficiente da garantia do contraditório e não se mostram necessários à proteção adequada de qualquer outro direito ou garantia fundamental, razão por que são eivados de inconstitucionalidade material, devendo deixar de ser aplicados, na via difusa, e declarados inconstitucionais, na via concentrada. Presente, pois, a violação da *Untermassverbot* (principio da proibição de proteção deficiente). A sanção é a inconstitucionalidade." (STRECK, L.; DELFINO, L.; SOUSA, D. C. Tutela provisória e contraditório: uma evidente inconstitucionalidade. artigo publicado no Conjur, em 15/05/2017, e alterado no dia 23/05/2017. Disponível em: <https://www.conjur.com.br/2017-mai-15/tutela-provisoria-contraditorio-evidente-inconstitucionalidade>. Acesso em: 04/11/2017.)

enquadra-se nos incisos II ou III do art. 311, o autor igualmente comprove o *periculum in mora* como situação que permite, à luz da proporcionalidade e seus subprincípios da necessidade, adequação e proporcionalidade em sentido estrito, a concessão da tutela da evidência independentemente de ouvir-se a parte contrária.

Alguém mais açodado poderia salientar que, neste caso, estaríamos diante de uma verdadeira tutela de urgência antecipada. Não nos parece que seja assim, todavia. Apesar da similitude entre as duas tutelas de cognição sumária, a proposta aqui ventilada refere-se a uma situação em que, constatado o enquadramento da tese jurídica versada pelo autor em julgamento de casos repetitivos, súmula vinculante, precedentes ou em contrato de depósito, e demonstrada a compatibilidade de sua tese jurídica com a prova documental apresentada, a concessão da tutela da evidência liminarmente dependeria da maior ou menor intensidade do *periculum in mora* aferido na hipótese concreta.

Assim, aplicar-se-ia o critério da proporcionalidade defendido por Robert Alexy, para acomodar um conflito aparente entre o direito fundamental ao contraditório e a prestação tempestiva da jurisdição.[180] Portanto, em face da hipótese submetida ao juiz, cabe a ele analisar, inicialmente, se a tutela da evidência é o meio mais eficaz e suscetível de causar menor restrição ao réu, diante do risco de dano que se apresenta em face do autor.

Cumpre ao juiz, neste exercício de sopesamento, avaliar em seguida se a concessão da tutela da evidência é uma medida adequada para viabilizar a consecução do objetivo pretendido, que é justamente neste caso, para além de assegurar a prestação tempestiva da tutela jurisdicional do direito e redistribuir o ônus do tempo do processo, afastar o perigo de dano que emergiu concomitantemente com os pressupostos para a concessão da tutela da evidência.

Por fim, superadas as máximas da necessidade e adequação, cumpre perquirir a respeito do terceiro postulado, qual seja, o da proporcionalidade em sentido estrito, que consiste em aquilatar diante da hipótese concreta

---

[180] "Se dois princípios colidem – o que ocorre, por exemplo, quando algo é proibido de acordo com um princípio e, de acordo com o outro, permitido –, um dos princípios terá que ceder. Isso não significa, contudo, nem que o princípio cedente deva ser declarado inválido, nem que nele deverá ser introduzida uma cláusula de exceção. Na verdade, o que ocorreu é que um dos princípios tem precedência em face do outro sob determinadas condições." (ALEXY, 2017. p. 93.)

sob exame se o direito ao contraditório, que foi restringido para acomodar o direito fundamental à tempestividade da jurisdição, não excedeu o que seria justificável para a concretização deste direito fundamental.[181]

Portanto, a concessão liminar da tutela da evidência torna-se viável e em conformidade com a Magna Carta, a depender da concomitância do elemento *periculum in mora,* cuja intensidade que permitirá o deferimento da tutela sumária sem a oitiva prévia do réu, dependerá da valoração do juiz a partir da aplicação da máxima da proporcionalidade e suas máximas parciais da necessidade, adequação e proporcionalidade em sentido estrito.

Fora desta hipótese, ao que parece, o dispositivo inserto no parágrafo único do art. 311 do Código padece de vício de inconstitucionalidade material por violação ao princípio da ampla defesa e do contraditório, o que impede a concessão da tutela da evidência *inaudita altera* parte[182].

---

[181] "A última etapa da proporcionalidade, que consiste em um sopesamento entre os direitos envolvidos, tem como função principal justamente evitar esse tipo de exagero, ou seja, evitar que medidas estatais, embora adequadas e necessárias, restrinjam direitos fundamentais além daquilo que a realização do objetivo perseguido seja capaz de justificar." (SILVA, V. A. Direitos Fundamentais – Conteúdo essencial, restrições e eficácia. 2. ed. 4. tir. São Paulo: Malheiros, 2010. p. 175.)

[182] "Ora, o acolhimento liminar, ainda que provisório, do pedido do autor sem o requisito da urgência, violaria a garantia do contraditório, o que, a meu ver, impõe uma interpretação do *caput* e do parágrafo único do art. 310 em conformidade com o artigo 5º, inciso LV, da Constituição, no sentido de que, nas hipóteses dos incisos II e III, a liminar autorizada dependente concorrentemente da evidência do direito e da caracterização do perigo de lesão grave ou de difícil reparação." (GRECO, L. A tutela da urgência e a tutela da evidência no Código de Processo Civil de 2015. In: RIBEIRO, D. G.; JOBIM, M. F. Desvendando o Novo CPC. Porto Alegre: Livraria do Advogado, 2015. p. 131.)

3. A Interpretação Sistemática do CPC que Resulta na Ampliação das Hipóteses da Técnica da Evidência

3.1 A Tutela da Evidência Fundada no Art. 311, II, do NCPC

O inciso II do art. 311 cuida das hipóteses em que a tutela da evidência fundamenta-se na existência de prova documental pré-constituída dos fatos suscitados na causa de pedir, e a tese jurídica invocada pelo autor encontra-se escudada em julgamento de casos repetitivos ou em súmula vinculante.[183] Na realidade, a causa de pedir remota (fatos) está devidamente comprovada por prova documental suficiente, ao passo que a causa de pedir próxima (fundamentos jurídicos) encontra-se respaldada em julgamento de casos repetitivos ou em súmulas vinculantes.

Imagine-se, assim, o exemplo de uma pessoa jurídica cujo objeto empresarial seja a locação de veículos, e que, irresignada com a exação ilegal do ISSQN sobre a sua atividade, ajuizou ação anulatória de débito fiscal em face do município em que é sediada. Nesta ilustração, a causa de pedir remota estaria delimitada pela alegação da autora de que a sua empresa foi autuada e notificada pelo fisco municipal para recolher o ISSQN, fundado na atividade de locação de veículos. O auto de infração e a notificação acostados à inicial provariam tal fato. Os fundamentos jurídicos, por seu turno, teriam suporte na afronta ao princípio constitucional da legalidade, com a observância de que o Supremo Tribunal Federal já se pronunciou

---

[183] "Art. 311. A tutela da evidência será concedida, independentemente da demonstração de perigo de dano ou de risco ao resultado útil do processo, quando:
II – as alegações de fato puderem ser comprovadas apenas documentalmente e houver tese firmada em julgamento de casos repetitivos ou em súmula vinculante (...)"

TUTELA DA EVIDÊNCIA

a respeito da matéria e sufragou entendimento que deu origem à súmula vinculante n. 31.[184]

Portanto, nesta hipótese ilustrativa, estariam presentes os requisitos para a concessão da tutela da evidência, com a finalidade de afastar a exação do ISSQN, eis que: i) os fatos ventilados na causa de pedir remota estão devidamente comprovados por prova documental; ii) os fundamentos jurídicos do pedido estão calcados na súmula vinculante que entendeu inconstitucional a exação fiscal combatida; iii) a defesa do réu neste caso, diante do acervo probatório suficiente para comprovar as alegações do autor, muito provavelmente, seria inconsistente.

Uma primeira observação que merece destaque refere-se à amplitude do conceito de julgamento de casos repetitivos. Com efeito, esta análise exige uma interpretação sistemática da segunda parte do dispositivo em comento, ou seja, de acordo com todas as normas que integram o mesmo sistema jurídico – no caso o processual civil – e que devem ser apreciadas contextualmente.

Ocorre que se encontram previstas no art. 928, incisos I e II do Código[185], as hipóteses de julgamentos de casos repetitivos que abrangem tanto as decisões prolatadas em IRDR[186] quanto as decisões oriundas de temas afetados em incidentes de recursos especial e extraordinário repetitivos, tal como contemplados nos artigos 976, I e II, e 1.036, *caput*, respectivamente.[187]

É importante ressaltar, no entanto, que as hipóteses de teses jurídicas sufragadas em IRDR e recursos especiais e extraordinários repetitivos, além das súmulas vinculantes, não excluem, por certo, uma interpretação extensiva que venha contemplar outras decisões paradigmas que refletem o entendimento dos tribunais pátrios.

---

[184] *"É inconstitucional a incidência do Imposto sobre Serviços de Qualquer Natureza – ISS sobre operações de locação de bens móveis."*

[185] *"Art. 928. Para os fins deste Código, considera-se julgamento de casos repetitivos a decisão proferida em:*
I – incidente de resolução de demandas repetitivas;
II – recursos especial e extraordinário repetitivos."

[186] *Incidente de resolução de demandas repetitivas.*

[187] *"Art. 976. É cabível a instauração do incidente de resolução de demandas repetitivas quando houver, simultaneamente:*
I – efetiva repetição de processos que contenham controvérsia sobre a mesma questão unicamente de direito;
II – risco de ofensa à isonomia e à segurança jurídica.
Art. 1.036. Sempre que houver multiplicidade de recursos extraordinários ou especiais com fundamento em idêntica questão de direito, haverá afetação para julgamento de acordo com as disposições desta Subseção, observado o disposto no Regimento Interno do Supremo Tribunal Federal e no do Superior Tribunal de Justiça."

3.2 A Necessidade de Conferir Interpretação Extensiva ao Art. 311, II, a Partir da Previsão do Art. 927, I à V do NCPC

A interpretação extensiva da norma permite que o seu sentido, alcance e determinação sejam ampliados, justamente porque, na sua previsão legal, não foram contempladas todas as hipóteses que deveriam ter sido abordadas em face do teor da matéria que regula. Costuma-se falar, neste caso, que o sentido literal da norma não coincide com a sua vontade, e para que seja viável aquilatar em que medida a referida norma comportaria interpretação extensiva recorre-se, via de regra, ao método teleológico, através do qual se perquirem a finalidade da norma e a melhor forma de sua aplicação diante da realidade social atual.

A técnica da evidência, consoante já ponderado no capítulo anterior, está relacionada com o tempo do processo, ou melhor, com sua redistribuição entre o autor e o réu, justamente para prevenir que ele seja suportado exclusivamente pelo autor que, apesar de ter sua tese jurídica amparada em verossimilhança, é obrigado a esperar o tempo necessário para a produção probatória requerida pelo réu que apresentou uma defesa infundada.

Portanto, em linhas gerais, a concessão da tutela da evidência depende da probabilidade do direito do autor que, em cotejo com uma defesa frágil, que, porém, exige dilação probatória, impõe a satisfação imediata do direito do autor, como forma de evitar uma distribuição anti-isonômica do tempo processual.

Por este aspecto, não se pode afirmar que apenas as hipóteses previstas expressamente no art. 311, II, autorizam a comprovação da verossimilhança do direito alegado pelo autor, o que equivale dizer que se trata de rol não exaustivo e que comporta interpretação extensiva, já que outras decisões que espelham o posicionamento dos tribunais – independentemente de ser exaradas em julgamentos repetitivos ou dar origem a súmulas vinculantes – mostram-se igualmente aptas a demonstrar a probabilidade da tese jurídica apresentada pelo autor.[188]

---

[188] "O que o art. 311, II, autoriza, portanto, é a 'tutela da evidência' no caso de haver precedente do STF ou do STJ ou jurisprudência firmada em incidente de resolução de demandas repetitivas nos Tribunais de Justiça ou nos Tribunais Regionais Federais. Esses precedentes podem ou não ser oriundos de casos repetitivos e podem ou não ter adequadamente suas razões retratadas em súmula vinculantes." (MARINONI; ARENHART; MITIDIERO, 2016. p. 202.)

TUTELA DA EVIDÊNCIA

Desta forma, não haveria razão para excluirem-se do âmbito de incidência da norma contida no art. 311, II, outras decisões que emanam das cortes brasileiras, desde que sejam capazes de exprimir seu entendimento a respeito das matérias versadas nos pedidos de tutela sumária da evidência.

Assim, embora não seja este o enfoque deste trabalho, parece indiscutível que as decisões obtidas de *leading cases* (em que, a partir dos fatos que integraram a controvérsia, sejam apreciados e enfrentados pelo colegiado os argumentos principais suscitados pelas partes quanto à matéria de direito, para então proclamar-se um resultado, do qual possa ser extraído dos seus fundamentos determinantes uma tese jurídica[189]) também prestam-se à concessão da tutela da evidência pautada numa interpretação extensiva do art. 311, II, do Código. Neste caso, a decisão proclamada pelo colegiado, hábil à formação de precedente, teria o condão de orientar casos futuros e, assim, servir de elemento de convicção quanto à verossimilhança das alegações do autor.

Da mesma forma, se a jurisprudência de uma corte mostrar-se convergente em torno de uma determinada matéria, tal circunstância poderá dar suporte à concessão da tutela da evidência, mediante aplicação extensiva do dispositivo ora em análise. Aliás, representaria um verdadeiro contrassenso restringir a tutela da evidência apenas aos casos de teses fundadas em súmulas vinculantes e julgamentos repetitivos, e permitir o próprio julgamento liminar de improcedência, com fundamento na jurisprudência sumulada das cortes superiores ou de tribunal local, conforme autoriza o art. 332, I e IV, do Código.[190]

Portanto, repisamos que a tese jurídica que define o entendimento a respeito de uma matéria, para fins de autorizar a concessão da tutela da evidência nos moldes do art. 311, II, do NCPC, não pode, a rigor, restringir-se às súmulas vinculantes ou aos julgamentos ocorridos através de

---

[189] "Contudo, para constituir precedente, não basta que a decisão seja a primeira a interpretar a norma. É preciso que a decisão enfrente todos os principais argumentos relacionados à questão de direito posta na moldura do caso concreto. Até porque os contornos de um precedente podem surgir a partir da análise de vários casos, ou melhor, mediante uma construção da solução judicial da questão de direito que passa por diversos casos." (MARINONI, 2011a. p. 216.)

[190] "Art. 332. Nas causas que dispensem a fase instrutória, o juiz, independentemente da citação do réu, julgará liminarmente improcedente o pedido que contrariar:
I – enunciado de súmula do Supremo Tribunal Federal ou do Superior Tribunal de Justiça;
IV – enunciado de súmula de tribunal de justiça sobre direito local."

incidentes de casos repetitivos, tenham estes últimos sido processados perante as cortes superiores ou não.

Assim, se prevalecesse a interpretação gramatical do art. 311, II, chegaríamos à conclusão teratológica no sentido de que outros modelos processuais com aptidão para demonstrar o entendimento de uma corte quanto a uma tese jurídica – como por exemplo, as teses extraídas das súmulas editadas pelo STJ e as próprias decisões do STF em controle difuso – não poderiam ser utilizados como parâmetro para a concessão da tutela pautada na evidência do direito.[191]

3.2.1 A Tutela da Evidência Fundada em Decisões Proclamadas pelo STF em Controle de Constitucionalidade

O art. 927, incisos I a V, do Código de Processo Civil[192], fiel à perspectiva de conferir racionalidade, coerência, previsibilidade e isonomia[193] ao sis-

---

[191] Neste sentido, Flávio Yarshell e Helena Abdo fizeram a seguinte observação: "Nesse ponto, o legislador foi incompleto porque fez referência apenas a duas das espécies de precedentes obrigatórios do art. 927 do CPC de 2015. Nada se falou sobre a possibilidade de concessão de tutela da evidência nos casos em que a tese jurídica esteja baseada em decisão proferida em controle concentrado de constitucionalidade, tampouco em enunciados das súmulas do Supremo Tribunal Federal (em matéria constitucional) e do Superior Tribunal de Justiça (em matéria infraconstitucional). Sobre o tema, a doutrina tem proposto a interpretação sistemática, teleológica e extensiva da regra para admitir a concessão de tutela da evidência quando baseada em qualquer desses precedentes". (YARSHELL e ABDO, 2016. p. 461.)

[192] "Art. 927. Os juízes e os tribunais observarão:
I – as decisões do Supremo Tribunal Federal em controle concentrado de constitucionalidade;
II – os enunciados de súmula vinculante;
III – os acórdãos em incidente de assunção de competência ou de resolução de demandas repetitivas e em julgamento de recursos extraordinário e especial repetitivos;
IV – os enunciados das súmulas do Supremo Tribunal Federal em matéria constitucional e do Superior Tribunal de Justiça em matéria infraconstitucional;
V – a orientação do plenário ou do órgão especial aos quais estiverem vinculados."

[193] Conforme bem esclarece William Pugliese: "Vê-se, assim, que o *stare decisis* não foi instituído na *common law* por lei, ou por qualquer ato de autoridade. Surgiu da necessidade de coerência e de igualdade, como forma de se garantir um tratamento isonômico a todo o jurisdicionado e de legitimar as decisões tomadas pelo Poder Judiciário, que sofre de um déficit democrático. (...) Outro argumento essencial em defesa do *stare decisis* é o de que respeitar precedentes garante o tratamento isonômico entre os litigantes de processos judiciais diferentes. Ou seja, duas pessoas diferentes envolvidas em uma questão jurídica igual deverão

tema jurídico, impôs aos órgãos judiciários o dever de respeitar as decisões proclamadas pelas cortes do país, a partir de ações ou incidentes processuais, que sejam capazes de definir o entendimento a respeito de uma determinada matéria de direito a elas submetida. Em suma, esta previsão normativa buscou, sobretudo, valorizar o sistema de precedentes vinculantes em que se inspirou a novel codificação, instituindo, ainda que apenas formalmente, o *stare decisis*.[194]

Inicialmente, deve ser pontuado que a eficácia vinculante que deriva das decisões proclamadas em sede de controle abstrato, conforme estabelecido na Magna Carta e na lei 9.868/99[195], atinge apenas o dispositivo do acórdão, não tendo o condão de abranger os fundamentos que conduziram ao resultado do julgamento.

Isto se explica porque, a teoria da transcendência dos motivos determinantes, que propõe a extensão da eficácia vinculante respectiva aos fundamentos determinantes do acórdão, não foi adotada pelo Supremo.[196] Assim, a vinculatividade cinge-se ao dispositivo, ou seja, à declaração de constitucionalidade ou inconstitucionalidade da lei ou ato normativo impugnado, não se estendendo às razões que levaram a esta conclusão.

---

receber do Judiciário a mesma decisão, independentemente do estado em que vivem ou do juiz que apreciou a causa". (PUGLIESE, W. Precedentes e a Civil Law Brasileira. São Paulo: Revista dos Tribunais, 2016. p. 47 e 52-3.)

[194] Observa Zanetti, que: "Assim, serão precedentes do ponto de vista formal as decisões e as técnicas de externalização das decisões previstas no art. 927 e incisos, sendo necessário, para aferir se há um precedente, um ulterior teste do ponto de vista material, referente à identificação dos fundamentos determinantes (circunstância de fato e solução jurídica – tese jurídica – aplicada) e a demonstração de que o caso sob julgamento se ajusta àqueles fundamentos (art. 489, § 1º, V e 926, § 2º)". (ZANETTI JUNIOR, H. O Valor Vinculante dos Precedentes. 3. ed. Salvador/BA: Juspodivm, 2017. p. 405.)

[195] "Art. 28.

Parágrafo único. A declaração de constitucionalidade ou de inconstitucionalidade, inclusive a interpretação conforme a Constituição e a declaração parcial de inconstitucionalidade sem redução de texto, têm eficácia contra todos e efeito vinculante em relação aos órgãos do Poder Judiciário e à Administração Pública federal, estadual e municipal."

[196] Consoante, a propósito: Rcl 2412 AgR-terceiro, Relator(a): Min. ROBERTO BARROSO, Primeira Turma, julgado em 17/10/2017, ACÓRDÃO ELETRÔNICO DJe-018 DIVULG 31-01-2018 PUBLIC 01-02-2018; Rcl 22470 AgR, Relator(a): Min. ROSA WEBER, Primeira Turma, julgado em 24/11/2017, PROCESSO ELETRÔNICO DJe-282 DIVULG 06-12-2017 PUBLIC 07-12-2017.

Com efeito, o dispositivo legal ora em análise, refere-se aos fundamentos contidos no acórdão que analisou, em controle abstrato, a validade da lei ou do ato normativo em face da Constituição Federal. Não fosse assim, esta disposição inserta no art. 927, I, não teria grande utilidade, na medida em que os demais órgãos do Poder Judiciário já estariam automaticamente vinculados às decisões proclamadas em controle abstrato, por força desta eficácia normatizada tanto na Magna Carta quanto na lei n. 9.868/99.

Portanto, o que o artigo 927, I, impõe, é a observância das razões determinantes contidas na fundamentação dos julgamentos realizados em controle abstrato de constitucionalidade, ou, em última análise, do precedente extraído da referida decisão.[197] E, justamente por tratar-se da orientação do Supremo a respeito da constitucionalidade de uma legislação em um dado contexto, a utilização da técnica da evidência fundada na interpretação extensiva do art. 311, II, mostra-se plenamente viável nesta hipótese.

3.2.2 A Tutela da Evidência Pautada em Incidente de Resolução de Demandas Repetitivas – IRDR

O Código de Processo Civil instituiu técnicas de julgamento de casos repetitivos, com o nítido propósito de gerenciar os litígios de massa, notadamente os que apresentem teses jurídicas ou questões de direito idênticas, para que, uma vez definidas pelo mesmo órgão judiciário, sejam aplicadas a todas as demandas em tramitação, as quais permanecem sobrestadas até o julgamento definitivo da matéria afetada na instância recursal ou nas cortes superiores.

Estas técnicas de julgamento, a que alguns autores chegam a tratar como microssistemas de casos repetitivos[198], são representadas pelo IRDR

---

[197] "Ademais, é bom que se lembre mais uma vez, a decisão em controle de constitucionalidade concentrado não é o precedente, o precedente é extraído da decisão e serve para os casos-futuros, a decisão é o caso-atual. Assim, rigorosamente falando o efeito *erga omnes* e a eficácia vinculante de que fala o art. 102, § 2º, CF/88 é da decisão do caso e não do precedente formado. O precedente formado será obrigatório para os demais juízes e tribunais na forma do art. 927, I do CPC/2015 e para o próprio STF na forma do art. 926, *caput*." (ZANETTI JUNIOR, 2017, p. 401.)

[198] "O artigo em comento é um dos fundamentos dogmáticos para se reconhecer, no CPC/2015, a existência de um microssistema para o julgamento de casos repetitivos. O enunciado 345 do Fórum Permanente de Processualistas Civis reconheceu a existência deste microssistema, reforçando esta tese. O microssistema é integrado, inclusive, pela Lei 13.015/2014, que trata do

TUTELA DA EVIDÊNCIA

e pelos incidentes de recurso especial e extraordinário repetitivos, os quais integram o elenco de hipóteses a que o Código atribui *status* de precedentes obrigatórios[199]. Algumas ressalvas merecem ser feitas, todavia, quanto a este entendimento.

Apesar de não ser este também o objeto específico desta pesquisa, é inegável que existem diferenças significativas entre os precedentes como fontes do direito, que podem ser extraídos dos fundamentos das decisões colegiadas emanadas dos tribunais e que orientam casos futuros similares – embora não necessariamente idênticos – e uma técnica de julgamento que serve ao propósito de gestão processual dos litígios de massa.

Com efeito, apenas para pontuar esta questão, merece ser destacado que a formação de precedentes não depende do ajuizamento de diversas demandas com identidade de questões ou de causas de pedir. Na realidade, o precedente pode – e, em geral, é o que ocorre – ser extraído de uma única decisão em que possa ser delimitada a sua *ratio decidendi*, passando, então, a prestar-se como orientação para os casos assemelhados posteriores.[200]

Além disso, cumpre observar que os precedentes surgem a partir de uma decisão e são aplicados para hipóteses futuras, o que permite, a rigor, que as partes envolvidas nas demandas posteriores possam de fato exercer o contraditório efetivo, no sentido de participar do debate e influenciar o convencimento do juiz quanto à aplicação, ou não, da tese jurídica originada a partir do precedente.

---

processo do trabalho, conforme igualmente afirma o Enunciado 346 do Fórum Permanente de Processualistas Civis." (ZANETTI JUNIOR, H. Comentários ao Novo Código de Processo Civil. 2. ed. São Paulo: Forense, 2016. p.1343-4.)

[199] Neste sentido, Leonardo da Cunha e Fredie Didier: "Quer dizer que o julgamento de casos repetitivos é gênero de incidentes que possuem natureza híbrida: servem para gerir e julgar casos repetitivos e, também, para formar precedentes obrigatórios. Por isso, esses incidentes pertencem a dois microssistemas: o de gestão e julgamento de casos repetitivos e o de formação concentrada de precedentes obrigatórios". (CUNHA, L.; DIDIER JUNIOR, F. Julgamento de Casos Repetitivos. Salvador/BA: JusPodivm, 2017. p. 313.)

[200] Michele Taruffo bem observa: "Existe, antes de tudo, uma distinção de caráter – por assim dizer – *quantitativo*. Quando se fala dopreceedente se faz normalmente referência a *uma decisão* relativa a um caso particular, enquanto que quando se fala da jurisprudência se faz normalmente referência a *uma pluralidade,* frequentemente bastante ampla, de decisões relativas a vários e diversos casos concretos. A diferença não é apenas do tipo semântico. O fato é que nos sistemas que se fundam tradicionalmente e tipicamente sobre o precedente, em regra a decisão que se assume como precedente é uma só". (TARUFFO, M. Precedente e Jurisprudência. Revista de Processo, v. 199, 2011. p. 139.)

A INTERPRETAÇÃO SISTEMÁTICA DO CPC...

Esta situação não ocorre no IRDR, por exemplo, na medida em que a instauração do incidente importa no sobrestamento das ações em que se discutam questões de direito idênticas, não havendo, por este prisma, participação efetiva das partes que integram as demandas sobrestadas, para expor seus argumentos e influenciar a decisão a ser tomada pelo colegiado.[201]

O IRDR, de acordo com a previsão do Código de Processo Civil, cinge-se à resolução de questão de direito material ou processual, pelo que se infere ter sido adotado, em princípio, o procedimento-modelo[202], que se caracteriza pelo pinçamento da questão de direito presente em múltiplas demandas, para ser submetida à definição da tese jurídica através do incidente.

Isto, a rigor, não exclui a necessidade dos fatos subjacentes darem suporte à exata compreensão da controvérsia a respeito da norma jurídica, ou seja, a premissa fática que deu ensejo à aplicação da norma jurídica em debate deve estar sedimentada, pois do contrário: i – a tese jurídica seria definida sem um contexto que permitisse a sua subsunção a uma hipótese específica pendente de julgamento; ii – a submissão da controvérsia fática ao incidente acabaria por desvirtuar o IRDR dos moldes traçados pelo Código.

De todo modo, é importante asseverar que a tese jurídica que define a questão de direito submetida ao IRDR viabiliza a concessão da tutela da evidência, justamente porque torna verossímil o direito invocado pelo

---

[201] "Um precedente surge naturalmente do exercício do direito de ação e dos casos que são submetidos à Corte. Suspender o exercício do direito a participar para formar um precedente retroativo é, sem qualquer dúvida, não só ignorar que o jurisdicionado tem direito a um dia perante a Corte, mas também não perceber que o objetivo do sistema de precedentes é regular o modo de ser do direito e não resolver casos de massa. Uma técnica de resolução de casos múltiplos não pode considerar situações jurídicas de massa para privilegiar o encontro de uma decisão sem a participação dos membros do grupo afetado. Isso constituiria uma ilegítima priorização da otimização da prestação jurisdicional sobre o direito fundamental de participar do processo." (MARINONI, L. G. Incidente de Resolução de Demandas Repetitivas. São Paulo: Revista dos Tribunais, 2016. p. 32.)

[202] Sofia Temer pontua que: "O incidente de resolução de demandas repetitivas não julga "causa", mas apenas fixa tese, porque seu objeto está restrito às questões de direito – material ou processual- que se repetem em diversos processos. Não se analisam questões de fato e questões de direito heterogêneas, o que impede que se possa falar em julgamento da demanda, que depende necessariamente da análise da causa de pedir e do pedido". (TEMER, S. Incidente de Resolução de Demandas Repetitivas. 2. ed. Salvador/BA: Juspodivm, 2017. p. 69.)

autor, notadamente após o réu apresentar a sua defesa e esta resultar inconsistente. Ocorre que em tal situação, apesar de o direito do autor estar aparentemente respaldado em tese jurídica firmada em IRDR, a análise do conteúdo da defesa do réu é imprescindível, pois ele poderia realizar a distinção, ao alegar que a tese jurídica não se aplica aos fatos narrados na causa de pedir.

No mais, a partir do teor da defesa apresentada, será possível concluir pela sua inconsistência, seja porque o réu, apesar de ter requerido a produção de contraprova, foi incapaz de argumentar substancialmente pela distinção, seja porque eventual exceção de mérito indireta que requeira dilação probatória, diante de sua fragilidade, permitirá que o juiz conceda, desde logo, a tutela provisória. Em ambos os casos, o ônus do tempo necessário para uma eventual instrução probatória não deve ser suportado pelo autor que tem razão, o que impõe sua redistribuição através da técnica da evidência.

3.2.3 A Tutela da Evidência Pautada em Incidente de Assunção de Competência

A previsão do incidente de assunção de competência está relacionada com a diretriz encampada pelo Código de Processo Civil, de integridade, estabilidade e coerência da jurisprudência emanada dos tribunais. A despeito da previsão contida na codificação anterior, de instrumento similar voltado a uniformizar a jurisprudência[203], no presente caso, algumas diferenças significativas merecem relevo.

Assim, o incidente de assunção de competência mostra-se mais amplo, na medida em que não restringe as espécies recursais, além de ser aplicado para a hipótese de competência originária. Seu cabimento para questões de direito de relevante repercussão social, sem repetição em processos de massa, parece apontar para uma valoração qualitativa de

---

[203] Como era exemplo, o art. 555, § 1º do CPC/73, que dispunha nos seguintes termos: "Art. 555. No julgamento de apelação ou de agravo, a decisão será tomada, na câmara ou turma, pelo voto de 3 (três) juízes.
§ 1º Ocorrendo relevante questão de direito, que faça conveniente prevenir ou compor divergência entre câmaras ou turmas do tribunal, poderá o relator propor seja o recurso julgado pelo órgão colegiado que o regimento indicar; reconhecendo o interesse público na assunção de competência, esse órgão colegiado julgará o recurso."

A INTERPRETAÇÃO SISTEMÁTICA DO CPC...

tais questões, independentemente do seu potencial, serem replicadas em outras demandas.[204]

Também deve ser registrado que o incidente de assunção de competência, ao contrário do IRDR, que se limita à análise da questão de direito idêntica extraída de múltiplos processos, impõe o julgamento integral do recurso ou da demanda, na hipótese de competência originária[205], e estabelece a vinculação da decisão aos juízes e demais órgãos fracionários, com a previsão inclusive de reclamação em caso de inobservância.

Este instrumento, que também pode ser utilizado para as hipóteses de descumprimento das decisões dos tribunais, para garantir a aplicação dos enunciados de súmula vinculante e das decisões proclamadas em controle abstrato pelo Supremo, assim como para assegurar a observância da tese jurídica definida em IRDR, confere uma tal força vinculante à decisão paradigma que, sem dúvida, permite que ela seja aplicada como fundamento para a concessão da tutela da evidência.

E, realmente, a partir da constatação de que o direito invocado pelo autor já foi debatido e analisado em recurso ou ação originária submetida à assunção de competência, de forma que a tese jurídica que foi proclamada a partir dos fatos subjacentes apreciados no incidente é aplicada à nova demanda proposta, inexiste razão para que a decisão proferida não sirva de parâmetro para a concessão da tutela fundada na evidência do direito.

Neste caso, a verossimilhança do direito do autor é demonstrada a partir dos fundamentos expendidos no acórdão que julgou o incidente de assunção de competência, fundamentos os quais devem ser confrontados com

---

[204] Neste sentido, há Wambier e Talamini, que pontuam: "Tal relevância geral igualmente estará presente em questões que, embora sem a tendência de reproduzir-se em uma significativa quantidade de litígios, versem sobre temas fundamentais para a ordem jurídico-constitucional. Vale dizer, questões cuja solução, apesar de não vir a ser aplicada em termos idênticos em casos repetitivos, poderá constituir um importante vetor na adequada definição do sentido de preceitos constitucionais fundamentais, que repercutem, ainda que de modo indireto, sob os mais variados aspectos na dinâmica das instituições ou mesmo na vida dos jurisdicionados". (WAMBIER e TALAMINI, 2016. p. 717.)

[205] Conforme esclarece Cassio Scarpinella, ao referir-se à assunção de competência: "O julgamento referido no § 2º deve ser entendido também no sentido de haver julgamento do caso concreto, e não, apenas, de fixação ou enunciação da tese relativa à "relevante questão de direito". (BUENO, C. S. Manual de Direito Processual Civil. volume único. São Paulo: Saraiva, 2015. p. 558.)

TUTELA DA EVIDÊNCIA

a tese apresentada pelo autor na inicial, para que seja aferida a identidade ou a semelhança entre as demandas.

Assim, após a apresentação da defesa do réu – indispensável para oportunizar-lhe a realizar uma eventual distinção que poderia afastar a incidência do julgado ao caso[206] – e, em não sendo a hipótese de julgamento antecipado da lide, que se abra a possibilidade de concessão da tutela da evidência, pautada na decisão que resolveu o incidente de assunção de competência.

3.2.4 A Tutela da Evidência Pautada em Incidente de Recursos Especiais e Extraordinários Repetitivos

Na esteira do que já disciplinava o Código revogado, o atual diploma legal manteve o incidente em comento, também destinado a gerenciar litígios de massa com identidade de questões submetidas a recurso especial ou extraordinário, e permitir que desta multiplicidade de recursos seja afetado um deles como representativo da controvérsia, ficando sobrestados os demais até que seja julgado o recurso respectivo e definida a tese jurídica.

A rigor, esta técnica de julgamento está, em princípio, vocacionada à formação de precedentes obrigatórios, na medida em que o incidente é analisado pelas cortes responsáveis, respectivamente, por conferir a última interpretação ao direito federal e à Constituição Federal. É preciso ressaltar, todavia, que a formação de precedentes não está condicionada à existência de identidade de questões de direito que deram origem a múltiplos recursos.

Portanto, a previsão dos recursos extraordinários e especiais repetitivos, estaria muito mais relacionada a uma técnica de julgamento, destinada a resolver o problema da proliferação de recursos sobre a mesma matéria

---

[206] "A previsão deve ser compreendida, em primeiro lugar, no sentido de ser viabilizada oportunidade prévia para manifestação das partes (e de eventuais terceiros) acerca da aplicação (ou não) do julgado anterior (o que o CPC de 2015 quer que chamemos de 'precedente') no caso concreto. É desejável ir além. A aplicação (ou não) do julgado anterior exige do magistrado adequada e completa fundamentação apta a justificar a sua incidência (ou não) ao caso presente. A importância da fundamentação é tanto mais importante na medida em que o ônus argumentativo da pertinência (ou não) do julgado anterior é também do magistrado, máxime porque deve ser oportunizado às partes que se manifestem, previamente, acerca do assunto." (BUENO, 2015. p. 545.)

A INTERPRETAÇÃO SISTEMÁTICA DO CPC...

de direito, do que, propriamente, prestar-se como método voltado à formação de precedentes obrigatórios, notadamente se for pensado que um precedente é constituído, via de regra, com o desenvolvimento natural de uma única demanda judicial.[207]

Inclusive, no caso dos julgamentos repetitivos afetados ao Supremo, merece ser registrado que o filtro recursal pertinente à repercussão geral é que deveria balizar a admissibilidade do recurso, pautada na existência de questões relevantes sob o prisma econômico, político, social e jurídico, sem uma necessária relação com a multiplicidade de recursos interpostos sobre idêntica questão.[208]

De qualquer modo, a vinculação à tese jurídica sedimentada no incidente em apreço é forte, justamente por conta da normatização de um instrumento apto a assegurar sua observância, qual seja, a reclamação, que também é prevista para a salvaguarda das decisões oriundas dos tribunais do país, das teses resultantes de IRDR ou assunção de competência, sem olvidar-se das súmulas vinculantes e das decisões proferidas em fiscalização abstrata de constitucionalidade.

Portanto, a tese sufragada em incidente de recursos especiais e extraordinários repetitivos, mostra-se plenamente apta à concessão da tutela

---

[207] Neste sentido, bem esclarece Marinoni: "A existência destas técnicas obviamente não significa que fora delas não possa existir precedente. Elas apenas pressupõem situações em que desde logo é adequado elaborar precedente para eliminar divergência interpretativa e favorecer decisões uniformes. Lembre-se que o precedente é o resultado do curso natural de um processo judicial em que se discute questão de direito a ser definida ou revisada pela Corte Suprema. Em princípio, não há porque traçar atalhos para solucioná-la e estabelecer o precedente, especialmente com base em critérios que podem favorecer posições sociais que preferem estar na condição de 'litigantes habituais' em 'processos repetitivos'. De modo que os modelos procedimentais editados para facilitar a elaboração de precedente devem ser analisados com cautela, considerando-se a função de uma Corte Suprema no Estado Constitucional e o componente democrático do seu respectivo processo". (MARINONI, L. G. O STJ Enquanto Corte de Precedentes. São Paulo: Revista dos Tribunais, 2013. p. 226-7.)

[208] "Bem vistas as coisas, um caso repetitivo, assim como outro qualquer, apenas deve ser conhecido pelo Supremo Tribunal Federal quando envolver questão de repercussão geral. E é apenas por isso, e não por outra razão, que dá origem a precedente (...) os precedentes formados em recursos extraordinário e especial repetitivos devem ser respeitados por constituírem *rationes decidendi* elaboradas pelas Cortes Supremas e não por constituírem resoluções de casos de que derivam recursos em massa." (MARINONI, L. G. Incidente de Resolução de Demandas Repetitivas e Recursos Repetitivos: Entre Precedente, Coisa Julgada Sobre Questão, Direito Subjetivo ao Recurso Especial e Direito Fundamental de Participar. Revista dos Tribunais, v. 962, 2015a. p.131-51.)

TUTELA DA EVIDÊNCIA

pautada na evidência do direito, devendo ser ponderado, neste aspecto, que a interpretação sistemática conferida aos arts. 311, II, segunda parte[209], e 928, II[210], do Código, permite extrair esta conclusão sem qualquer divergência, independentemente de a tese jurídica extraída do julgamento repetitivo respectivo ter o condão de formar precedente obrigatório.

3.2.5 A Tutela da Evidência Pautada em Decisões Oriundas do Plenário ou Órgão Especial das Cortes de Justiça

A imposição de observância da orientação do pleno ou do órgão especial a que os juízes e tribunais estiverem vinculados reflete mais uma norma que deriva de um dos pilares do Código de Processo Civil, qual seja, a valorização dos precedentes e o objetivo de atingir estabilidade, integridade e coerência da jurisprudência dos tribunais.

Neste ponto específico, é importante salientar que precedentes não se confundem com jurisprudência, já que esta, a rigor, refere-se à reiteração de decisões que são extraídas dos julgamentos realizados por uma corte, mediante compilação sintetizada dos seus principais termos.[211] O precedente, por seu turno, é a tese jurídica obtida através da interpretação da norma aplicada a um caso concreto, com o enfrentamento pelo colegiado, dos principais argumentos referentes às questões de direito.[212]

---

[209] "Art. 311. A tutela da evidência será concedida, independentemente da demonstração de perigo de dano ou de risco ao resultado útil do processo, quando:
II – as alegações de fato puderem ser comprovadas apenas documentalmente e houver tese firmada em julgamento de casos repetitivos ou em súmula vinculante (...)"

[210] "Art. 928. Para os fins deste Código, considera-se julgamento de casos repetitivos a decisão proferida em:
II – recursos especial e extraordinário repetitivos."

[211] "Aqui, o problema depende daquilo que em verdade 'constitui' a jurisprudência: trata-se como se sabe, sobretudo dos enunciados elaborados pelo departamento competente que existe junto à Corte de Cassação. A característica mais importante dos enunciados é que se trata de formulações verbais, concentradas em uma ou em poucas frases, que têm por objeto regras jurídicas. Estas regras têm normalmente um conteúdo mais específico em comparação com o ditado textual da norma da qual constituem uma interpretação, mas são também sempre formulados como regras, ou seja, como enunciações gerais e de conteúdo normativo (TARUFFO, 2011)."

[212] "Contudo, para constituir precedente, não basta que a decisão seja a primeira a interpretar a norma. É preciso que a decisão enfrente todos os principais argumentos relacionados à questão de direito posta na moldura do caso concreto (...) Em suma, é possível dizer que o

Apesar do art. 927,V, ora em análise, referir-se às decisões de cortes de justiça, ainda persiste o debate a respeito de quais tribunais estariam habilitados a emitir decisões com aptidão para formação de precedentes, ou seja, se o modelo brasileiro estabelece que, de fato, apenas o Superior Tribunal de Justiça e o Supremo Tribunal Federal funcionam como cortes de precedentes. Esta premissa funda-se na definição da competência constitucional atribuída às cortes superiores, incumbidas de conferir unidade à interpretação do direito federal e à Magna Carta, respectivamente.[213]

A despeito deste impasse, cujo aprofundamento não caberia neste momento, é inegável que o Código de Processo Civil, rigorosamente, impôs aos juízes e tribunais a observância das decisões elencadas no art. 927 e incisos, de que ora se cuida. Por este aspecto, ainda que materialmente estas decisões não sejam compatíveis com a qualificação de um precedente, plasmado na teoria do direito ou nas bases estabelecidas pelos países que adotam o sistema da *common law*, parece claro que a sua força vinculante é indiscutível e deve ser respeitada.[214]

É possível afirmar, portanto, que a estabilidade, a integridade e a coerência que o Código pretendeu assegurar à jurisprudência dos tribunais

---

precedente é a primeira decisão que elabora a tese jurídica ou é a decisão que definitivamente a delineia, deixando-a cristalina (MARINONI, 2011a, p. 216)."

[213] Neste sentido, Marinoni: "O problema não mais está em declarar o sentido exato da lei para propiciar a 'uniformidade das decisões' dos tribunais ordinários; busca-se agora, mediante a voz da Suprema Corte, o 'sentido e a unidade do direito' para a orientação da sociedade e para a promoção da igualdade. Não mais importa controlar as decisões, porém definir o direito que deve orientá-las. A decisão da Suprema Corte, bem por isso, não mais tem caráter puramente retroativo, derivado da declaração da lei, mas está preocupada com o futuro, em orientar os jurisdicionados e em servir de critério para as vindouras decisões judiciais". (MARINONI, 2013, p.117.)

Posição também defendida por Mitidiero: "É importante perceber, nessa linha, que a função da Corte Suprema se encontra orientada para adequada interpretação do Direito. A função da Corte Suprema é uma função ligada à interpretação do Direito, capaz de servir de orientação para sua interpretação e aplicação futuras (...) A Corte Suprema é uma corte de interpretação do Direito, não uma corte de controle de decisões judiciais". (MITIDIERO, D. Cortes Superiores e Cortes Supremas. São Paulo: Revista dos Tribunais, 2013. p. 67.)

[214] "Consoante observação de Zaneti Junior: Como o direito é artificialmente construído nos parece impossível limitar os precedentes apenas às Cortes Supremas, especialmente no ordenamento jurídico brasileiro, formalizado pelo art. 927 e incisos. Neste caso serão precedentes mesmo as decisões que não forem de Cortes Supremas, desde que, por evidente, limitem-se à sua esfera de influência formal e, portanto, respeitem as decisões das instâncias formalmente superiores." (ZANETTI JUNIOR, 2017. p. 406-7.)

podem perfeitamente ser materializadas através das decisões mencionadas no rol de hipóteses do art. 927, I a V do Código, às quais caberia, a nosso aviso, a denominação de precedentes normativos, dotados de eficácia vinculante, ainda que não correspondam, materialmente, aos precedentes nos moldes do sistema da *common law*.[215]

Seja como for, deve ser reconhecida a possibilidade de utilização da técnica da evidência, nas hipóteses em que a tese jurídica apresentada pelo autor mostrar-se em harmonia com tema definido em julgado emanado do plenário ou do órgão especial das Cortes de Justiça, assim compreendidos os Tribunais de Justiça e Tribunais do Distrito Federal e Territórios, Tribunais Regionais Federais, Tribunais Regionais do Trabalho e Tribunais Regionais Eleitorais, sempre no âmbito de sua competência territorial.

Neste caso, a tutela da evidência funda-se na interpretação do direito local conferido por estas cortes, assim como na definição das teses jurídicas extraídas dos julgamentos por elas proclamado em matérias de sua competência originária ou recursal. Obviamente, em havendo recurso do acórdão proferido para as cortes superiores, prevalecerá a última decisão. Entretanto, enquanto isso não ocorrer ou caso não venha a acontecer, a tutela da evidência, *ex vi* do art. 927, V, do Código, terá por parâmetro a tese que emanou das Cortes de Justiça, pelo seu órgão pleno ou especial.

---

[215] "Por fim, não vejo como, aplicando o que já escrevi, querer enxergar, no CPC de 2015 e nas pouquíssimas vezes que a palavra "precedente" é empregada, algo próximo ao sistema de precedentes do *common law*. A palavra é empregada, nos dispositivos que indiquei, como sinônimo de decisão proferida (por Tribunal) que o CPC de 2015 quer que seja vinculante (paradigmática, afirmo eu). Nada além disso (...) Não precisamos migrar para o *common law* para termos um direito processual civil mais efetivo ou, menos que isto, maior estabilidade na jurisprudência dos nossos Tribunais e na adoção dela nos casos concretos em busca de maior isonomia. Temos, é nisso que acredito, de criar condições legítimas de aplicar adequadamente decisões proferidas em casos bem julgados antecedentemente a casos futuros enquanto não há razões objetivas de alteração do que foi julgado, como se justifica, inclusive, com a entrada em vigor do próprio CPC de 2015." (BUENO, 2015, p. 542.)

4. Aspectos Constitucionais e Processuais Específicos da Tutela da Evidência

4.1 Os Princípios da Duração Razoável do Processo, do Contraditório e da Ampla Defesa e a Discricionariedade Judicial

A Constituição Federal, através de sua emenda 45, de 2004, inseriu entre as suas cláusulas pétreas, o direito fundamental à Duração Razoável do Processo, o qual impõe como valor essencial o direito ao trâmite processual sem dilações indevidas.[216] Obviamente, por tratar-se de um princípio constitucional, caracterizado como tal pela sua generalidade, abstração e densidade normativa, é imprescindível que ele seja devidamente interpretado diante de uma situação concreta para extrair se houve propriamente uma violação de seu âmbito de proteção, já que o termo vago e impreciso que corresponde à duração razoável equivale a uma verdadeira cláusula geral.

Portanto, alguns critérios impendem ser observados para que seja aferido se houve, ou não, uma afronta ao seu núcleo essencial, o que somente será viável a partir do caso concreto a ser submetido à jurisdição, pois, certamente, o tempo necessário ao julgamento de uma demanda complexa, que exija prova pericial, por exemplo, não pode ser o mesmo de uma demanda de menor complexidade que não dependa de dilação probatória para ser julgada.

---

[216] Importante destacar que este direito já era assegurado pelo Pacto de San José da Costa Rica, de que o Brasil é signatário. Esta Convenção, a rigor, estabelece no seu art. 8º, que: "1. Toda pessoa terá o direito de ser ouvida, com as devidas garantias e dentro de um prazo razoável, por um juiz ou Tribunal competente, independente e imparcial, estabelecido anteriormente por lei, na apuração de qualquer acusação penal formulada contra ela, ou na determinação de seus direitos e obrigações de caráter civil, trabalhista, fiscal ou de qualquer outra natureza".

TUTELA DA EVIDÊNCIA

Neste ponto, Nery Junior apontou critérios objetivos que servem de baliza para a finalidade proposta, os quais se relacionam com a complexidade da causa, o comportamento das partes, dos procuradores, do juiz e da autoridade administrativa, além dos prazos processuais necessários à garantia da ampla defesa.[217]

Além disso, é inegável que o princípio da Duração Razoável, por encerrar um direito fundamental, impele o Estado ao dever de cumprimento de diretrizes elementares, imprescindíveis para assegurar sua eficácia e conferir-lhe aptidão para que os valores fundamentais extraídos do seu núcleo essencial sejam desde logo aplicados às diversas situações concretas que reclamam a sua atuação.[218]

Neste contexto, portanto, é que a técnica da evidência foi disciplinada no Código de Processo Civil, porquanto se tratou de imposição constitucional ao legislador que, em conformidade com o direito fundamental à duração razoável, estabeleceu técnica processual que pudesse atendê-lo e permitir a prestação tempestiva da tutela jurisdicional do direito, o que envolve, inclusive e principalmente, sua atividade satisfativa.[219]

A duração razoável do processo, a propósito, não pode prescindir da sua simetria com outros direitos fundamentais, com especial relevo para a ampla defesa e o contraditório, que pressupõe uma cognição plena e exauriente, seja no aspecto da amplitude de produção probatória, seja no

---

[217] "Esses critérios objetivos são: a) a natureza do processo e complexidade da causa; b) o comportamento das partes e de seus procuradores; c) a atividade e o comportamento das autoridades judiciárias e administrativas competentes; d) a fixação legal de prazos para a prática de atos processuais que assegure efetivamente o direito ao contraditório e à ampla defesa." (NERY JUNIOR, 2013. p. 330.)

[218] Conforme Sarlet, Marinoni e Mitidiero: "Seu conteúdo mínimo está em determinar: (i) ao legislador, a adoção de técnicas processuais que viabilizem a prestação da tutela jurisdicional dos direitos em prazo razoável (por exemplo, previsão de tutela definitiva da parcela incontroversa da demanda no curso do processo), a edição de legislação que reprima o comportamento inadequado das partes em juízo (litigância de má-fé e *contempt of court*) e regulamente minimamente a responsabilidade civil do Estado por duração não razoável do processo; (ii) ao administrador judiciário, a adoção de técnicas gerenciais capazes de viabilizar o adequado fluxo dos atos processuais, bem como organizar os órgãos judiciários de forma idônea (número de juízes e funcionários, infraestrutura e meios tecnológicos); e (iii) ao juiz, a condução do processo de modo a prestar a tutela jurisdicional em prazo razoável". (SARLET; MARINONI; MITIDIERO, 2014. p. 766.)

[219] Neste aspecto, o Código, inclusive, prevê, no seu art. 4º, *caput*: "As partes têm o direito de obter em prazo razoável a solução integral do mérito, incluída a atividade satisfativa".

tocante à profundidade da análise da matéria, que viabiliza a formação de um juízo de certeza com aptidão para adquirir a autoridade da coisa julgada.

Desta forma, em situações nas quais dois princípios fundamentais encontrem-se em aparente rota de colisão, sua acomodação tem sido realizada a partir da máxima da proporcionalidade proposta por Alexy, e suas máximas parciais da necessidade, adequação e proporcionalidade em sentido estrito.

Através da primeira máxima parcial mencionada, deve ser aferido se o meio adotado na hipótese concreta é o mais idôneo e suscetível de causar a menor restrição. A máxima parcial da adequação refere-se ao equilíbrio entre o meio empregado e a finalidade pretendida, ao passo que a proporcionalidade em sentido estrito decorre da ideia de sopesamento dos princípios como mandamentos de otimização em face de possibilidades jurídicas[220], para coibir o sacrifício de outros direitos fundamentais além do que seja indispensável para a consecução do objetivo perseguido.

Não obstante os juízes e tribunais brasileiros, especialmente o Supremo[221], venham utilizando o critério da proporcionalidade para dirimir conflitos entre princípios fundamentais, sempre que a situação fático--jurídica exigir a atuação do Poder Judiciário para acomodar esta colisão aparente, parece-nos que, no caso da técnica fundada na evidência do direito, os princípios da duração razoável do processo e da ampla defesa e do contraditório foram previamente conformados entre si, a partir da regulamentação deste instrumento de tutela diferenciada no Código de Processo Civil.

Ocorre que, neste caso, o legislador disciplinou as hipóteses em que prevalece o direito fundamental à duração razoável em face da ampla

---

[220] "Princípios são mandamentos de otimização em face das possibilidades jurídicas e fáticas. A máxima da proporcionalidade em sentido estrito, ou seja, exigência de sopesamento, decorre da relativização em face das possibilidades jurídicas. Quanto uma norma de direito fundamental com caráter de princípio colide com um princípio antagônico, a possibilidade jurídica para a realização dessa norma depende do princípio antagônico. Para se chegar a uma decisão é necessário um sopesamento nos termos da lei de colisão." (ALEXY, 2017. p. 117.)

[221] Conforme verificou-se, por exemplo: No RE 349703, Relator Min. CARLOS BRITTO, Relator para o Acórdão Min. GILMAR MENDES, Tribunal Pleno, julgado em 03/12/2008; IF 298, Relator Min. MARCO AURÉLIO, Relator p/ Acórdão Min. GILMAR MENDES, Tribunal Pleno, julgado em 03/02/2003; Medida Cautelar em Mandado de Segurança 32.326 DISTRITO FEDERAL RELATOR: MIN. ROBERTO BARROSO.

defesa e do contraditório e, portanto, ao antever a possibilidade de conflitos, desenvolveu uma técnica que, se bem aplicada e interpretada à luz dos valores constitucionais, será suficiente para prevenir controvérsias envolvendo direitos fundamentais. Para tanto, conforme já salientado na análise da inconstitucionalidade do art. 311, parágrafo único, o contraditório deve ser prévio, já que estamos diante de técnica que dispensa o requisito urgência, o que inclusive permite ao juiz analisar se a defesa do réu é realmente inconsistente.

Infere-se, assim, que o legislador, ao instituir a técnica da evidência, concebeu mecanismo processual que tem por finalidade justamente acomodar os princípios da duração razoável do processo e da ampla defesa e do contraditório, sempre que a defesa apresentada mostrar-se abusiva ou protelatória, ou, em última análise, inconsistente.

Embora o legislador tenha utilizado de cláusula geral para definir os requisitos que autorizam a tutela da evidência, não há a necessidade de o juiz criar uma norma para acomodar os valores fundamentais, pois o legislador já cumpriu esta tarefa ao estabelecer que, nas hipóteses nas quais o direito do autor é verossímil e a defesa mostrar-se inconsistente, é autorizada a utilização da técnica sumária fundada na evidência do direito.

Não cumpre ao juiz, propriamente, ponderar um aparente conflito entre os princípios da duração razoável e da ampla defesa e do contraditório, mas, sim, analisar se a tese jurídica do autor está respaldada em qualquer dos incisos do art. 311, I a IV, e se a defesa realmente não se mostra capaz de afastar a verossimilhança alicerçada em prova documental ou documentada robusta.

4.1.1 Discricionariedade Judicial

O debate existente entre aqueles que defendem as ideias juspositivistas pautadas na doutrina de Hart e os adeptos da teoria de Dworkin, essencialmente quanto à discricionariedade tão criticada pelo segundo[222], não deve

---

[222] A propósito, Hart, no clássico "O Conceito de Direito", pondera: "O conflito directo mais agudo entre a teoria jurídica deste livro e a teoria de Dworkin é suscitado pela minha afirmação de que, em qualquer sistema jurídico, haverá sempre certos casos juridicamente não regulados em que, relativamente a determinado ponto, nenhuma decisão em qualquer dos sentidos é ditada pelo direito e, nessa conformidade, o direito apresenta-se como parcialmente indeterminado ou incompleto. Se, em tais casos, o juiz tiver de proferir uma decisão, em vez

ASPECTOS CONSTITUCIONAIS E PROCESSUAIS ESPECÍFICOS DA TUTELA DA EVIDÊNCIA

subsistir com relação à aparente colidência entre os direitos fundamentais da duração razoável do processo e da ampla defesa e do contraditório.

Na verdade, segundo pensamos, a solução do conflito aparente entre os princípios fundamentais em voga está à margem da discricionariedade judicial. Isto porque o legislador do Código de Processo Civil, ao instituir a técnica da evidência, previamente estabeleceu um instrumento apto a solucionar esta tensão entre os dois direitos fundamentais, de modo que caberá ao juiz, em face da situação submetida à sua análise, zelar pela concretização e conformação dos valores fundamentais da duração razoável e da ampla defesa, o que deverá ser levado a efeito através da concessão da tutela da evidência, desde que presentes os seus pressupostos autorizadores.

Por este prisma, não se pode confundir discricionariedade judicial com a acolmatação do conteúdo imbuído de vagueza semântica, que caracteriza a cláusula geral pertinente aos requisitos necessários ao deferimento da tutela da evidência. Em outras palavras, o juiz não tem qualquer margem de escolha – notadamente pautada em conveniência ou oportunidade – para indeferir a tutela se seus pressupostos legais tiverem sido comprovados pelo autor.

O raciocínio inverso também é válido, ou seja, o juiz não pode optar a seu critério por deferir a tutela da evidência, se os pressupostos respectivos não se fizerem presentes na situação a ser apreciada.

A atuação do juiz, portanto, como intérprete da lei, resume-se em conferir concretude à cláusula geral que contempla os requisitos para a concessão da tutela da evidência, e neste sentido ele estará cumprindo com a sua função de assegurar a realização do direito fundamental à duração razoável do processo e inclusive – o que se mostra de extrema relevância – cuidando para que os princípios fundamentais da duração razoável e da ampla defesa sejam conformados entre si, impedindo que quaisquer destes valores fundamentais seja deixado em segundo plano.

---

de, como Bentham chegou a advogar em tempos, se declarar privado de jurisdição, ou remeter os pontos não regulados pelo direito existente para a decisão do órgão legislativo, então deve exercer o seu poder discricionário e criar o direito para o caso, em vez de aplicar meramente o direito estabelecido preexistente. Assim, em tais casos juridicamente não previstos ou não regulados, o juiz cria direito novo e aplica o direito estabelecido que não só confere, mas também restringe, o seus poderes de criação do direito". (HART, H. L. A. O Conceito de Direito. 6. ed. Lisboa: Fundação Calouste Gulbenkian, 2011. p. 335.)

TUTELA DA EVIDÊNCIA

Não há propriamente, o exercício de discricionariedade do juiz com este propósito, em especial, naquele sentido hartiano de textura aberta da regra.[223] No caso da técnica da evidência, estamos diante de cláusula aberta, como por exemplo, a defesa abusiva ou o manifesto propósito protelatório do réu, que impõe ao juiz, através de argumentação precisa, a determinação do seu conteúdo para que o instrumento processual tenha operabilidade e viabilize a concretização dos direitos fundamentais em apreço.[224]

4.2 A Tutela da Evidência *Ex Officio* e os Princípios da Demanda e Dispositivo

Os princípios da demanda e do dispositivo, apesar de serem empregados de forma associada e até mesmo como sinônimos, comportam diferenciações que se mostram relevantes para a sua exata compreensão, especialmente para delimitar, no seu contexto, as atividades do juiz e das partes no processo.

A propósito, o princípio dispositivo está relacionado com a liberdade de atuação das partes numa determinada demanda, o que se refere à própria disposição do processo pelas partes, que poderiam, assim, com esteio nas diretrizes derivadas deste princípio, livremente optar pela prática, ou não, de atos necessários ao desenvolvimento do processo, sem olvidar-se da opção pela produção, ou não, de acervo probatório voltado a esclarecer os fatos controvertidos da demanda.

Em suma, a partir da exegese do princípio dispositivo, as partes poderiam dispor dos aspectos pertinentes à sua atividade no processo, bem como balizar os limites da autorização do juiz para a prática de atos – especialmente probatórios – no âmbito do conflito judicial.[225]

---

[223] "A textura aberta do direito significa que há, na verdade, áreas de conduta em que muitas coisas devem ser deixadas para serem desenvolvidas pelos tribunais ou pelos funcionários, os quais determinam o equilíbrio, à luz das circunstâncias, entre interesses conflituantes que variam em peso, de caso para caso." (HART, 2011. p. 148.)

[224] "Em termos simples, a cláusula geral e o conceito jurídico indeterminado somente terão uso legítimo/constitucionalmente adequado se forem manejados para concretizar a principiologia constitucional, mas nunca como subterfúgio para o julgador afastar-se da legalidade vigente para fazer prevalecer sua discricionariedade." (ABBOUD, G. Discricionariedade Administrativa e Judicial. São Paulo: Revista dos Tribunais, 2015. p. 360.)

[225] "De um modo geral, não se faz distinção entre o *princípio dispositivo* e o chamado *princípio de demanda*. A distinção, porém, é relevante. O primeiro deles, diz respeito ao poder que as

ASPECTOS CONSTITUCIONAIS E PROCESSUAIS ESPECÍFICOS DA TUTELA DA EVIDÊNCIA

A análise da forma como o processo será conduzido, vale dizer, se com maior ou menor liberdade de intervenção do juiz nos atos processuais, com destaque para os atos instrutórios, é que certificará se prevalece o modelo dispositivo.[226] O princípio dispositivo costuma ser antagonizado com o princípio inquisitório, que é marcado, justamente, pela posição atuante do magistrado na prática dos atos processuais concatenados para o seu desenvolvimento, assim como pela ampla possibilidade de atividade instrutória do juiz – mesmo em face da inércia das partes, voltada ao esclarecimento dos fatos controvertidos.

Na verdade, o modelo processual destacado pelo seu marcante traço inquisitorial, historicamente, era reservado ao processo criminal, no bojo do qual o juiz adotava uma postura proativa na sua condução e na produção probatória, influenciado, sobretudo, pela indisponibilidade da ação penal e pelo interesse público em apurar um crime e estabelecer a sanção corporal correspondente. Neste caso, o Estado – titular do direito de punir – despontava como protagonista, através de seus atores processuais incumbidos de acusar e julgar, quais sejam, o Ministério Público e o Estado-Juiz.[227]

É bom que seja desde logo esclarecido que esta dicotomia entre princípio dispositivo e inquisitório refere-se a uma época de forte influência privatística, em que o direito processual não estava imbuído de autonomia científica e era concebido como um mero apêndice ou anexo do direito material, ainda sob a repercussão do direito romano.[228]

---

partes têm de dispor da causa, seja deixando de alegar ou provar fatos a ela pertinentes, seja desinteressando-se do andamento do processo." (DA SILVA, 2000. p. 63.)

[226] "Já o princípio dispositivo (*dispositionsmaxime*) está relacionado de forma específica à tratativa processual da demanda. A questão aqui se põe prioritariamente em determinar de que modo deve ser conduzido o processo, se com predominante atuação do juiz ou se prioritariamente segundo as determinações e impulsos das partes." (ARENHART, 2014. p. 173.)

[227] "Diversamente se passavam as coisas na esfera do processo penal. Neste, o de que se cuidava em substância era de uma atividade destinada a fazer efetivas as sanções cominadas na lei para quem praticasse ato previsto como crime. A necessidade do processo decorria do princípio consoante o qual ninguém podia ser submetido a uma sanção penal sem prévio julgamento (*Nulla poena sine iudicio*). Titular do *ius puniendi*, o Estado tinha de ser aí o protagonista; ou, mais exatamente, tomava a seu cargo as duas funções principais: a de acusar e a de julgar." (MOREIRA, J. C. B. Processo Civil e Processo Penal: Mão e Contramão? Revista dos Tribunais, v. 985, 2017. p. 385-99.)

[228] "Quando ainda não havia separação científica entre direito material e direito processual, a ação era envolta na mesma massa do direito material. Até meados do século XIX não se vislumbrava a possibilidade de a ação ser colocada em um plano distinto do direito material.

TUTELA DA EVIDÊNCIA

Com as mudanças de paradigma que resultaram na autonomia do processo civil, notadamente a partir dos estudos dos juristas alemães Oskar Von Bulow e Adolf Wach[229], e a compreensão de que o processo está obviamente desvinculado do plano do direito material, o processo adquiriu um contorno publicista, com o abandono daquela concepção superada de apêndice do direito substancial.

A partir do desenvolvimento de uma teoria dos direitos fundamentais, com sua importância destacada especialmente na segunda metade do século XX, e a previsão do próprio acesso à justiça como direito fundamental, o processo civil, que já se orientava havia algum tempo por um viés publicístico, acabou por mitigar o princípio dispositivo e, assim, a forma de conduzir o processo, inclusive no que tange ao seu quadrante probatório, deixou de submeter-se exclusivamente à vontade das partes. Isto ocorreu porque a prestação da tutela jurisdicional não se resume a um mero interesse privado das partes, representando, antes disso, a prestação de uma atividade estatal com *status* de direito fundamental.[230]

Por sua vez, o princípio da demanda relaciona-se com o próprio direito subjetivo das partes e o seu efetivo exercício, ou seja, com a sua opção em provocar o Poder Judiciário para satisfazer uma pretensão ou um direito, a

---

A doutrina recorria a conhecidas distinções romanistas, como a de CELSO, que dizia que 'a ação nada mais é que do que o direito de alguém perseguir em juízo o que lhe é devido' (*actio autem nihil aliud est quam ius persequendi in iudicio quod sibi debetur*)." (MARINONI; ARENHART; MITIDIERO, 2016. p. 191-2.)

[229] "O resultado alcançado por Wach vinha assim reforçar e destacar ainda mais a importância de uma outra pesquisa levada a efeito por Oskar Von Bulow, outro jurista alemão que, alguns anos antes, chamara a atenção dos processualistas para a necessidade de estudar-se não apenas a relação de direito material configuradora da pretensão para cuja tutela seu titular servia-se do processo, como objeto central do direito processual, mas também a relação de direito público que se formava entre o demandante e o Estado a que aquele invocava a proteção jurisdicional (*Excepciones processales*). (DA SILVA, 2000. p. 96.)

[230] "O direito de ação, contudo, é antes de qualquer coisa direito à tutela jurisdicional adequada, efetiva e tempestiva mediante processo justo, interessando atualmente o seu ângulo teleológico. Nesse sentido, a rica literatura formada a respeito do conceito de ação na segunda metade do século XIX e na primeira metade do século XX, com o advento das transformações do Estado e da incorporação de direitos fundamentais nas constituições do pós-guerra, ganha um novo significado – o foco é deslocado do conceito para o resultado propiciado pelo seu exercício." (MARINONI; ARENHART; MITIDIERO, 2016. p. 215.)

partir da premissa de que cumpre apenas ao autor analisar se está disposto a requerer a atuação da jurisdição para o exercício ou defesa de direitos.[231]

O princípio da demanda encontra-se, por este prisma, relacionado com o princípio da inércia da jurisdição, o qual impõe que a atuação jurisdicional depende da provocação da parte interessada, não cabendo ao juiz iniciá-la de ofício – *Ne Procedat Iudex ex Officio*. Esta diretiva encontra-se prevista no art. 2º, *caput* do Código de Processo Civil, o qual preconiza que, ressalvadas exceções legais, o início do processo depende de iniciativa da parte e o seu desenvolvimento ocorre por impulso oficial, ou seja, movimenta-se através de atos processuais concatenados, determinados pelo juiz.[232]

O princípio da demanda, assim, está vinculado à atividade jurisdicional e ao seu alcance, do que decorre a extensão dos contornos do julgamento a ser submetido ao juiz e a consequente vedação de se decidir fora dos limites dos pedidos formulados pelas partes, o que, a rigor, caracteriza, mais precisamente, o princípio da correlação ou da congruência, que, de qualquer forma, é intimamente relacionado ao da demanda.[233]

Esses conceitos que emanam do princípio em análise, e que impõem os limites da atividade do juiz ao apreciar a controvérsia, não são absolutos e sofrem com efeito, atenuações relevantes, sobretudo em face da própria concepção atual de jurisdição, que está comprometida com a consecução dos direitos fundamentais e os valores deles extraídos, como o direito à prestação jurisdicional adequada, efetiva e tempestiva, que deriva do

---

[231] "A compulsoriedade de exercício de uma faculdade legal ou de um direito subjetivo contradiz o próprio conceito de direito. Ninguém pode ser obrigado a exercer os direitos que porventura lhe caibam, assim como ninguém deve ser compelido, contra a própria vontade, a defendê-los em juízo." (DA SILVA, *op. cit.* p. 64.)

[232] "A jurisdição, diz-se, é uma função inerte que só se põe em movimento quando ativada por aquele que invoca a proteção jurisdicional do Estado. E o meio através do qual se desencadeia a atividade jurisdicional denomina-se ação." (DA SILVA, O. A. B.; GOMES, F. L. Teoria Geral do Processo Civil. São Paulo: Revista dos Tribunais, 1997, p. 62.)

[233] "Na realidade, a noção de congruência liga-se, em essência, à própria visão da jurisdição. Se os direitos de ação e de defesa impõem ao Estado o dever de atuar em um processo, cujo alcance está delimitado pelas pretensões e pela exceções formuladas, natural a esse sistema é a noção de congruência. Em última análise, sendo de natureza privada os direitos postos à solução judicial, não se legitima que o Estado vá além do limite pretendido pelas partes." (ARENHART, 2014. p. 175.)

próprio direito de ação insculpido no art. 5º, inciso XXXV da Constituição Federal.[234]

Esta forma de compreender a atuação da jurisdição e do seu instrumento – o processo – relaciona-se com a necessária aproximação entre o processo e o direito material, e com o entendimento muito claro de que a função jurisdicional presta-se a tutelar o direito material, e, sendo assim, cumpre ao juiz conformar o procedimento e adotar as técnicas processuais adequadas para que este objetivo seja alcançado.[235]

A despeito de o Código de Processo Civil ter suprimido a previsão de instauração de inventário de ofício, conforme era previsto no art. 989, *caput* do código anterior[236], o princípio da demanda ainda é excepcionado, notadamente, pela plasticidade e atipicidade dos meios de execução que asseguram a prestação efetiva da tutela específica pretendida ou do resultado prático equivalente.

Inicialmente, foi rompida aquela concepção oitocentista, de que, para assegurar a neutralidade do juiz e a isonomia entre os jurisdicionados[237], as obrigações de fazer ou não fazer inadimplidas renderiam ensejo à reparação pelo seu equivalente pecuniário, e que, assim, a atividade do juiz

---

[234] Assim observou Heitor Sica: "Não bastasse, se o direito de ação se desdobra em um conjunto de poderes e faculdades exercitáveis ao longo do procedimento, cujo objetivo último é a outorga da tutela jurisdicional plena, e sendo essa a efetiva satisfação do direito material no plano real, de modo efetivo, adequado e tempestivo, disso tudo resulta que a 'ação de conhecimento', a 'ação de execução' e a 'ação cautelar' não seriam nada mais que poderes componentes do amplo feixe que constitui um único e verdadeiro direito de ação (SICA, Heitor Vitor Mendonça; Velhos e Novos Institutos Fundamentais do Direito Processual Civil; artigo disponível em <https://usp-br.academia.edu/HeitorSica> Acesso em 21/02/2018.)

[235] "Se o processo pode ser visto como instrumento, é absurdo pensar em neutralidade do processo em relação ao direito material e à realidade social. O processo não pode ser indiferente a tudo isso. Nesse sentido, é correto dizer que nunca houve autonomia do processo, mas uma relação de interdependência entre o direito processual e o direito material." (MARINONI, 2010. p. 148.)

[236] "Art. 989. O juiz determinará, de ofício, que se inicie o inventário, se nenhuma das pessoas mencionadas nos artigos antecedentes o requerer no prazo legal".

[237] "Não se pode deixar de perceber que, dentro da lógica do liberalismo do século XIX, há um claro nexo entre o princípio da abstração das pessoas e dos bens e a tutela pelo equivalente. Se os bens são equivalentes e, assim, não merecem tratamento diversificado, a transformação do bem em dinheiro está de acordo com a lógica do sistema, cujo objetivo é apenas sancionar o faltoso, repristinando os mecanismos de mercado." (MARINONI, 2015. p. 17.)

em caso de seu descumprimento resultaria apenas na sua conversão em perdas e danos.

A compreensão da jurisdição como função estatal voltada a conferir efetividade aos direitos fundamentais, e que realmente assegurasse a tutela adequada desses direitos, permitiu esta mudança paradigmática, que resultou na constatação de que a tutela pelo seu equivalente pecuniário – independentemente da natureza da obrigação contratual – não somente violava o princípio da isonomia, como também deixava de tutelar adequadamente os direitos, pois atuava em desacordo com a sua previsão normativa que estabelecia uma prestação *in natura*.[238]

A conclusão, portanto, foi no sentido de que deveria ser estimulado o cumprimento da prestação específica, *in natura*, afastada daquele parâmetro de *monetização* que servia a todas as modalidades de obrigações inadimplidas, com fundamento na liberdade do cidadão preconizada pelo liberalismo do século XIX.[239]

Da mesma forma, para que a tutela prestada na sua forma específica fosse realizada, não seria necessário – muito pelo contrário – que um dano fosse concretizado. Embora esta possibilidade ensejasse uma tutela ressarcitória na sua forma específica, para que alguns direitos – como por exemplo, o meio ambiente, a violação de marcas ou patentes e até mesmo a violação à imagem – pudessem ser tutelados de forma adequada, efetiva e tempestiva, era imprescindível uma tutela preventiva, que atuasse antes do dano e que produzisse seus efeitos em face da mera probabilidade de um ilícito ocorrer, ou que se prestasse a remover um ilícito já exaurido mas com efeitos que se prolongam no tempo.

---

[238] "A tutela jurisdicional não tinha qualquer preocupação de fazer valer o desejo das normas ou de tutelar os direitos – garantindo a sua integridade ou repristinação – mas apenas de prestar um equivalente ao sinal da lesão, o que significa dizer que a jurisdição não tinha como meta primária a tutela dos direitos." (*Ibidem*, p. 19.)

[239] Conforme pondera Marinoni: "Entretanto, o ressarcimento, na prática forense, sempre foi pensado como indenização pecuniária. Isso basicamente por duas razões. Em primeiro lugar, pelo fato de que houve o que se pode denominar de 'monetização' dos direitos, quando a prática passou a supor que bastaria a indenização em pecúnia equivalente ao valor da lesão." (MARINONI, L. G. Técnica Processual e Tutela dos Direitos. 3. ed. Editora Revista dos Tribunais. p. 308.) "A confusão entre tutela contra o ilícito e tutela ressarcitória pelo equivalente, portanto, tem raízes na monetização dos direitos, acentuada pelos valores do Estado liberal antigo, em que o equivalente em pecúnia, sem pôr em risco a liberdade, mantinha em funcionamento os mecanismos do mercado." (MARINONI, 2015. p. 19.)

TUTELA DA EVIDÊNCIA

Ocorre que, para a proteção preventiva desses direitos, especialmente os de caráter não patrimonial, ou mesmo para a tutela repressiva dos direitos em geral que encerram uma obrigação de fazer ou não fazer, o Código de Processo Civil estabelece exceção ao princípio da demanda, ao prever a prestação da tutela na sua forma específica ou a tutela suficiente para assegurar o resultado prático equivalente.

A tutela jurisdicional neste caso amolda-se à necessidade do direito material, de acordo com a análise da hipótese concreta que reclama uma prestação positiva ou negativa do devedor, ou seja, o juiz tem à sua disposição uma verdadeira cláusula executiva aberta, que lhe permite eleger a tutela que seja melhor ajustável à proteção do direito material ameaçado ou violado.[240]

E o Código atual adotou tal postura, já observada no código revogado, quanto à atipicidade dos meios necessários à realização da tutela específica de prestações positivas ou negativas, outorgando ao juiz flexibilidade para a escolha da medida mais adequada para a concretização do direito material em análise, tanto na fase cognitiva, quanto no cumprimento de sentença.

Portanto, independentemente do pedido de tutela específica formulado pelo autor, poderá o juiz entender por bem que, na hipótese concreta, o resultado prático equivalente mostra-se suficiente e eficaz para amparar e satisfazer o direito material, desde que sejam observados o ônus argumentativo e a máxima da proporcionalidade.[241]

Desta forma, o princípio da demanda e seus corolários, como o princípio da congruência ou da correlação cuja origem está vinculada à imparcialidade do juiz, não subsiste de forma absoluta, eis que o exemplo das prestações de fazer e não fazer, além de outros, como a possibilidade de concessão de benefício previdenciário diverso do que foi objeto de requerimento do

---

[240] "(...) continuo a acreditar que a norma permite a conclusão no sentido de excepcionar o princípio da adstrição nos pedidos condenatórios de obrigação de fazer e não fazer, podendo o juiz conceder tutela diversa daquela pedida pelo autor, desde que sua efetivação gere na prática um resultado equivalente ao que seria produzido com o acolhimento da tutela pedida expressamente pelo autor." (NEVES. p. 340.)

[241] "Deixe-se claro, desde logo, que a preferência por certo meio executivo ou modalidade de fazer não constitui mera opção, mas sim o resultado da aplicação das sub-regras da proporcionalidade, quais seja: i) adequação; ii) necessidade e iii) proporcionalidade em sentido estrito." (MARINONI, 2010. p. 107.)

beneficiário[242], permite esta assertiva sem maiores divergências. O juiz então, diante da função jurisdicional permeada por realizar direitos fundamentais, passa a preocupar-se com a tutela efetiva do direito material, através de instrumentos que se moldam conforme a necessidade dessa tutela e a consecução desse objetivo.[243]

O princípio dispositivo, retratado no início deste tópico, também merece ser analisado sob outra perspectiva, a partir da própria definição do conceito de jurisdição, seu caráter publicístico e sua vocação para a realização dos direitos fundamentais.[244] E, de fato, este antagonismo outrora existente entre princípio dispositivo e inquisitório, que era utilizado inclusive para fins didáticos e que denotava o modelo do processo a partir dos direitos envolvidos, não mais prevalece para distinguir as características que orientam a atuação do juiz.[245]

Com efeito, os poderes instrutórios do juiz são destacados em demandas que versem ou não sobre direitos disponíveis, com a ressalva de que, atualmente, no processo penal acentua-se a iniciativa probatória exclusiva das partes, em observância a um sistema acusatório puro que se pretende

---

[242] Sérgio Cruz Arenhart, bem observou que: "Demais disso, é certo que o direito brasileiro encontra situações em que o princípio da demanda vem sendo relativizado até mesmo para permitir que o julgamento conceda à parte coisa distinta daquela pedida na petição inicial. O Superior Tribunal de Justiça tem, por exemplo, entendido por permitir, em causas de natureza acidentária, que o julgador conceda ao interessado benefício distinto daquele que havia postulado, especialmente em razão da relevância social da discussão." (ARENHART, 2014. p. 195.)

[243] "A necessidade de dar maior poder ao juiz para a efetiva tutela dos direitos, espelhada, em primeiro lugar, na quebra do princípio da tipicidade das formas executivas e na concentração da execução no processo de conhecimento, trouxe, ainda, a superação da ideia de absoluta congruência entre o pedido e a sentença." (MARINONI, *op. cit.* p. 104.)

[244] "A jurisdição no Estado Constitucional caracteriza-se a partir do dever estatal de dar tutela aos direitos. Como é evidente, a ideia de proteção dos direitos não tem a ver com a antiga e remota concepção de tutela dos direitos privados, própria à época anterior à afirmação da autonomia do direito processual. O Estado Constitucional tem o dever de proteger os direitos fundamentais, seja através de normas, atividades fáticas administrativas ou da jurisdição." (MARINONI; ARENHART; MITIDIERO, 2016. p. 439.)

[245] "O Código de Processo Civil não só manteve a tendência publicista, que abandonara o rigor do princípio dispositivo, permitindo ao juiz participar da colheita das provas necessárias ao completo esclarecimento da verdade, como ainda reforçou os poderes diretivos do magistrado (arts. 125, 130, 131, 330, 342 e 440). O sistema adotado representa uma conciliação do princípio dispositivo com o da livre investigação judicial." (CINTRA, A. C. de A.; GRINOVER, A. P.; DINAMARCO, C. R. Teoria Geral do Processo. 29. ed. São Paulo: Malheiros, 2013. p. 75.)

TUTELA DA EVIDÊNCIA

implementar, ao passo que, no processo civil, a atuação do juiz em matéria probatória não está limitada pela natureza disponível do direito em discussão, o que permite ao juiz, a rigor, produzir as provas que entender imprescindíveis à apuração dos fatos controvertidos, de ofício, com vistas a aprimorar a instrução probatória e evitar o julgamento com fundamento na regra do ônus probatório, ou seja, em desfavor da parte que dele não se desincumbiu.[246]

Assim, é inegável que o processo civil não se coaduna mais com um modelo caracterizado pela ampla disposição das partes, especialmente em matéria probatória, já que independentemente do direito discutido estar ou não no âmbito de disponibilidade das partes, o juiz está imbuído de poderes instrutórios que lhe asseguram a sua intervenção quando entender pertinente, afastando completamente aquela ideia vetusta de observância estrita ao princípio dispositivo.[247]

O princípio dispositivo é frequentemente relacionado aos poderes instrutórios do juiz, mais precisamente, ao seu poder de iniciativa probatória no âmbito interno do processo.[248] Por esta vertente, o debate que, de certa forma, não provoca mais tantas discussões, refere-se à extensão dos

---

[246] "A divergência continua a existir; mas hoje em dia, o fluxo e o refluxo da maré dão a impressão de se estarem invertendo. O movimento que apontava num sentido passa a apontar no oposto, e vice-versa. Enquanto o juiz civil assume – quando nada de acordo com os textos legais, nem sempre observados à risca – posição mais destacada, empalidece, em certa medida, a do juiz penal; paralelamente, vêem-se as partes chamadas, no processo penal, a desempenhar papel de maior relevo." (MOREIRA, 2017. p. 385-99.)

[247] "No processo civil moderno a tendência é reforçar os poderes do juiz, dando relativo curso aos fundamentos do processo inquisitivo. Ele tem o dever não só de franquear a participação dos litigantes, mas também de atuar ele próprio segundo os cânones do princípio do *contraditório*, em clima de ativismo judicial (supra, n.88). Repudia-se o *juiz Pilatos*, que deixa acontecer sem interferir. Daí os poderes judiciais de *direção* e *impulso do processo*, a serem exercidos em benefício da tutela jurisdicional justa, tempestiva e efetiva (infra, n.730-732)." (DINAMARCO, C. R. Instituições de Direito Processual Civil. 7. ed. São Paulo: Malheiros, 2013. p. 239-40.)

[248] "A questão referente aos poderes instrutórios do juiz está intimamente ligada ao chamado 'princípio dispositivo'. Pelo menos assim tem entendido a maioria da doutrina processual, que estabelece um nexo entre esses dois fenômenos, ao afirmar que o princípio dispositivo, entre outras restrições impostas à atividade do julgador, impede tenha ele iniciativa probatória. Fala-se que as partes, tratando-se de direitos disponíveis, têm total liberdade para influir na prova, não contestando, confessando. Esse comportamento amputaria os poderes instrutórios do juiz e seria consequência do princípio dispositivo." (BEDAQUE, J. R. dos S. Poderes Instrutórios do Juiz. 4. ed. São Paulo: Revista dos Tribunais, 2009a. p. 87.)

ASPECTOS CONSTITUCIONAIS E PROCESSUAIS ESPECÍFICOS DA TUTELA DA EVIDÊNCIA

poderes do juiz na condução do processo e na sua iniciativa probatória, mesmo em face do caráter disponível do direito substancial controvertido, assim como da postura das partes no requerimento das provas necessárias à solução da lide.

Discutia-se, assim, se os poderes de iniciativa do juiz estavam interligados com o direito material e, portanto, dependiam da sua disponibilidade para serem ou não exercidos, ou se, ao contrário, os poderes instrutórios referiam-se ao aspecto processual derivado do caráter público do processo, o que autorizava, em qualquer caso, a atuação oficiosa do juiz em relação aos poderes instrutórios.[249]

Esta última posição prevaleceu, pois consoante já assinalado, além do princípio dispositivo ter sido mitigado na sua essência, como corolário da compreensão da jurisdição como uma atividade estatal e do processo como seu instrumento, imbuído de caráter público voltado a dar concretude aos direitos fundamentais, a limitação dos poderes de iniciativa do juiz como emanação do princípio dispositivo, restringiu-se aos contornos derivados da relação jurídica material, ou, mais precisamente, aos atos processuais que tenham direta repercussão nesta relação discutida, o que daria margem, por exemplo, à renúncia do direito, desistência da demanda, reconhecimento total ou parcial da procedência, enfim, atos de disposição com reflexos no direito material.[250]

Em suma, a dimensão dos poderes de iniciativa do juiz que são limitados pelo princípio dispositivo cingem-se aos atos processuais que repercutem no âmbito de disponibilidade das partes no processo, que são justamente aqueles que incidem na relação jurídica de direito material controvertida.

Por este ângulo, as tutelas provisórias, e notadamente a tutela da evidência de que ora se trata especificamente, encontrariam um forte argumento pela impossibilidade de sua concessão de ofício, com fundamento

---

[249] Conforme pontuou Bedaque: "Assim, se o pedido da tutela e os limites da prestação são privados, o modo como ela é prestada não o é. A relação processual rege-se sempre por princípios atinentes ao direito público, tendo em vista a sua finalidade, o seu objetivo." (*Ibidem.*)

[250] Ricardo de Barros Leonel, no mesmo sentido, enfatiza que: "Mesmo sendo privada a relação material posta em juízo, o Estado tem interesse em que a tutela judicial se identifique com a efetiva realização da justiça. Se o pleito e os limites da pretensão delimitados pelos contornos da causa de pedir e do pedido são privados, o modo como se desenvolve o processo e como é prestada a tutela jurisdicional ostentam caráter público: a relação jurídica processual é regulada por princípios de direito público." (LEONEL, R. de B. Manual do Processo Coletivo. 2. ed. São Paulo: Revista dos Tribunais, 2011. p. 371.)

no próprio princípio dispositivo. Afinal, o deferimento de uma tutela pautada na evidência do direito alegado pelo autor, sem o seu requerimento, repercutiria imediatamente na relação jurídica de direito material debatida entre as partes, resultando na atuação oficiosa do juiz sob a esfera de disponibilidade do direito das partes.

A análise sob esta ótica, entretanto, é superficial e não permite um aprofundamento de todos os aspectos relevantes para enfrentar a questão, os quais transitam necessariamente, pelos seguintes pontos: i) a jurisdição no Estado Constitucional; ii) os valores constitucionais que fundamentam a tutela da evidência; iii) o perfil funcional da tutela da evidência; iv) o dever de amparo à dignidade da jurisdição; v) a tutela da evidência como instrumento de gestão processual.

A jurisdição como poder, função e atividade estatal, passou por modificações conceituais significativas desde a vetusta concepção oitocentista de Estado, num período pós-revolucionário que, inspirado na doutrina de Montesquieu, a partir da premissa de que os juízes eram alinhados com o antigo regime e, desta forma, contrários à revolução e ao povo, deveriam ter a sua atividade restrita a pronunciar literalmente o texto emanado do Poder Legiferante, insensível a qualquer interpretação pautada no caso concreto.[251]

Com a emergência do Estado Constitucional, notadamente na segunda metade do século XX e o relevo atribuído aos direitos fundamentais, sobretudo em virtude dos horrores produzidos pela II Grande Guerra, estas transformações resultaram em reflexos diretos no processo e na atuação do juiz, especialmente como decorrência desta mudança de paradigma que redimensionou a função jurisdicional para um viés publicístico, orientado pelos direitos fundamentais encampados na Constituição.

Desta forma, haurida por estes novos valores, a jurisdição no Estado Constitucional é definida pela sua vocação de prestar tutela aos direitos

---

[251] "A generalidade e a abstração da lei, desejadas pelo Estado liberal, impediam o juiz de considerar as circunstâncias concretas. É que tal possibilidade – inegável ao juiz contemporâneo – obscureceria a previsibilidade e a certeza do direito tal como então compreendidas, pensadas como indispensáveis para a manutenção da liberdade dos cidadãos – a qual, como se sabe, constituía a preocupação essencial do Estado liberal." (MARINONI; ARENHART; MITIDIERO, 2016. p. 439.)

ASPECTOS CONSTITUCIONAIS E PROCESSUAIS ESPECÍFICOS DA TUTELA DA EVIDÊNCIA

fundamentais[252], de assegurar a sua realização pelo processo como instrumento e pela atividade dos juízes na interpretação da legislação, de acordo com a máxima efetividade que se impõe a partir desses direitos. Os princípios Constitucionais que encampam direitos fundamentais, devem, assim, orientar a interpretação do juiz em relação às demais normas que integram o sistema jurídico.[253]

A técnica da evidência, a rigor, foi disciplinada no Código de Processo Civil, com a finalidade de realizar os valores emanados dos direitos fundamentais à duração razoável do processo e à prestação da tutela jurisdicional adequada, efetiva e tempestiva. A duração razoável como direito fundamental associa-se ao princípio da proporcionalidade panprocessual abordado no primeiro capítulo desta dissertação, com relevo para os seus elementos estrutural, cultural e legislativo, que, em sua conjugação, permitem aferir a realidade do Poder Judiciário segundo um critério macroscópico, voltado à realização de uma gestão eficiente dos processos.

A mera circunstância de o direito fundamental em apreço ser interpretado à luz de critérios que levam em consideração aspectos da estrutura do Poder Judiciário, da quantidade de processos em trâmite, número de servidores, legislação moderna e até mesmo a qualidade técnica dos atores processuais, não exime o juiz de dar-lhe concretude ao presidir o processo, pois tal situação implicaria violação ao dever de observar uma diretriz imposta pela própria função jurisdicional, na tutela dos direitos fundamentais.[254]

---

[252] "Owen Fiss utiliza a expressão *adjudication* como equivalente a jurisdição. E pondera, nesta mesma linha de pensamento: "Os juízes não possuem o monopólio na tarefa de dar significado aos valores públicos da Constituição, mas não há motivos para que silenciem. Eles também podem contribuir para as discussões e debates públicos. A adjudicação é o processo social por meio do qual os juízes dão significado aos valores públicos". (FISS, O. Um Novo Processo Civil – Estudos norte-americanos sobre jurisdição, constituição e sociedade. Tradução de: SILVA, D. P. G. e RÓS, M. M. São Paulo: Revista dos Tribunais, 2004. p. 26.)

[253] "Além disso, a jurisdição, no Estado contemporâneo, tem o dever de proteger todas as espécies de direitos, com isso se querendo evidenciar que o juiz, muito mais do que simplesmente aplicar a lei, tem o dever de também compreendê-la a partir dos direitos fundamentais, no caso concreto." (MARINONI, L. G.; ARENHART, S. C.; MITIDIERO, D. Curso de Processo Civil. 2. ed. São Paulo: Revista dos Tribunais, 2016a. v. 1. p. 439.)

[254] De acordo com Nelson Nery Jr., "O excesso de trabalho, o número excessivo de processos, o número insuficiente de juízes ou de servidores, são justificativas plausíveis e aceitáveis para a duração exagerada do processo, desde que causas de crise passageira. Quando se tratar de crise estrutural do Poder Judiciário ou da Administração, esses motivos não justificam a

TUTELA DA EVIDÊNCIA

A tutela jurisdicional prestada de forma efetiva, tempestiva e adequada configura valor constitucional extraído a partir da exegese do princípio do acesso à jurisdição, previsto no art. 5º, XXXV da Magna Carta. A efetividade da tutela opera-se no plano fático-jurídico pela mera constatação de que a atuação jurisdicional substituiu com eficácia a autotutela, com a satisfação do direito cuja ameaça ou violação foi submetida à jurisdição. Esta é a ideia que melhor exprime o direito fundamental à efetividade da tutela jurisdicional do direito.[255]

Mas esta tutela, apesar de ter sido satisfeita faticamente, não seria tempestiva se decorreu longo período para a sua realização. O tempo, a propósito, não pode ser mais célere do que a justiça, e, portanto, além da efetividade já mencionada, o direito fundamental em análise exige que a tutela seja tempestiva, o que importa dizer que a ameaça que se converte em lesão tornaria a tutela inibitória intempestiva, assim como seria o caso da tutela que restitui a posse ao autor, muitos anos após ele ter erigido a sua residência em outro imóvel.

No entanto, a tutela, mesmo efetiva e tempestiva, deve ser adequada, compatível com a realidade do direito material e suficiente para atendê-lo. A tutela inibitória, preventiva, por este prisma, não seria adequada para amparar um direito que já foi violado e originou danos que exigem uma tutela ressarcitória para ser recomposto.

Esses direitos fundamentais ora em destaque não podem, em consequência, ter a sua eficácia diferida mediante o argumento de que a estrutura do Poder Judiciário é deficitária ou de que as técnicas processuais disciplinadas são insuficientes para esta finalidade.

Ora, se os direitos fundamentais têm como destinatário o Estado[256] (além dos particulares, diga-se), nesta acepção compreendidos os três

---

duração exagerada do processo e caracterizam ofensa ao princípio estatuído na CF 5º, LXX-VIII". (NERY JUNIOR, 2013. p. 331.)

[255] "É sabido que o Estado, após proibir a autotutela, assumiu o monopólio da jurisdição. Como contrapartida dessa proibição, conferiu aos particulares o direito de ação, até bem pouco tempo compreendido como mero direito à solução do mérito. A concepção do direito de ação como direito a sentença de mérito não pode ter vida muito longa, uma vez que o julgamento do mérito somente tem importância – como deveria ser óbvio – se o direito material envolvido no litígio for realizado – além de reconhecido pelo Estado-Juiz." (MARINONI, 2010. p. 139.)

[256] Ingo W. Sarlet esclarece que: "Além disso, importa destacar que de tal vinculação decorre num sentido negativo, que os direitos fundamentais não se encontram na esfera de disponibilidade dos poderes públicos, ressaltando-se, contudo, que, numa acepção positiva, os

ASPECTOS CONSTITUCIONAIS E PROCESSUAIS ESPECÍFICOS DA TUTELA DA EVIDÊNCIA

poderes, então parece muito claro que a ausência de aparelhamento material adequado do Poder Judiciário importaria na omissão do Estado em prover recursos suficientes para a consecução dos valores pertinentes à duração razoável e à tutela efetiva, adequada e tempestiva.

E se, por outro lado, as técnicas processuais disponíveis nas normas infraconstitucionais não se mostram aptas a assegurar a eficácia de tais direitos fundamentais, cumpre ao juiz suprir esta omissão normativa para viabilizar a tutela dos direitos em conformidade com os valores encampados pela Constituição Federal.[257]

A atuação de ofício do juiz, nesse caso, ao conceder a tutela da evidência, estaria colmatando lacuna normativa do sistema jurídico, de forma a conferir plena eficácia aos direitos fundamentais referentes à duração razoável e à prestação da jurisdição efetiva, tempestiva e adequada. É importante destacar nesta ordem de ideias o perfil funcional da tutela da evidência.

Ocorre que a técnica da evidência é um instrumento processual destinado a prestar tutela jurisdicional diferenciada, com fundamento no valor *efetividade* e na necessidade de coibir o comportamento recalcitrante do réu, que utiliza o processo de forma abusiva, o que compromete a satisfação do direito do autor em prazo razoável.

Na realidade, a evidência do direito é aferida quando, mesmo em face da verossimilhança do direito do autor fundada em prova documental[258] da tese jurídica inicial, o réu apresenta defesa fragilizada. A resposta do réu, então, é caracterizada pela mera negativa do fato constitutivo do direito, desprovida de qualquer elemento documental probante ou indiciário, que seja capaz de infirmar ou por em dúvida a plausibilidade do direito invocado pelo autor. Nada obstante, o réu formula requerimento de dilação probatória, apenas para postergar a satisfação do direito provável.

órgãos estatais se encontram na obrigação de tudo fazer no sentido de realizar os direitos fundamentais". (SARLET,; MARINONI; MITIDIERO, 2014. p. 334.)

[257] "É que o direito fundamental à tutela efetiva incide sobre o legislador, obrigando-o a considerar as necessidades do direito material e da ordem jurídica, e sobre o juiz, atribuindo-lhe o dever de compreender o procedimento conforme as particularidades do caso concreto. Aliás, quando o juiz percebe a incapacidade da técnica processual à tutela do direito, deve controlar a inconstitucionalidade da regra positiva ou, se for o caso, suprir a omissão da lei que inviabiliza a proteção do direito." (MARINONI; ARENHART; MITIDIERO, 2016a. p. 441.)

[258] A prova também pode ser eventualmente documentada, como seria o exemplo de depoimentos reduzidos a termo e lavrados em ata notarial.

TUTELA DA EVIDÊNCIA

Da mesma forma, se o réu não nega os fatos constitutivos do direito do autor – que estão escudados em prova robusta e apta a demonstrar a verossimilhança da sua tese –, porém opõe defesa de mérito indireta que, a despeito de carecer de fundamentos substanciais exige dilação probatória para ser devidamente dirimida, estaríamos diante de hipótese que autoriza a concessão da tutela fundada na evidência do direito, com esteio no abuso do direito de defesa ou manifesto propósito protelatório do réu.

Também poderia ser ventilada a hipótese de demanda em que resta demonstrada a probabilidade do direito alegado pelo autor a partir de provas documentais ou documentadas, como por exemplo, depoimentos reduzidos em ata notarial, o réu apresenta contestação genérica e requer a produção de prova oral. O juiz, por entender que a matéria não é exclusivamente de direito e para prevenir nulidade decorrente de cerceamento de defesa, defere a dilação probatória.

Ora, apesar de ser reconhecido o direito de o réu produzir contraprova neste caso, a defesa inconsistente do réu, atrelada à verossimilhança da tese apresentada pelo autor, imporia que o ônus do tempo necessário à produção de prova oral não recaísse sobre o autor que apresentou um direito provável, o que autorizaria, por conseguinte, a concessão da tutela pautada na evidência.[259]

Em todas as hipóteses supramencionadas, a finalidade da técnica da evidência, a par de assegurar efetividade à tutela do direito, é justamente redistribuir o ônus do tempo do processo, que, por uma premissa lógica, é suportado pelo autor que está amparado por direito provável, verossímil, e ainda assim mesmo diante da inconsistência da defesa é obrigado a esperar a conclusão da fase instrutória para ter o seu direito reconhecido numa sentença de mérito que, via de regra, está sujeita à suspensão dos seus efeitos pela interposição de recurso de apelação.

Não é difícil perceber, portanto, que a atuação inerte do juiz representaria um obstáculo aos direitos fundamentais plasmados no valor *efetividade*, pois a apreciação do conteúdo da defesa em todos os seus aspectos e a

---

[259] Marinoni asseverou neste sentido que: "Há situações excepcionais em que se pode ter defesa de mérito direta infundada capaz de justificar a tutela da evidência. A defesa de mérito direta deve exigir instrução dilatória, ou seja, tempo do processo. Quando os fatos constitutivos estão evidenciados – embora não definitivamente provados – e a defesa direta carece de fundamento para colocá-los em dúvida, há defesa de mérito direta infunda ou destituída de seriedade." (MARINONI, 2017. p. 318.)

constatação de que se tratou de defesa inconsistente, leva o juiz a valorar para uma vez reconhecida esta situação, deferir desde logo a tutela com base na evidência do direito.

Esta postura do juiz, antes de violar qualquer princípio processual ou constitucional, ao contrário, é dirigida a suprir uma omissão normativa a fim de que a técnica processual seja realmente eficaz para a tutela dos direitos, sem olvidar que o juiz estaria cumprindo seus deveres processuais de zelar pelo tratamento igualitário entre as partes e pela duração razoável do processo, pois, apenas com a redistribuição do ônus do tempo processual, é que esta perspectiva de isonomia poderia ser alcançada.[260]

A partir do entendimento de que a função primordial da técnica da evidência é coibir a defesa inconsistente, apresentada apenas para protelar a satisfação do direito provável do autor, e por isto mesmo abusiva,[261] não há razão para afastar a atuação de ofício do juiz, na medida em que se mostra totalmente compatível com o seu aspecto funcional.

Tal conclusão assenta-se na premissa de que a defesa inconsistente, que justifica a inversão do ônus do tempo do processo para concretizar o princípio da efetividade da jurisdição e prestigiar o autor amparado por um direito provável, deve ser mais bem aferida pelo juiz que preside o processo, a quem caberá logo após o oferecimento da resposta do réu, valorar simultaneamente, se: i) o autor está escudado em direito provável a partir de prova de elevada credibilidade que dê respaldo a sua tese; ii) a defesa do réu é inconsistente e exige a produção de provas que prolongariam o trâmite do processo.[262]

---

[260] "Note-se que esta espécie de técnica de tutela dos direitos é o resultado da admissão de que: i) o tempo do processo não pode ser jogado nas costas do autor, como se esse fosse o culpado pela demora inerente à investigação dos fatos; ii) portanto, o tempo do processo deve ser visto como um ônus; iii) o tempo deve ser distribuído entre os litigantes em nome da necessidade de o processo tratá-los de forma isonômica." (MARINONI, 2017. p. 276-7.)

[261] "Nunca houve razão para distinguir abuso de defesa e manifesto propósito protelatório, na medida em que aos dois é possível outorgar um mesmo sentido geral, capaz de ser concretizado nos vários casos conflitivos." (*Ibidem*. p. 318).

[262] "Trata-se de conceito jurídico indeterminado. Bem por isso, cabe tutela da evidência quando, em qualquer caso, o juiz puder declarar, diante da evidência do direito e da inconsistência da defesa, que o seu exercício, ao exigir instrução dilatória, constitui um abuso." (*Ibidem*. p. 333).

E, para que o juiz possa cumprir o seu dever constitucional de assegurar a concretização de direitos fundamentais[263], como é o caso da duração razoável do processo e do acesso à jurisdição (do qual deriva o direito à tutela efetiva, tempestiva e adequada), não parece ser indispensável o requerimento do autor, seja porque o juiz, como representante do Estado, é destinatário desses direitos fundamentais, seja porque a estrutura funcional da técnica da evidência, que repudia a defesa inconsistente, permite este entendimento, seja ainda porque a tutela da evidência tem caráter satisfativo e, portanto, o direito material que será realizado antes da sentença coincide exatamente com a pretensão do autor.

Seria um equívoco supor, com base nesta linha argumentativa, que o autor recusaria a própria tutela do direito material prestada com efetividade, muito antes da sentença e do seu trânsito em julgado, apenas por não ter sido formulado pedido neste sentido, muitas vezes por descuido do próprio advogado, que não percebeu a inconsistência da defesa que legitimaria a utilização da técnica da evidência.

A jurisdição, caracterizada por ser um poder, função e atividade prestada pelo Estado com o escopo de realizar direitos fundamentais, justamente por este aspecto, não deve servir como instrumento para atingir objetivos espúrios que violem a sua dignidade. Não por acaso, o Código de Processo Civil prevê diversos dispositivos que sancionam a litigância desleal ou de má-fé, impondo sanções pecuniárias em razão da conduta improba das partes, tipificada em qualquer das suas hipóteses legais.

Assim, a violação de deveres processuais pelas partes, como, por exemplo, a resistência ao cumprimento de ordens judiciais, a prática de conduta processual classificada como litigância de má-fé, ou, ainda, a recalcitrância do devedor voltada a obstaculizar a satisfação do crédito exequendo, são todas posturas que afrontam a dignidade da jurisdição como poder do Estado e são, assim, suscetíveis de aplicação da sanção pecuniária ao

---

[263] "Assim, a vinculação aos direitos fundamentais processuais se estende também ao Poder Executivo e ao Poder Judiciário. Por isso, é dever também imposto ao magistrado conformar o procedimento, na medida de suas possibilidades, de modo a dar o maior atendimento possível a tais garantias constitucionais, concretizando-as diante do caso posto à sua apreciação." (ARENHART, 2014. p. 33.)

infrator,[264] sem prejuízo de apuração do fato na seara criminal e administrativa, inclusive do advogado perante o órgão de classe.

Os deveres processuais impostos às partes, que refletem em afronta à dignidade da jurisdição e que estão dispersos em artigos ao longo do Código, decorrem da cláusula geral da boa–fé objetiva que se presta como diretriz orientadora da conduta dos atores processuais, inclusive do juiz.

Os mandamentos que podem ser extraídos deste princípio impõem notadamente deveres de lealdade, probidade e transparência nas relações interpessoais, e, muito embora a sua aplicação seja mais frequente nos vínculos contratuais[265], sua observância no âmbito do processo pode ser sentida pela tipificação das hipóteses que configuram a litigância de má-fé ou atentado à dignidade da justiça, sem prejuízo dos deveres processuais impostos às partes.

Logo, apesar de nem todas as condutas que, em tese, caracterizam violações aos deveres processuais das partes ou afronta à dignidade da justiça, estejam tipificadas como hipóteses de litigância de má-fé, parece ser inevitável a conclusão de que este rol é meramente exemplificativo.[266]

Por este vértice, outras situações contempladas no Código, mesmo não sendo elencadas nas hipóteses de litigância de má-fé, e tirante serem ou

---

[264] "Sem prejuízo dessas ferramentas específicas, porém, que visam tutelar o próprio direito, o Novo CPC prevê e operacionaliza a multa por ato atentatório à dignidade da justiça nos §§ 1º a 8º do art. 77. Diferente das ferramentas coatoras desenvolvidas especificamente para cada uma das situações, a multa por ato atentatório é sanção de caráter público, consequência da recusa do sujeito processual em curvar-se à autoridade do próprio Poder Judiciário, de cuja autoridade ela é medida de afirmação." (CABRAL, A. P.; CRAMER, R. Coords. Comentários ao Novo Código de Processo Civil. 2. ed. São Paulo: Forense, 2016.)

[265] Conforme destacou Judith Martins Costa: "Na sua configuração no domínio das obrigações a expressão 'boa-fé' indica, primeiramente, um modelo de comportamento, um standard valorativo de concretos comportamentos humanos. Esse *standard* considera modelar justamente um agir pautado por certos valores socialmente significativos, tais como a solidariedade, a lealdade, a probidade, a cooperação e a consideração aos legítimos interesses alheios, incluindo condutas omissivas sempre que o não-fazer, ou a abstenção, for o meio indicado para concretizar tais valores sociais que, mediante o princípio da boa-fé, adquirem entidade jurídica". (COSTA, J. M. Revista Brasileira de Direito Comparado, 2003. p.233.)

[266] Neste sentido, Marinoni, Arenhart e Mitidiero: "O rol constante do art. 80, CPC, não é taxativo. Existem outras previsões ao longo do Código que viabilizam a imposição de multa por litigância de má-fé no processo. Pense-se, por exemplo, no art. 142, CPC". (MARINONI, L. G.; ARENHART, S. C.; MITIDIERO, D. Novo Código de Processo Civil Comentado. São Paulo: Revista dos Tribunais, 2015. p. 167.)

TUTELA DA EVIDÊNCIA

não sancionadas com a multa pecuniária, também devem ser consideradas como atentatórias à dignidade da jurisdição, merecendo, portanto, a especial atenção do Poder Judiciário que deve atuar não apenas para coibir, mas para prevenir tais condutas.

A partir desta premissa, constata-se que o conceito de ato atentatório à dignidade da jurisdição, certamente abrange a defesa abusiva ou protelatória, que constitui o fundamento da técnica da evidência. Isto se dá porque, ao apresentar uma defesa inconsistente, o réu desrespeita a cláusula geral de boa-fé objetiva que deve pautar a sua postura no processo, ao menoscabar a jurisdição como atividade estatal voltada a conferir os valores decorrentes dos direitos fundamentais, dentre os quais a própria efetividade da tutela e a duração razoável do processo.

Ora, se a prevenção aos atos violadores da jurisdição é um dever imposto ao juiz, conforme estabelece o art. 139, III, do Código, então a técnica da evidência serve perfeitamente como instrumento idôneo a esta finalidade, porquanto impede que uma defesa inconsistente, abusiva, protelatória, possa frustrar a prestação da jurisdição tempestiva. E, por este ângulo, sendo um dever do juiz prevenir qualquer conduta das partes que atente contra a jurisdição, não faz sentido que ele seja compelido a agir somente mediante prévio requerimento do autor, mesmo que a sua atuação oficiosa resulte na concessão de uma tutela satisfativa.

É importante frisar que não se está aqui fazendo referência à função punitiva ou sancionatória da tutela da evidência. A rigor, não parece ser esta a sua vocação.[267] Na verdade, o que se sustenta é que, diante da participação abusiva do réu no processo, a técnica da evidência atuaria tanto para assegurar efetividade à tutela do direito material, como também para resguardar a jurisdição de uma violação à sua dignidade.

A finalidade punitiva da tutela da evidência estaria afastada na medida em que, ainda que em face de uma defesa inconsistente, a tese do autor

---

[267] "À outra hipótese, decorrente de abuso de direito de defesa ou de manifesto propósito protelatório do réu (art. 273, II), poder-se-á denominar, pelo menos para efeitos classificatórios, de antecipação punitiva. Embora não se trate propriamente de uma punição, dado que sua finalidade tem um sentido positivo (de prestar jurisdição sem protelações indevidas), a medida guarda semelhança, no que diz com as respectivas causas originantes, com as penalidades impostas a quem põe obstáculos à seriedade e à celeridade da função jurisdicional, previstas no Código de Processo Civil (...) Daí a razão da denominação aqui adotada." (ZAVASCKI, 2005. p. 75-6.)

necessariamente deve estar escudada em prova robusta capaz de comprovar sua verossimilhança, para que a tutela possa ser concedida.[268] Não se trata, portanto, de impor uma sanção ao réu recalcitrante em sua defesa, mas seguir a lógica da redistribuição do ônus do tempo do processo, para que ele não seja suportado exclusivamente pelo autor que tem um direito provável.

A tutela da evidência, desta forma, e pelo aspecto sob análise, assumiria um duplo perfil funcional: prevenir o desgaste da jurisdição e, ao mesmo tempo, conferir efetividade à tutela que serve de instrumento para realização do direito material. De fato, a ideia da utilização da técnica da evidência como sanção mostra-se até mesmo contraditória.

Primeiro, porque o Código já estabelece as sanções específicas para os casos de litigância de má-fé. Ademais, a atuação do juiz nesta hipótese seria preventiva, pois teria por objetivo justamente evitar que uma defesa abusiva, inconsistente, apresentada com o único propósito de protelar o trâmite processual e a realização de um direito evidente, afrontasse a dignidade da jurisdição.

A técnica processual fundada na evidência, a propósito, não está relacionada com qualquer escopo punitivo[269], mas sim com valores constitucionais plasmados na efetividade do direito, o que impende ao juiz que utilize esta técnica para que os direitos fundamentais inerentes à jurisdição sejam

---

[268] Neste sentido, Ovídio Baptista da Silva: "O que o legislador quis significar, quando outorgou ao juiz a faculdade de antecipar os efeitos da tutela, nos casos do inc. II do art. 273, não foi, de modo algum, a consideração de que essa antecipação teria caráter punitivo contra a litigância temerária. O que se dá, com a conduta do réu, nestes casos, é que o índice de verossimilhança do direito do autor eleva-se para um grau que o aproxima da certeza. Se o juiz já se inclinara por considerar verossímil o direito, agora, frente à conduta protelatória do réu, ou ante o exercício abusivo do direito de defesa, fortalece-se a conclusão de que o demandado realmente não dispõe de nenhuma contestação séria a opor ao direito do autor". (DA SILVA, 2000. p. 142.)

[269] Dinamarco e Lopes, admitem, todavia, a tutela da evidência como sanção: "A tutela da evidência é uma medida provisória suscetível de ser concedida na pendência do processo e sem esperar por toda a tramitação do procedimento, podendo ser imposta como sanção ao 'abuso do direito de defesa ou manifesto propósito protelatório da parte' (art. 311, inc. I- *infra*, n. 117) ou com fundamento em uma forte probabilidade da existência do direito do autor, representada por *documentos* ou pela harmonia com súmula vinculante do Supremo Tribunal Federal ou tese firmada em julgamento de casos repetitivos. (incs. II-IV – *infra*, n. 20)." (DINAMARCO, C. R.; LOPES, B. V. C. Teoria Geral do Novo Processo Civil. São Paulo: Malheiros, 2016. p. 29.)

concretizados, já que é seu dever adotar a técnica adequada para suprir qualquer omissão que impeça a satisfação de tais direitos.[270]

Um outro ponto de destaque, relativamente à atuação de ofício do juiz na concessão da tutela da evidência, refere-se à função dessa técnica processual como instrumento de gestão processual. Essa temática percorre um viés panprocessual, no tocante à racionalização do serviço justiça e à necessidade de ser prestado de forma eficiente para todos os jurisdicionados, conforme já observado em tópico anterior deste trabalho, que deu enfoque à dimensão macroscópica do princípio da proporcionalidade.

Mas também sob a perspectiva endoprocessual, a técnica em tela mostra-se bastante relevante, especialmente com relação à gestão do tempo do processo. A redistribuição do ônus do tempo do processo é a finalidade primordial da técnica em estudo, algo que permite a satisfação de um direito evidenciado pela sua verossimilhança e pela apresentação de uma defesa inconsistente, que, nada obstante, exige dilação probatória. E é justamente na redistribuição deste ônus do tempo pertinente à instrução probatória, que deixa de ser absorvido pelo autor e passa a recair sobre o réu, que reside a técnica como gestão do tempo processual.

Ocorre que esta redistribuição do ônus do tempo que autoriza a concessão da tutela da evidência, viabiliza o reequilíbrio da posição das partes no processo, restabelecendo a paridade de armas entre o autor que se apoia numa tese firmada em direito provável e o réu que apresenta defesa inconsistente – mas que, no entanto, requer instrução probatória.

A partir de então, altera-se a postura do réu, pois se antes ele contava com o fator tempo em seu favor, passa agora a buscar o rápido encerramento da instrução e o julgamento da demanda, inclusive, se for o caso, para tentar reverter a tutela sumária que foi deferida ao autor. A gestão

---

[270] "O legislador instituiu normas processuais abertas (técnica antecipatória, distribuição dinâmica do ônus da prova e técnicas processuais executivas atípicas à tutela específica), conferindo ao autor e ao juiz uma ampla latitude de poder para a utilização da técnica processual adequada ou – o que é o mesmo – para a estruturação do *procedimento idôneo* ao caso concreto. Essa nova dimensão alcançada pelo procedimento decorre do direito do autor à tutela jurisdicional adequada, efetiva e tempestiva e do dever do juiz de dar proteção aos direitos, outorgando adequada tutela jurisdicional ao caso concreto. Ou seja, além de o processo não estar mais preso à limitada função de dar atuação à lei – nos moldes do princípio da legalidade do direito liberal ,tornou-se visível a importância do procedimento para o exercício da jurisdição ou para que a jurisdição possa cumprir o papel que a ela foi reservado pelo Estado Constitucional." (MARINONI; ARENHART; MITIDIERO, D. 2016a. p. 441.)

da duração do tempo do processo é indiscutível, pois as partes passam, doravante, a ter interesse no rápido desfecho do processo: o autor, para obter a tutela definitiva do seu direito; o réu, para eventual tentativa de revogar ou modificar a tutela sumária antes deferida.[271]

Sob o enfoque panprocessual, ou, mais precisamente, no aspecto externo dos processos, contextualmente organizados para a distribuição racional do serviço público judiciário, a técnica da evidência também assume fundamental importância como instrumento de gestão processual.

Por esta ótica, emergem sobretudo os fatores legislativo e cultural como elementos cuja deficiência comprometeria a adequada prestação do serviço justiça. Assim, pela análise do elemento legislativo, a previsão normativa da técnica da evidência no Código de Processo Civil demonstra a existência de legislação que, se não é a melhor, é ainda assim apta a tutelar direitos em face de defesa inconsistente e eficaz para o propósito de conferir efetividade aos direitos evidenciados.

O elemento cultural, por seu turno, além de revelar a tendência de uma dada sociedade em resolver seus conflitos através de meios alternativos, como a conciliação ou a mediação, remete à existência de atores processuais bem preparados para aplicação da legislação em vigor, ou seja, as leis que contemplam instrumentos que permitem a prestação da jurisdição de forma eficaz.

Em suma, o aspecto cultural que permeia o princípio da proporcionalidade panprocessual destina-se a aferir se especialmente os juízes e advogados estão aptos a utilizar as modernas técnicas processuais concebidas por

---

[271] A respeito do tema, oportunos os comentários de Antonio do Passo Cabral: "É que, quando se verifica abuso dos direitos processuais, com a prática de condutas protelatórias ou contrárias à boa-fé, a demora do processamento joga a favor do *improbus litigator* e pesa contra a parte que está se comportando adequadamente. Através da técnica antecipatória, o juízo pode inverter o ônus do tempo no processo, concedendo providência satisfativa ao adversário do litigante de má-fé, permitindo-lhe desde logo a execução. Parte-se da premissa que a demora no processo interessa mais a quem não tem razão, evidenciada pela conduta ilícita, e o efeito é claro: a tutela a favor da parte contrária faz com que a demora passe a pesar sobre aquele litigante que antes se comportava de má-fé. Ele passa a ser agora, o maior interessado em que o processo caminhe a passos largos em direção à sentença final, para que possa provar ao juízo o acerto de sua tese e para que, vencedor, obtenha a revogação da decisão de antecipação da tutela". (CABRAL, A. do P. A duração razoável do processo e a gestão do tempo no Projeto de Novo Código de Processo Civil. *In*: Novas tendências do processo civil – Estudos sobre o projeto do novo código de processo civil. Salvador/BA: Juspodivm, 2013. p. 88.)

TUTELA DA EVIDÊNCIA

determinado diploma legal. A estes dois elementos, soma-se o elemento estrutural, referente aos recursos materiais e humanos destinados à prestação adequada do serviço judiciário.

Para que a técnica da evidência possa ser realmente pensada como instrumento de gestão processual, é imprescindível a atuação do juiz, independentemente de requerimento do autor. Com efeito, essa premissa baseia-se, inicialmente, na circunstância de que estamos falando de gestão de processos voltados a assegurar a racionalização do serviço judiciário.

Cumpre, portanto, ao juiz responsável pela unidade judiciária realizar a gestão pautada no princípio da proporcionalidade panprocessual[272], o que poderia prestar-se até mesmo como desestímulo ao litígio, em especial dos litigantes habituais[273], que contam com o fator temporal para apresentar teses defensivas inconsistentes, uma vez que o trâmite prolongado da demanda, em geral, resulta em vantagens de cunho financeiro ao réu recalcitrante.

A gestão processual levada adiante pela técnica da evidência poderia, inclusive, estimular a resolução de conflitos pela transação com os grandes litigantes, o que, em linha de princípio, salvo hipóteses de mutirões intermediados pelos tribunais ou pelo próprio CNJ[274], acabam não sendo muito frutíferos na praxe judiciária.

Este argumento parte da premissa de que a inversão do ônus do tempo do processo permeado pela técnica da evidência não estimularia os grandes litigantes a prosseguir na demanda indefinidamente, justamente porque a parte autora já estaria usufruindo do direito que a tutela sumária satisfativa outorgou-lhe.

---

[272] "Aqui a proporcionalidade será empregada como critério para buscar a solução de uma das questões mais complexas do processo civil atual: a necessidade de gerir-se a massa de processos apresentada à análise jurisdicional." (ARENHART, 2014. p. 29.)

[273] Relatório elaborado pelo CNJ no ano de 2012 apontou como os maiores litigantes privados na Justiça Estadual os setores de bancos, seguros/previdência, operadoras de telefonia, serviço, indústria, comércio e planos de saúde, nesta ordem. (CNJ [Conselho Nacional de Justiça]. Departamento de Pesquisas Judiciárias. 100 Maiores Litigantes. 2012. Disponível em: <http://www.cnj.jus.br/images/pesquisas-judiciarias/Publicacoes/100_maiores_litigantes. pdf> Acesso em: 24/12/2017.)

[274] Por exemplo, recente ajuste realizado entre CNJ e bancos, assinado em 18 de dez. de 2017. (CIEGLINSKI, T. CNJ e bancos fazem acordo para desjudicializar conflitos. Agência CNJ de Notícias, 2017. Disponível em: <http://www.cnj.jus.br/noticias/ cnj/85947-cnj-e-bancos-fazem-acordo-para-desjudicializar-conflitos>)

Por este vértice, a resolução do conflito pela composição seria favorável ao réu, na medida em que poderia apresentar uma proposta menos onerosa, com repercussões inclusive na verba honorária, ao passo que o autor também poderia beneficiar-se deste ajuste, ao substituir uma tutela sumária, pautada na verossimilhança, por uma tutela definitiva, propiciando-lhe segurança jurídica em lapso temporal bem menor do que o necessário para o trâmite processual até o trânsito em julgado.

É importante observar que a atuação de ofício do juiz na concessão da tutela da evidência atende ao cânone da proporcionalidade panprocessual e reflete uma preocupação com a concretização dos direitos fundamentais relacionados ao processo, ao permitir que o juiz possa adequar a norma abstrata, construída a partir de cláusulas abertas – como é o caso da técnica da evidência – para uma hipótese concreta, que reclama a sua intervenção supletiva com a finalidade de assegurar a efetivação da tutela jurisdicional do direito.[275]

Também merece ser asseverado que a postura adotada pelo juiz ao conceder a tutela da evidência de ofício mostra-se afinada com o princípio da ampla defesa e do contraditório, e não configura, assim, sua violação. Ora, somente após a apresentação da resposta do réu e da análise de seu conteúdo, é que o juiz poderá aferir se realmente a defesa mostra-se inconsistente e, portanto, se a hipótese é compatível com o seu deferimento.

A concessão da tutela da evidência em caráter liminar, desta forma, seria viável apenas nos casos de presença concomitante do *periculum in mora*, até mesmo para que a constitucionalidade da medida não seja afrontada, conforme já foi ponderado em tópico anterior a respeito do tema.

E, diante da cláusula aberta que caracteriza a expressão abuso do direito de defesa e manifesto propósito protelatório do réu, ninguém mais apto do que o juiz que preside a causa para definir a inconsistência da defesa e, desde logo, presente a verossimilhança do direito do autor e não sendo o caso de julgamento antecipado, conceder a tutela fundada na evidência do direito para dar concretude ao direito fundamental à tutela efetiva,

---

[275] "Assim, o legislador pode cumprir seu dever de proteção editando normas com alto grau de determinação (regras casuísticas), bem como pode legislar por meio da técnica de cláusulas (materiais ou processuais) abertas. Nessa última hipótese, o legislador deixa ao juiz um amplo espaço de liberdade de conformação para adequar a norma ao caso concreto, à realidade social e aos valores jusfundamentais." (ZOLLINGER, M. Proteção Processual aos Direitos Fundamentais. Editora Podium, 2006. p. 172.)

TUTELA DA EVIDÊNCIA

tempestiva e adequada. Este entendimento parece acomodar os direitos fundamentais em aparente colisão, atingindo um ponto de equilíbrio que permite preservar a ampla defesa e assegurar a efetividade da jurisdição.[276]

Sem adentrar no debate a respeito da possibilidade, ou não, de o juiz atuar de ofício para a concessão das tutelas sumárias de urgência, deve ser ressaltado que, a despeito dos posicionamentos doutrinários a respeito do tema, ao menos sob a égide do Código revogado, a atuação de ofício do juiz quanto às cautelares era respaldada por um dispositivo que autorizava o juiz a, excepcionalmente, conceder as medidas conservativas sem requerimento da parte.

Tratava-se, propriamente, de um poder geral de cautela conferido ao juiz, como fundamento para o amparo à jurisdição.[277] Por outra via, a tutela satisfativa de urgência antecipada, estabelecia expressamente que a concessão do provimento dependia do requerimento da parte, e, assim, por envolver diretamente o direito que era objeto do conflito, não poderia ser deferida de ofício.[278]

O fato é que a doutrina não era unânime quanto à vedação da concessão da tutela satisfativa de urgência de ofício, ainda que tal ocorresse em

---

[276] "É necessário encontrar o equilíbrio e a proporção ideal entre o direito à ampla defesa e a repressão à deslealdade, pois uma disciplina muito rigorosa poderia causar embaraços à parte inocente, com restrição de seu legítimo direito de defesa. Daí a necessidade de ponderar os valores envolvidos e encontrar uma solução conciliadora, mas sem tolerar abusos que possam comprometer a *efetividade, adequação e tempestividade da tutela jurisdicional.*" (DINAMARCO e LOPES, 2016. p. 169.)

[277] Conforme Wambier e Talamini, discorrendo a respeito do CPC/73: "O conteúdo inovador da regra em questão está precisamente na referência a 'casos excepcionais'. E essa parece ser a mais razoável e adequada interpretação do dispositivo. A dificuldade seguinte está na concreta definição do conceito indeterminado 'casos excepcionais'. Pode-se dizer que deverão ser situações em que a situação de perigo caracteriza uma afronta direta e gravíssima à *jurisdição* – hipóteses em que não se justificaria o juiz ficar na dependência de um pedido da parte." (WAMBIER, L. R.; TALAMINI, E. Curso Avançado de Processo Civil. 14. ed. São Paulo: Revista dos Tribunais, 2015. v. 3. p. 75.)

[278] "Às antecipações de tutela não se aplica, todavia, a fundamental razão política pela qual as medidas cautelares incidentes devem ser concedidas de–ofício, porque aquelas não se destinam a dar apoio a um processo e ao correto exercício da jurisdição, mas a favorecer uma das partes em suas relações com a outra ou com o bem da vida em disputa (...) Não é dado a este o poder de conceder tutelas jurisdicionais antecipadas, quer antes da instauração do processo, quer na pendência deste – e essa norma está expressa no corpo do art. 273 do Código de Processo Civil, quando estatui que as antecipações poderão ser concedidas *a requerimento de parte.*" (DINAMARCO, C. R. Nova Era do Processo Civil. 4. ed. São Paulo: Malheiros, 2013a. p. 89.)

ASPECTOS CONSTITUCIONAIS E PROCESSUAIS ESPECÍFICOS DA TUTELA DA EVIDÊNCIA

hipóteses excepcionais.[279] E um dos fundamentos mais recorrentes pela impossibilidade de atuação *ex ofício* residia justamente na circunstância do sistema legal impor o requerimento da parte interessada para a concessão da medida[280], nada obstante entendimentos divergentes que, especialmente amparados numa interpretação constitucional, dispensavam esta exigência legal em prol de valores fundamentais como a efetividade.[281]

De qualquer forma, apesar de a tutela de urgência antecipada encontrar-se estruturada em título diverso da tutela da evidência no Código de Processo Civil, é interessante destacar que o *caput* do art. 311 não faz qualquer menção ao requerimento da parte para a concessão desta tutela sumária.

Da mesma forma, o título I do livro V, que estabelece as disposições gerais das tutelas provisórias – e portanto, aplica-se à tutela da evidência no que couber –, não faz qualquer ressalva quanto à exigência de requerimento da parte.

Percebe-se, desta forma, que o argumento pertinente ao prévio requerimento da parte como exigência legal não é mais decisivo para inviabilizar a concessão da tutela sumária de ofício. Não se está aqui afirmando categoricamente pela possibilidade ampla de atuação oficiosa do juiz em

---

[279] "Assim, por exemplo, José Roberto dos Santos Bedaque, para quem, todavia, a tutela antecipada é classificada funcionalmente como cautelar. Neste sentido, ele afirma que: Não se podem excluir, todavia, situações excepcionais em que o juiz verifique a necessidade da antecipação, diante do risco iminente de perecimento do direito cuja tutela é pleiteada e do qual existam provas suficientes de verossimilhança. Nesses casos extremos, em que, apesar de presentes os requisitos legais, a antecipação dos efeitos da tutela jurisdicional não é requerida pela parte, a atuação *ex officio* do juiz constitui o único meio de se preservar a utilidade do resultado do processo." (BEDAQUE, 2009. p. 413.)

[280] Conforme Antônio Cláudio da Costa Machado: "Inicialmente, não podemos deixar de assinalar que dizendo o *caput* do art. 273 que o 'juiz poderá, a requerimento da parte, antecipar... os efeitos da tutela...', fica estabelecida de maneira explícita a proibição da outorga da providência de ofício e consagrado o princípio da iniciativa de parte, ou dispositivo, na seara antecipatória." (MACHADO, 1999. p. 523.)

[281] Neste sentido, vale lembrar Cassio Scarpinella Bueno, ao ponderar que: "À luz do 'modelo constitucional do processo civil', a resposta mais afinada é a *positiva*. Se o juiz, analisando o caso concreto, constata, diante de si, tudo o que a lei reputa suficiente para a antecipação dos efeitos da tutela jurisdicional, à exceção do pedido, não será isso que o impedirá de realizar o valor 'efetividade', máxime nos casos em que a situação fática envolver a *urgência* da prestação da tutela jurisdicional (art. 273, I), e em que a *necessidade* da antecipação demonstrar-se desde a análise da petição inicial." (BUENO, 2014. p. 41.)

TUTELA DA EVIDÊNCIA

todas as modalidades de tutelas sumárias, até mesmo porque o presente trabalho cuida da técnica pautada na evidência.

Entretanto, não se pode olvidar que um dos fundamentos que a doutrina utilizava, ao menos sob a égide do Código revogado, para obstaculizar a concessão da tutela antecipada de ofício, pode ser rechaçado diante da novel codificação.

Ademais, notadamente em face do perfil funcional da tutela da evidência, conforme já ponderado, e em face da necessidade de conferir a esta técnica interpretação à luz dos direitos fundamentais que regem o processo, com destaque para a efetividade e a duração razoável, a atuação de ofício do juiz apresenta-se não somente compatível com a técnica, mas até mesmo indispensável para que a sua operabilidade no sistema processual seja implementada, e contribua para que este instrumento possa realmente assegurar a efetividade dos direitos evidentes.

O fundamento de que esta técnica independe do requisito *urgência* e, sendo assim, dispensa a intervenção oficiosa do magistrado, retira parcela relevante de sua eficácia, compromete a vocação deste instrumento para a gestão processual e, inclusive, abre espaço para o tratamento anti-isonômico entre os jurisdicionados.

Apenas a título ilustrativo, em prevalecendo essa tese, em duas demandas idênticas, o autor assistido por um advogado mais perspicaz que requereu a tutela da evidência poderia efetivar o seu direito com notável celeridade, ao passo que o autor da segunda demanda, apenas pela ausência de percepção de seu causídico, deixaria de obter o mesmo provimento sumário apenas pela ausência de requerimento.

A inércia do juiz neste exemplo resultaria em flagrante violação ao princípio da isonomia, não servindo de justificativa para a sua postura engessada a obediência estrita ao princípio dispositivo que, consoante já assinalado, não pode ser visto como um inibidor da atuação do juiz destinada a pacificar conflitos e efetivar direitos fundamentais.[282]

---

[282] Luiz Fux, em obra clássica, asseverou, no entanto que: "Por outro lado, o princípio dispositivo não pode servir de apanágio daqueles que visam a excluir por completo a atuação oficiosa do Judiciário em prol dos interesses objeto do processo. É que o princípio referido há que se submeter aos interesses mais altos que suscitam a pronta atuação jurisdicional. Na medida em que esses interesses conclamam a atuação imediata do juiz e se transmudam de disponíveis em indisponíveis, cresce o 'poder-dever do juiz agir de ofício'". (FUX, 1996. p. 81.)

4.3 O Poder Geral de Efetivação da Tutela da Evidência

É assente, conforme estabelece o art. 297, parágrafo único do Código de Processo Civil, que a efetivação das tutelas provisórias devem observar as disposições que regem o cumprimento provisório de sentença. Aparentemente, nada mais lógico, pois se as tutelas provisórias, notadamente as prestadas através das técnicas antecipatória e da evidência, romperam com o vetusto princípio *nulla executio sine titulo* e estão imbuídas de eficácia executiva que lhes asseguram a imediata realização do direito[283]; ainda que em caráter precário, elas teriam de aderir a um procedimento voltado à sua efetivação.

Tal percepção, todavia, merece ser analisada com temperamentos. Ocorre que, apesar da previsão normativa supramencionada, a satisfatividade do direito que foi certificado provisoriamente através da concessão da tutela da evidência, não deve submeter-se a um trâmite procedimental para que seja concretizada. Com efeito, as tutelas jurisdicionais diferenciadas em que consistem a técnica da evidência e antecipatória não fariam sentido se não houvesse a viabilidade imediata de sua efetivação.

Por este ângulo, a efetivação da tutela da evidência e antecipatória deve operar-se de plano e independente de um procedimento incidental de cumprimento de sentença, processado em autos apartados e no qual o devedor é intimado para, voluntariamente, observar a decisão ou exercer o contraditório por meio de impugnação.

Neste ponto, é relevante destacar que, mesmo nas hipóteses de cumprimento de sentença atinente a um provimento mandamental, como seriam as imposições de prestações positivas ou negativas, a impugnação

---

[283] "Por essa razão, o princípio da *nulla executio sine titulo*, embora originariamente pensado para garantir a segurança jurídica, abre, atualmente, duas possibilidades de compreensão: 'ou se aceita que, por ser necessária execução na pendência do conhecimento (como demonstra inclusive a tutela antecipatória), o princípio não tem mais sustentação; ou se admite uma nova abordagem do conceito de título, o qual então passaria a ser visto como algo que não deve ser relacionado com a existência do direito, mas sim com a necessidade prática da sua realização'. Assim, o legislador poderia atribuir eficácia executiva a decisões proferidas antes do trânsito em julgado. Além disso, como se dá ao juiz, em alguns casos, o poder de conceder a tutela do direito também no curso da cognição – a tutela antecipatória –, é lógico que se confere, automaticamente e ainda que implicitamente, eficácia executiva a essas decisões, pois seria pouco mais do que absurdo imaginar que o legislador deu ao juiz a possibilidade de conceder uma tutela que não pode ser executada." (MARINONI, 2010. p. 39.)

do devedor é admitida em virtude da regra procedimental adotada para as obrigações pecuniárias. E, em sendo admitida a impugnação, nada impede que, presentes os requisitos, o juiz confira efeito suspensivo ao cumprimento, inclusive quando relativo a obrigações de fazer e não fazer, o que, sem dúvida, resultará no adiamento da realização do direito.[284]

Com relação às tutelas provisórias, no entanto, a situação é diversa. Não há de se falar, assim, em incidente de cumprimento de sentença. A realização tardia do direito que foi deferido pela tutela da evidência ou de urgência antecipada, motivada pela necessidade de dar-se início a um procedimento com contraditório, simplesmente esvaziaria a eficácia e praticamente tornaria inócua a razão pela qual as técnicas processuais foram concebidas, já que o tempo necessário para o desfecho do julgamento de uma impugnação, por exemplo, poderia redundar na consumação do dano ou na frustração do objetivo de inverter o ônus do tempo do processo, no caso da tutela fundada na evidência do direito.

Justamente por essa razão, o cumprimento das tutelas de urgência ou da evidência deve ser realizado prontamente, no prazo fixado pelo juiz na própria decisão concessiva, cabendo ao magistrado exercer um verdadeiro poder geral de efetivação que decorre da própria jurisdição, por se tratar de um poder, função e atividade dirigida a concretizar direitos fundamentais. E, para este mister, o juiz tem à sua disposição medidas de apoio atípicas, que lhe conferem plasticidade para eleger o meio mais eficaz que assegure a efetivação da tutela deferida.

Essas medidas de apoio representam, na verdade, a superação do dogma da tipicidade dos atos de execução, herança do Estado liberal clássico, em que os direitos fundamentais eram pautados no valor *liberdade*, o que

---

[284] Conforme Marinoni, Arenhart e Mitidiero: "O cumprimento de sentença mandamental ou executiva que imponha o dever de fazer e não fazer admite impugnação, na forma do art. 525, CPC (art. 536, § 4º, CPC; STJ, 1ª Turma, Resp 654.583/BA, rel. Min. Teori Zavascki, j. 14.02.2006, DJ 06.03.2006, p. 177). Essa impugnação, porém, está limitada à matéria que poderia ser deduzida na impugnação ao cumprimento de sentença que condena a prestação pecuniária a que tenha correspondência com a efetivação de prestações de fazer e não fazer (descabe, por óbvio, discutir irregularidades da penhora, por exemplo). Ademais, como regra, não se deve admitir o efeito suspensivo a esta impugnação, pena de inutilizar-se o meio de indução e de coerção empregado para a satisfação da ordem judicial". (MARINONI; ARENHART; MITIDIERO, 2015. p. 580.)

ASPECTOS CONSTITUCIONAIS E PROCESSUAIS ESPECÍFICOS DA TUTELA DA EVIDÊNCIA

exigia a mínima interferência do Estado, inclusive do Poder Judiciário, na vida dos cidadãos.[285]

Com efeito, haurido pelo valor *liberdade* que se impunha nesse período, o princípio da tipicidade dos atos de execução estabelecia, além da rígida separação entre as atividades de cognição e executivas, a possibilidade de o juiz aplicar, exclusivamente, os meios executivos expressamente tipificados legalmente.[286]

A mudança de paradigma, que conferiu outra conotação aos direitos fundamentais para que o valor *proteção* pudesse ser encampado, alterou a concepção da jurisdição em face do Estado Constitucional e permitiu uma amplitude dos poderes do juiz, fundindo-se as atividades de cognição e execução num verdadeiro processo sincrético.[287]

Os meios atípicos de execução encontram-se previstos em alguns dispositivos do Código de Processo Civil, devendo ser enfatizado, todavia, o art. 139, IV, que prevê os poderes conferidos ao juiz para que imponha o estrito cumprimento das ordens dele emanadas.

---

[285] "Como se sabe, o Estado liberal clássico, diante de sua finalidade principal de garantir a liberdade dos cidadãos, foi marcado por uma rígida delimitação dos seus poderes de intervenção na esfera jurídica privada. A lei não deveria tomar em consideração as diferentes posições sociais, pois o fim era dar tratamento igual às pessoas apenas no sentido formal. A lei deveria ser, ao mesmo tempo, "clarividente e cega". Esse tratamento igualitário é que garantiria a liberdade dos indivíduos. É claro que essa intenção teve repercussão sobre o Estado-Juiz, uma vez que de nada adiantaria 'formatar' a atividade do legislador e permitir ao juiz interpretar a lei em face da realidade social. Dizia Montesquieu então, que o julgamento deveria ser apenas um 'texto exato da lei', pois de outra maneira constituiria 'uma opinião particular do juiz' e, dessa forma, 'viver-se-ia na sociedade sem saber precisamente os compromissos nela assumidos'". (MARINONI, 2010. p. 29.)

[286] "Se a sentença condenatória é ligada aos meios executivos tipificados na lei, elimina-se a possibilidade de o juiz trabalhar com qualquer outro meio de execução, controlando-se, dessa forma, a sua possibilidade de arbítrio. Na mesma direção, deixando-se claro que a esfera jurídica do réu, no caso de condenação, não pode ser invadida por meio executivo não previsto na lei, garante-se a liberdade ou a segurança psicológica do cidadão. Essa segurança seria derivada da certeza do direito, ou da garantia de que somente poderiam ser utilizados os meios executivos tipificados na lei." (*Ibidem.* p. 34.)

[287] "A necessidade de dar maior poder ao juiz para a efetiva tutela dos direitos, espelhada, em primeiro lugar, na quebra do princípio da tipicidade das formas executivas e na concentração da execução no processo de conhecimento, trouxe, ainda, a superação da ideia de absoluta congruência entre o pedido e a sentença. Note-se que a superação dessa ideia é uma consequência lógica da quebra do princípio da tipicidade dos meios executivos e da concentração da execução no processo de conhecimento." (*Ibidem.* p. 104.)

TUTELA DA EVIDÊNCIA

A flexibilidade dos meios atípicos em questão assegurados ao juiz, apesar da vagueza semântica com que são tratados, não implica necessariamente a sua apreciação discricionária[288], pois cumpre ao magistrado eleger com argumentação racional e justificada, o meio executório dotado de maior eficácia para a realização do direito, sempre pautado na máxima da proporcionalidade e suas sub-regras dela derivadas, quais sejam, adequação, necessidade e proporcionalidade em sentido estrito.[289]

E, especialmente em virtude da observância do critério da proporcionalidade, e por estarmos no âmbito da efetivação de uma tutela sumária, a escolha pelo juiz da medida executória mais apropriada para uma determinada *fattispecie* a ele submetida não deve ficar à mercê do exaurimento das formas executórias típicas, conforme entende parcela expressiva da doutrina[290], antes da aplicação das medidas atípicas em sede de cumprimento de sentença ou execução por título extrajudicial.

---

[288] Consoante destaca Bedaque: "Quanto maior a indeterminação do conceito legal, mais relevante e delicada se apresenta a função jurisdicional. A decisão, nesses casos, pressupõe grande liberdade de investigação crítica do julgador, que a doutrina processual costuma identificar, de forma não muito precisa, com poder discricionário atribuído ao juiz (...) Daí a necessidade de o julgador estar suficientemente preparado para assumir essa relevante função. Compete a ele interpretar corretamente os termos vagos utilizados pelo legislador, conferindo-lhes significado compatível com as necessidades do processo civil moderno." (BEDAQUE, 2009. p. 385-6.)

[289] "Deixe-se claro, desde logo, que a preferência por certo meio executivo ou modalidade de fazer não constitui mera opção, mas sim o resultado da aplicação das sub-regras da proporcionalidade, quais sejam: i) adequação, ii) necessidade e iii) proporcionalidade em sentido estrito." (MARINONI, 2010. p. 107.)

[290] Assim, por exemplo, Garcia Medina: "Há, ainda, hipóteses em que, a nosso ver, incide o critério da atipicidade, mas de modo supletivo, para o caso de não serem suficientes as medidas executivas típicas, previstas na lei processual. É o que sucede, segundo pensamos, no caso previsto no art. 139, IV, do CPC/2015. A nosso ver, há, no caso, o sistema típico temperado pelo atípico. (...) Assim, diante de modelos típicos de medidas executivas, havendo *déficit* procedimental, deverá ser necessário que o juiz estabeleça medida executiva adequada ao caso. É, a nosso ver, o que sucede, no caso referido no art. 139, IV, do CPC/2015". (MEDINA, 2016. p. 1071.)

Nesta mesma linha de entendimento, Assumpção Neves: "É razoável que, havendo um procedimento típico previsto em lei, no caso da execução comum de pagar quantia certa, amparado fundamentalmente em penhora e expropriação de bens, seja sua adoção o primeiro caminho a ser adotado no caso concreto, até porque não teria mesmo muito sentido a previsão de um procedimento típico caso o juiz pudesse, desde o início, aplicar o procedimento que entender mais pertinente ou mesmo mais eficaz. A adoção das medidas executivas atípicas, portanto, só deve ser admitida no caso concreto quando ficar demonstrado que não foi eficaz a adoção

Infere-se, portanto, que o poder geral de efetivação das tutelas de urgência ou da evidência compreende a possibilidade de adoção de medidas executivas atípicas que, a critério do juiz, com justificação realizada a partir da máxima da proporcionalidade, viabilize o imediato cumprimento da decisão, não sendo necessário que seja adotado previamente um modelo executivo típico, ainda que a decisão imponha o pagamento de valores pecuniários. E deve ser assim, pois, do contrário, a observância estrita ao procedimento previsto em lei poderia frustrar o objetivo de efetivar imediatamente a medida concedida, em desprestígio à jurisdição.[291]

Os meios atípicos de apoio são previstos em rol meramente exemplificativo, o que confere maior latitude de poder ao juiz, respeitado o princípio da proporcionalidade, nos termos já mencionados. Existe, a bem da verdade, controvérsia a respeito da possibilidade de medidas restritivas do direito de ir e vir, como seria a hipótese da apreensão de passaporte e até mesmo da prisão.

Parece muito claro que a *fattispecie* concreta é que permitirá ao juiz valorar a situação a partir da necessidade, adequação e proporcionalidade em sentido estrito, subregras que integram a regra da proporcionalidade. Com efeito, caberá ao juiz analisar se o meio pretendido é eficaz e suscetível de causar a menor onerosidade para o devedor. Em seguida, perquirirá se a medida escolhida é suficiente para atingir o objetivo em voga, e, finalmente, deverá questionar se a medida adotada não resultaria em excesso caracterizador de violação de outros direitos fundamentais.

Portanto, a intervenção atípica do Poder Judiciário, ao suspender o passaporte do réu que programa viagem ao exterior com o único propósito de não ser intimado para cumprir uma decisão de cunho mandamental, pertinente a uma obrigação de fazer que está perfeitamente a seu alcance,

---

do procedimento típico, ou seja, o binômio penhora-expropriação não foi capaz de satisfazer o direito de crédito do exequente. O típico prefere o atípico, mas quando o típico se mostra ineficaz, incapaz de cumprir seu encargo legal, deve se admitir a adoção do atípico". (NEVES, D. A. A. Medidas Executivas Coercitivas Atípicas na Execução de Obrigação de Pagar Quantia Certa – art. 139, IV, do Novo CPC. Revista de Processo, v. 265, 2017. p. 107-50.)

[291] Conforme bem acentua Godinho: "A concessão da tutela provisória não pode encerrar mero comando formal desprovido de efetividade. A preocupação com a efetividade da tutela provisória e seu cumprimento específico é objeto de preocupações doutrinárias recorrentes e não raro constitui o maior óbice para a adequada tutela jurisdicional e se revela um tormento para a parte que pleiteia a medida e para o juiz que a concede". (CABRAL e CRAMER, 2016. p. 464.)

TUTELA DA EVIDÊNCIA

poderia passar pelo crivo da proporcionalidade e estar em conformidade com valores fundamentais.

Por outra via, a imposição da mesma medida ao devedor insolvente como sanção pela sua inadimplência, não parece compactuar com direitos fundamentais como o devido processo legal e até mesmo a dignidade humana, o que tornaria esta medida ilegítima sob o ponto de vista constitucional.[292]

No tocante à utilização da prisão como medida de coerção indireta, a divergência subsiste em sede doutrinária. O fundamento constitucional da excepcionalidade da prisão civil apenas para a hipótese do devedor de alimentos, além da adesão do Brasil ao Pacto de San Jose da Costa Rica, que admite apenas a prisão por dívida fundada no débito de prestação alimentar, são os argumentos mais ventilados pelos autores contrários a este meio executivo coercitivo.[293]

Eduardo Talamini, alinhando-se com este entendimento, assevera que, mesmo sendo conferida exegese no sentido da vedação constitucional abranger apenas débitos derivados de obrigações pecuniárias, ainda assim, tal não autorizaria a prisão como meio coercitivo indireto, na medida em que a decisão que impõe o adimplemento de débito alimentar configura uma ordem judicial, assim como outras decisões que veiculam mandamentos de caráter não obrigacional.

Em sendo assim, não haveria razão para ser feita a ressalva constitucional, no sentido de permitir-se apenas a prisão civil em caso de dívida alimentar e de depósito infiel, inclusive porque, nestes casos, sequer estar-se--ia necessariamente em face de obrigação de caráter pecuniário.[294] Enfim,

---

[292] Conforme já decidiu o Tribunal de Justiça de São Paulo, no AI nº 2058920-40.2017.8.26.0000, rel. Des. Francisco Occhiuto Júnior, j. 11.05.2017.

[293] Ovídio Baptista da Silva destacou que: "É verdade que a Constituição se refere à 'prisão por dívidas', mas, ao mencionar as exceções que abre ao princípio, alude a um caso de dívida monetária, ou comumente monetária, que é a obrigação alimentar; e a outro, que absolutamente não se confunde com essa espécie de obrigação, que é a prisão do depositário infiel. Se a prisão por dívidas que *não fossem monetárias* estivesse sempre autorizada, não faria sentido a exceção constante do texto constitucional para o caso de depositário infiel". (DA SILVA, O. A. B. Do Processo Cautelar. 1. ed. São Paulo: Forense, 1996. p. 535.)

[294] "Primeiro, se valesse tal tese, que sentido faria a apresentação de exceções no inciso LXVII? Afinal, como a prisão civil vai sempre depender de uma prévia ordem judicial veiculadora de cominação, inclusive quando o caso for de dívida alimentícia, a prisão sempre será uma decorrência do descumprimento da ordem judicial, e não da violação do dever objeto da tutela

a interpretação a ser conferida ao dispositivo constitucional em apreço, por tratar-se de uma excepcionalidade, não poderia ser ampliada na visão daqueles que entendem pela sua impossibilidade.[295]

Por uma outra vertente, merece ser pontuado que os argumentos favoráveis à viabilidade da prisão civil, como medida de apoio ao cumprimento das ordens judiciais, são convincentes e devem ser trazidos à debate. O discurso, nesta hipótese, pauta-se na ideia de efetividade da tutela e no respeito à jurisdição, assemelhando-se, em alguns aspectos, ao *contempt of court* do direito anglo-saxão, que se refere grosso modo, à aplicação de sanção pelo desprezo à ordem imposta pela autoridade judiciária.[296]

A despeito de tratar-se de uma medida punitiva, o *contempt of court* também presta-se ao estímulo do cumprimento de uma decisão. Assim ocorre em especial com o *civil contempt of court*, cuja aplicação pode resultar em multa ressarcitória a ser revertida à parte pelos danos sofridos, tal como em prisão por período indeterminado, enquanto persistir a recalcitrância do transgressor. A multa imposta no *criminal contempt of court*, por seu turno, que, assim como a prisão, também pode ser aplicada como medida contra

---

processual civil (...) Não bastasse isso, não parece possível afirmar que as duas hipóteses de exceção originariamente contempladas no texto constitucional têm sempre natureza obrigacional. A relação de depósito não tem necessariamente caráter obrigacional (v.g., o depósito judicial e certas hipóteses de depósito legal) – e assim recaímos na constatação inicial de que a regra geral há de ter o mesmo caráter amplo que a exceção. Depois, mesmo em relação aos alimentos, é discutível seu enquadramento no campo *obrigacional* propriamente dito: os alimentos oriundos das relações de família são deveres não – obrigacionais (embora patrimoniais aferíveis)." (TALAMINI, E. Tutela Relativa aos Deveres de Fazer e de Não Fazer. 2. ed. São Paulo: Editora Revista dos Tribunais, 2003. p. 303-4.)

[295] Neste sentido, Tereza Wambier: "A *Constituição Federal (LGL\1988\3)* não autoriza a restrição da liberdade como forma de coerção pelo descumprimento de obrigação civil, a não ser, como se viu, nas duas únicas exceções que estabeleceu: prisão daquele que inadimplir a obrigação de alimentos ou a obrigação de depositário. Por se tratar de norma que estabelece exceção à regra – que é a proibição de prisão civil – a sua interpretação deve ser restritiva". (WAMBIER, T. A. A Prisão Civil como Medida Coercitiva Pareceres. 2012. v. 1. p. 101- 20.) [Sublinha no texto original.]

[296] Conforme bem define Araken de Assis: "Pode-se definir o *contempt of court* como a ofensa ao órgão judiciário ou à pessoa do juiz, que recebeu o poder de julgar do povo, comportando-se a parte conforme suas conveniências, sem respeitar a ordem emanada da autoridade judicial". (ASSIS, A. O *Contempt of Court* no Direito Brasileiro. 2003. Disponível em: <http://www.abdpc.org.br/abdpc/artigos/araken%20de%20assis(4)%20-%20formatado.pdf>. Acesso em 02/01/2018.)

o desrespeito à autoridade jurisdicional, é revertida ao Estado, como verdadeira sanção de caráter pecuniário.[297]

A imposição de prisão como meio coercitivo atípico, a propósito, encontraria fundamento na exegese conferida ao direito fundamental de não encarceramento por dívidas, bem como na interpretação do art. 7º, item 7[298], do Pacto de San José da Costa Rica. A partir da interpretação conferida pelos defensores da medida, a vedação contida nos dispositivos supramencionados é restrita à prisão derivada de inadimplemento por débitos de natureza obrigacional, não compreendendo, desta forma, este meio de coerção indireta como mecanismo voltado ao cumprimento das demais ordens judiciais, vale dizer, aquelas que não emitem um comando decorrente de uma prestação premida em vínculo obrigacional.[299]

Assim, a utilização da prisão como medida executiva atípica, estaria fundada no direito fundamental à efetividade da tutela jurisdicional, que não

---

[297] De acordo com Talamini: "O *criminal contempt* é objeto de sanções prevalentemente punitivas: busca-se censurar a conduta desrespeitosa e não necessariamente induzir a um cumprimento, que, muitas vezes, nem mais é possível. No ordenamento americano, o *criminal contempt* é sancionado com pena detentiva ou pecuniária – destinando-se o produto desta ao Estado. O civil *contempt* é combatido através de prisão ou, alternativamente, multa e prisão. A prisão dá-se por tempo indeterminado: dura enquanto subsistir a desobediência. A multa por *civil contempt* é paga à parte lesada e tem natureza ressarcitória, com seu montante sendo fixado na proporção do dano sofrido". (TALAMINI, 2003. p. 97 e 99.)

[298] "Art. 7. *Direito à liberdade pessoal*
7. Ninguém deve ser detido por dívidas. Este princípio não limita os mandados de autoridade judiciária competente expedidos em virtude de inadimplemento de obrigação alimentar." [Grifo nosso.]

[299] Conforme Sérgio Arenhart: "Enfim, se a ordem judicial tiver por finalidade o cumprimento de obrigação, então será incabível o uso da técnica coercitiva consistente na restrição da liberdade individual, diante dos termos do art. 5º, inc. LXVII, da CF. Quando o objeto da tutela jurisdicional for prestação calcada em outra espécie de dever (não obrigacional, portanto), será, ao menos em tese, cabível o recurso à prisão civil para dar guarida a esta ordem. Nestes termos, o que aqui se defende não é o cabimento da prisão civil como forma de proteção da decisão (ordem) judicial em si, mas apenas das ordens que tiverem por finalidade a proteção de direitos não-obrigacionais." (ARENHART, S. C. A Prisão como Meio Coercitivo. Disponível em: <https://www.academia.edu/214441/A_PRIS%C3%83O_CIVIL_COMO_MEIO_COERCITIVO>. Acesso em: 04/01/2018.)
No mesmo sentido, Marinoni: "Na análise da norma que veda a prisão civil por dívida, com exceção da prisão do devedor de alimentos, não é difícil encontrar a sua razão de ser. O seu objetivo é vedar a prisão civil por descumprimento de obrigação que dependa, para seu adimplemento, da disposição de dinheiro. É neste sentido que se pode dizer que a norma proibiu a prisão por 'dívidas pecuniárias'". (MARINONI, 2015. p. 248.)

poderia ser absolutamente sobreposto por outros direitos fundamentais, como, por exemplo, a liberdade. Nesta hipótese, a solução exigiria uma acomodação dos direitos fundamentais em face de uma dada *fattispecie*, impedindo que sempre prevaleça um deles diante do outro, o que poderia ser levado adiante pela máxima da proporcionalidade.

Não se pretende afirmar que a coerção indireta através da prisão civil deva ser observada indiscriminadamente. Na realidade, a ideia é que, justamente por tratar-se da medida de apoio mais severa, sua imposição seja observada como última *ratio*, em caráter excepcional e, obviamente, desde que não abrangida pela vedação constitucional, a qual, respeitadas as ponderações em contrário, parecem restringir-se à prisão civil derivada de vínculo obrigacional.

A proscrição absoluta da prisão civil como meio coercitivo, a rigor, além de não compatibilizar-se com a melhor interpretação do art. 5º, LXVII, compromete o direito fundamental à efetividade da jurisdição, pois, em diversos casos, especialmente os que envolvessem direitos metaindividuais, frustraria o cumprimento de uma ordem judicial e afrontaria a dignidade da jurisdição, inclusive com efeitos desmoralizantes sobre o Poder Judiciário.

E, com efeito, apesar das *astreintes* ainda serem o meio mais utilizado, nem sempre elas revelam-se eficazes como medida de apoio ao cumprimento das decisões judiciais. Isto se explica porque, não bastasse o devedor não raro estar desprovido de patrimônio para solvê-la, sua exigibilidade depende do trânsito em julgado da sentença ou do acórdão, ou, ao menos, de sua confirmação em sentença cujo recurso é recebido apenas no seu efeito devolutivo, o que permitiria, ao menos, a sua execução provisória.[300]

Esta foi, a propósito, a solução sufragada pela Corte Especial, ao afetar a matéria em incidente de recurso especial repetitivo, que deu origem ao entendimento em apreço. Conforme os fundamentos desta decisão, restou sedimentado o entendimento de que, para fins de caracterizar título executivo judicial, o termo "sentença" tal como previsto no Código então

---

[300] Conforme Resp. *1200856*/RS, Rel. Ministro SIDNEI BENETI, CORTE ESPECIAL, julgado em 01/07/2014, DJe 17/09/2014, cuja tese definida no tema 743 foi a seguinte: "A multa diária prevista no § 4º do art. 461 do CPC, devida desde o dia em que configurado o descumprimento, quando fixada em antecipação de tutela, somente poderá ser objeto de execução provisória após a sua confirmação pela sentença de mérito e desde que o recurso eventualmente interposto não seja recebido com efeito suspensivo".

em vigor, comporta interpretação restritiva que não abrange as tutelas sumárias que fixam as *astreintes*.

Apesar desta tese exigir, quiçá, uma revisão, por conta do dispositivo legal inserto no art. 537, § 3º do CPC em vigor[301], que autoriza o cumprimento provisório da multa diária sem especificar o momento processual em que ela é deferida ou exigir confirmação posterior em sentença cujo recurso interposto não tenha efeito suspensivo, prevalece hígido o entendimento definido pela Corte Especial do STJ no precedente que deu origem ao tema 743.

No mais, ficou assentado que a decisão que fixa as *astreintes* depende da própria confirmação do direito cujo implemento era estimulado por esta medida de coerção indireta, o que se dará, somente, na sentença, após cognição plena e exauriente.[302]

Este posicionamento pacificado pelo Superior Tribunal de Justiça resultou num inconveniente obstáculo para a efetividade das tutelas sumárias, pois a ausência de exigibilidade imediata da multa diária fixada poderia comprometer a medida como meio de estímulo ao seu cumprimento. Afinal, se de fato verificou-se a inobservância da ordem judicial emitida em cognição sumária, pouco importa se a sentença vai ou não confirmar a tutela sumária, ou mesmo se a instância recursal vai ratificar os termos desta sentença. O que realmente deve ser aferido é se a decisão, embora concedida mediante tutela provisória, foi ou não cumprida pelo devedor no prazo assinado para tanto.

Ademais, é inegável que, em algumas circunstâncias específicas, seria mais cômodo ao réu optar pela sujeição ao pagamento do valor das *astreintes*, do que observar o cumprimento da decisão. Imagine-se, por exemplo, uma empresa que esteja auferindo lucros extraordinários com a extração predatória de árvores em florestas nativas. Neste caso, a inexistência de

---

[301] Art. 537...

§ 3º A decisão que fixa a multa é passível de cumprimento provisório, devendo ser depositada em juízo, permitido o levantamento do valor após o trânsito em julgado da sentença favorável à parte.

[302] Conforme Resp. *1200856/RS*, Rel. Ministro SIDNEI BENETI, CORTE ESPECIAL, julgado em 01/07/2014, DJe 17/09/2014, cuja tese definida no tema 743 foi a seguinte: "A multa diária prevista no § 4º do art. 461 do CPC, devida desde o dia em que configurado o descumprimento, quando fixada em antecipação de tutela, somente poderá ser objeto de execução provisória após a sua confirmação pela sentença de mérito e desde que o recurso eventualmente interposto não seja recebido com efeito suspensivo".

ASPECTOS CONSTITUCIONAIS E PROCESSUAIS ESPECÍFICOS DA TUTELA DA EVIDÊNCIA

uma medida de apoio que pudesse realmente assegurar o cumprimento da tutela inibitória, poderia sem dúvida, inviabilizar a sua efetividade, deixando outros direitos fundamentais carentes de proteção.[303]

A preocupação com a violação ao Devido Processo Legal, embora totalmente legítima, não poderia prestar-se como óbice à utilização deste meio coercitivo, pois a análise da viabilidade da adoção da prisão como medida de apoio, além de ser excepcional conforme já pontuado, passaria pelo crivo da proporcionalidade e de suas subregras.

Além disso, o juiz justificaria a medida extrema e apresentaria as razões que o levaram a adotá-la, sendo certo, por outra via, que dificilmente ela seria imposta em primeiro plano, até mesmo porque não passaria pelo exame da necessidade e de seus critérios do meio idôneo e da menor restrição possível.

Portanto, a prisão civil como medida de apoio atípica, seria utilizada como última *ratio*, após a tentativa de fazer-se cumprir a decisão através de outras medidas, inclusive a multa, observado, no mais, as hipóteses vedadas expressamente pela Magna Carta, de acordo com a interpretação já referida.

Não haveria por esta ótica, violação à cláusula do Devido Processo legal[304], o que autorizaria, respeitadas as ponderações já feitas acima, a

---

[303] "Soará absolutamente falsa e demagógica a afirmação da Constituição Federal, no sentido de 'todos têm direito ao meio ambiente ecologicamente equilibrado, bem de uso comum do povo e essencial à sadia qualidade de vida, impondo-se ao poder público e à coletividade o dever de defendê-lo e preservá-lo para as futuras gerações' (art. 225, *caput*), se não for viável a utilização da prisão como meio de coerção indireta. Seria o mesmo que interpretar esta norma constitucional como se ela dissesse que o meio ambiente, embora fundamental para a sadia qualidade de vida e para as futuras gerações, infelizmente não pode ser efetivamente tutelado em face de um réu que não se importa com os efeitos da multa." (MARINONI, 2015. p. 250.)

[304] Com relação a este tema, divergem quanto à necessidade de procedimento legal para a prisão civil coercitiva Arenhart e Venturi, embora estejam de acordo quanto à sua viabilidade. Com efeito, Arenhart salienta que: "Alguém poderá sustentar, nesse passo, que a prisão civil, por não estar expressamente regulamentada em lei, ofenderia a cláusula do devido processo legal (art. 5º, inc.LIV, da CF), já que se estaria restringindo a liberdade de alguém sem específica regulamentação por lei. O argumento, todavia – caso se considerasse, por devido processo legal, o procedimento prévio, previsto expressa e minudentemente em lei –, representaria obstáculo à utilização de todo e qualquer meio de coerção, inclusive a multa coercitiva. Afinal, como cediço, a lei não regulamenta diversos aspectos da incidência da multa coercitiva (a exemplo do procedimento de sua efetivação, seu limite, seu destinatário etc.) e, segundo a regra constitucional, ninguém pode ser privado 'da liberdade ou de seus bens' sem o devido

TUTELA DA EVIDÊNCIA

utilização da prisão civil como meio coercitivo indireto, apto a assegurar a efetividade da jurisdição e prevenir afronta à sua dignidade.

4.4 O Princípio da Responsabilidade Civil Objetiva em Face dos Danos Derivados da Efetivação da Tutela da Evidência

Uma das grandes discussões que acabam servindo de fundamento para obstaculizar a concessão das tutelas sumárias de ofício refere-se ao regime de responsabilidade civil aplicado para a hipótese de revogação ou cessação posterior da eficácia do provimento sumário efetivado, especialmente para o caso do pedido do autor ou beneficiário da medida ser julgado improcedente em cognição exauriente.

O cerne do debate diz respeito a quem caberia suportar a indenização pelos prejuízos decorrentes da concessão oficiosa da tutela sumária, na hipótese de sua posterior modificação. E isto se dá porque, a despeito da recente disciplina da tutela da evidência em título próprio e da omissão do Código de Processo Civil a respeito, a doutrina inclina-se pela adoção do mesmo regime de responsabilidade civil que é imposto para as tutelas cautelares, ou seja, objetiva, independentemente de culpa ou dolo, de forma semelhante à previsão do Código revogado.[305]

---

processo legal". Elton Venturi, por seu turno, assevera que: "Já tivemos a oportunidade de nos manifestar sobre o tema da prisão civil como meio de execução indireta por ocasião de estudo sobre a execução da tutela jurisdicional coletiva. Na ocasião, observamos que, apesar de sermos favoráveis ao uso excepcional da prisão civil como meio coercitivo objetivando a proteção dos direitos metaindividuais, sobretudo em função da natureza indisponível da tutela jurisdicional coletiva, isto dependeria de legislação específica que viesse a estabelecer o devido processo legal referentemente à privação civil da liberdade como modalidade de prisão processual(...)". (ARENHART; VENTURI, E. Da prisão como instrumento coercitivo para o cumprimento de provimentos judiciais: por uma releitura da prisão civil por inadimplemento do dever alimentar. In: OTERO, P.; ARAÚJO, F.; GAMA, J. T. Estudos em memória do Prof. Doutor J. L. Saldanha Sanches. Coimbra: Coimbra Editora, 2011. v. 2. Disponível em: <https://www. academia.edu/238082/DA_PRIS%C3%83O_COMO_INSTRUMENTO_COERCITIVO_ PARA_O_CUMPRIMENTO_DE_PROVIMENTOS_JUDICIAIS_POR_UMA_RELEI-TURA_DA_PRIS%C3%83O_CIVIL_POR_INADIMPLEMENTO_DE_DEVER_ALIMEN-TAR>. Acesso em: 04/01/2018.)

[305] Neste sentido, Wambier e Talamini: "Cessada a eficácia da medida cautelar, o requerente tem responsabilidade objetiva relativamente aos danos causados ao requerido, caso não tenha o direito que desde o início, afirmou ter (art. 811). *Responsabilidade objetiva* é aquela que se

O tema não parece estar, todavia, a salvo de críticas, merecendo uma reflexão mais profícua a respeito.

Primeiramente, embora o Código de Processo Civil em vigor, à semelhança do anterior, tenha adotado, em princípio, a teoria da responsabilidade objetiva para as hipóteses de revogação ou cessação da eficácia das cautelares[306], merece ser destacado que esta concepção deveria ser mais bem sopesada diante das hipóteses elencadas, notadamente a previsão contida no art. 302, I, que se refere à responsabilidade objetiva derivada da sentença de improcedência.

Ora, nesta hipótese específica, a circunstância da sentença prolatada em cognição plena e exauriente é desfavorável ao autor, e não poderia impor-lhe, *ipso facto*, a responsabilidade por eventuais danos decorrentes de uma tutela conservativa de direitos que se mostrou necessária no momento prefacial do processo, para a salvaguarda do direito material do autor.[307]

Raciocínio diverso, a rigor, poderia comprometer a própria função das tutelas cautelares, pois teria o condão de incutir receio na sua utilização por conta das consequências que uma eventual improcedência do pedido resultaria.

É sempre importante pontuar que a análise dos requisitos para a concessão da tutela cautelar, mesmo que incidentalmente, deve ser realizada a partir da plausibilidade do direito que se pretende amparar e do *periculum in mora*, vale dizer, em cognição superficial quanto às demais circunstâncias que integram a controvérsia que será apreciada no mérito.

---

verifica independentemente de haver culpa ou dolo, sendo necessário exclusivamente nexo causal entre fato e prejuízo. Então, o requerente da medida cautelar assume o risco ter de ressarcir, ao adversário, todos os prejuízos produzidos pela concessão e a execução da providência urgente, quando essa vier a ser extinta por um ato ou omissão imputável ao autor da medida ou por se constatar que ele não tem o direito antes reputado plausível. E, para tanto, é irrelevante que o autor da ação cautelar tenha agido de boa ou má-fé, com ou sem dolo ou culpa." (WAMBIER e TALAMINI, 2015. p. 76.)

[306] A 2ª Seção do STJ, inclusive, pacificou este entendimento, conforme pode ser observado no AgInt no RECURSO ESPECIAL Nº 1.630.716 – RS, rel. Min. Luiz Felipe Salomão.

[307] De acordo com a lição de Ovídio Baptista da Silva: "Ora, sendo assim, ao requerente da medida cautelar que haja convencido o magistrado da veracidade de seus dois pressupostos – o risco de dano iminente e razoável aparência de seu bom direito – não se poderá jamais atribuir responsabilidade civil por obtenção de providência cautelar 'injustificada'. Em tal caso, ela seria legítima". (DA SILVA, 1996. p. 208.)

Por este motivo, é corolário lógico que a ausência de cognição plena não permite aferir a extensão da controvérsia, bastando para que a tutela de segurança seja deferida a presença dos requisitos que, na hipótese concreta, revelaram-se essenciais para conservar o direito durante o trâmite processual, evitando o seu perecimento.

Parece ferir a lógica que uma tutela cautelar tenha sido deferida legitimamente, por estar escudada nos seus requisitos legais no momento de sua apreciação, e em virtude da pretensão do autor não ter sido acolhida no julgamento de mérito, a revogação consequencial da liminar conservativa ter o condão de atribuir a responsabilidade ao autor, sem ao menos perquirir se agiu com culpa ou dolo.

A imposição da teoria da responsabilidade objetiva, neste caso, seria contraditória não somente com a função da tutela cautelar, mas igualmente com o direito fundamental à tutela jurisdicional efetiva, a qual contempla, reitere-se, a lesão ou ameaça de lesão, *ex vi* do art. 5º, XXXV, da Magna Carta.

Portanto, especialmente na hipótese da pretensão do autor não ser acolhida na sentença, o regime da responsabilidade civil decorrente da revogação da tutela conservativa de direitos deveria ser pautado na responsabilidade subjetiva, dependente da comprovação de dolo ou culpa.[308]

Outro aspecto importante que merece relevo refere-se ao princípio da paridade de armas no processo, que restaria aviltado na hipótese de prevalecer o regime da responsabilidade civil objetiva irrestritamente. Ora, os provimentos sumários de urgência, tenham eles natureza cautelar ou antecipatória do mérito, estão vocacionados a tutelar o direito material, justamente porque um dos valores fundamentais protegidos pela Magna Carta é a prestação da tutela jurisdicional efetiva, adequada e tempestiva.

Portanto, o autor que requer uma tutela de urgência, desde que não esteja imbuído de má-fé, assim o faz porque está escudado em direito

---

[308] A propósito, Marinoni, Arenhart e Mitidiero, embora sustentando a responsabilidade subjetiva também no caso de acolhimento da prescrição ou decadência, asseveram: "No entanto, nas hipóteses dos incisos I e IV a responsabilidade tem de ser subjetiva. Isso porque, se a tutela provisória é necessária e devida, conforme a apreciação sumária do juízo, torná-la posteriormente indevida e atribuir responsabilidade objetiva pela sua fruição implica ignorar efetiva existência da decisão que anteriormente a concedeu. Em outras palavras, significa desconsiderar o juízo sumário, como se nunca houvesse existido, apagando-o retroativamente". (MARINONI; ARENHART; MITIDIERO, 2015. p. 314.)

fundamental, não sendo razoável por este prisma que seja submetido à responsabilização objetiva sem que idêntico tratamento seja deferido ao réu que, com sua atitude resistente, não raro, rende ensejo à procrastinação indevida do processo.

Afinal, eventual responsabilidade por dano resultante da demora do trâmite processual derivada da postura recalcitrante do réu não lhe é atribuída como efeito anexo da sentença, ao contrário do que ocorre com o autor, que é amparado por uma tutela sumária.[309]

No tocante às tutelas de urgência deferidas de ofício, especialmente as cautelares, a imputação da responsabilidade civil objetiva ao beneficiário da medida, que é posteriormente, à sua efetivação, revogada ou modificada, não teria, salvo melhor entendimento, suporte jurídico para ser reconhecida.

Ocorre que, nesta hipótese, a ausência de requerimento do autor excluiria a sua própria conduta comissiva, como um dos elementos caracterizadores da responsabilidade civil objetiva. Poder-se-ia argumentar que a responsabilidade do autor, neste caso, estaria respaldada na circunstância de ele ter sido o beneficiário direto da medida e, portanto, em caso de sua revogação, os danos resultantes dos benefícios auferidos deveriam ser recompostos.

Esta situação, todavia, difere de outros danos porventura oriundos da efetivação da tutela de urgência que, inclusive, devem ser previamente liquidados para sua devida apuração. Isto porque não são todas as tutelas de urgência que concedem ao autor provimentos que lhe asseguram vantagens de caráter pecuniário, cujos valores são facilmente apuráveis.

Ora, em se tratando de tutela de urgência que reverte de alguma forma em valores pecuniários ao autor, sua restituição na hipótese de revogação estaria fundada, inclusive, no princípio que veda o locupletamento sem causa.

---

[309] Conforme bem assevera Fábio Luiz Gomes: "Não obstante pretendamos demonstrar a absoluta insubsistência de tal forma de responsabilização, que enseja inclusive ofensa ao princípio constitucional da isonomia – na medida em que ao réu não é aplicado o preceito quando resiste injustificadamente, e muitas vezes por longo período, em manter um *status quo* reconhecido como ilegítimo na sentença – entendemos pertinente a abordagem, ainda que sucinta, a respeito da forma procedimental adequada para a cobrança dos valores correspondentes aos eventuais danos sofridos". (GOMES, F. L. Responsabilidade Objetiva e Antecipação de tutela. 2. ed. Editora Livraria do Advogado, 2014. p. 147-8.)

TUTELA DA EVIDÊNCIA

A propósito, os provimentos provisórios de caráter mandamental ou executivo, que não ensejam necessariamente um proveito pecuniário direto ao autor, ainda assim, podem originar danos em face do réu. Entretanto, tais danos não poderiam ser imputados ao autor – no caso de revogação ou modificação da medida efetivada – com base na teoria da responsabilidade objetiva, justamente porque o autor não contribuiu com os danos que foram suportados pelo réu, de vez que não formulou requerimento para a sua concessão.

A ideia de que a atuação de ofício do juiz nas tutelas sumárias em geral pudesse vincular o autor no tocante à responsabilidade por danos, independentemente de culpa, é, sem dúvida, iníqua e desproporcional.

Não se pretende, é claro, deixar o réu que sofreu eventuais danos decorrentes da efetivação da tutela provisória sem qualquer amparo para recompor a sua situação anterior. Todavia, imputar esta responsabilidade ao autor que sequer requereu a medida parece subverter a teoria da responsabilidade civil objetiva, que exigiria, no mínimo, uma atuação positiva do autor consistente no requerimento da tutela.[310]

A solução mais apropriada para a recomposição do prejuízo derivado da atuação de ofício do juiz parece ser a imputação da responsabilidade ao Estado, com fundamento no art. 37, § 6º, da Constituição Federal, que estabelece a responsabilidade objetiva por atos praticados pelos seus agentes.

E, realmente, embora tenha sido legítima a atuação do juiz, que, por entender estar presente naquele momento processual uma situação carente de proteção, deferiu de ofício a tutela com a finalidade de prevenir o perecimento do direito, não caberia atribuir esta responsabilidade por eventuais danos ao autor, especialmente se ele não formulou o pedido de tutela cautelar que foi posteriormente revogada.[311]

---

[310] Segundo Ovídio Baptista da Silva: "De um modo geral, julgamos impossível atribuir-se ao vencido responsabilidade objetiva por perdas e danos quando a medida cautelar haja sido decretada *ex officio* pelo juiz. Se for possível demonstrar-se culpa daquele que provocou a decretação, então sim: mas aí já estaríamos fora dos limites conceituais do art. 811 (...) Finalmente, é oportuno observar que a parte eventualmente beneficiada com o provimento cautelar decretado de ofício pelo juiz não está, em princípio, conforme dissemos, obrigada a indenizar perdas e danos". (DA SILVA, 1996. p. 217 e 221.)

[311] Neste sentido, Cassio Scarpinella Bueno: "Em tais hipóteses, à falta de pedido da parte, não há como responsabilizá-la por eventuais danos. É típica situação em que deve ter ampla incidência o princípio agasalhado no § 6º do art. 37 da Constituição Federal, de responsabilidade objetiva do Estado. É o Estado, com efeito, *objetivamente* responsável pelos danos que seus

ASPECTOS CONSTITUCIONAIS E PROCESSUAIS ESPECÍFICOS DA TUTELA DA EVIDÊNCIA

Esta alternativa, a rigor, não afasta a responsabilidade pessoal do autor pelo proveito pecuniário auferido diretamente em função da tutela sumária que foi deferida *ex officio*, como seria o caso de recebimento de valores que posteriormente foram reconhecidos como indevidos.

Nesta hipótese, porém, a restituição da importância recebida teria fundamento no princípio que veda o enriquecimento sem causa e, portanto, não estaria albergada pela regra de responsabilização inserta no art. 302, I, do Código de Processo Civil, o que não impediria, salvo melhor juízo, que a restituição operasse nos mesmos autos, pois, uma vez revogada a tutela provisória, impõe-se o retorno das partes ao *status quo* anterior ao seu deferimento.

É importante salientar que, a despeito de ser possível esta solução com base no princípio que veda o locupletamento ilícito, seria viável de qualquer modo a responsabilização do Estado e até mesmo a denunciação à lide do juiz em caso de dolo ou fraude, o que significa dizer que o réu que porventura sofreu danos em virtude da tutela sumária concedida de ofício não suportará os prejuízos derivados, já que estará devidamente amparado, seja qual for a diretriz adotada.

A alegação de que a responsabilização do Estado obrigaria o réu a suportar nova demanda, com todos os inconvenientes possíveis, não se mostra convincente, pois, mesmo que fosse adotada irrestritamente a responsabilidade objetiva pelos danos que derivaram da efetivação da tutela, seria imprescindível a prévia liquidação pelo procedimento comum, inclusive com atividade de saneamento e instrução probatória se fosse o caso, diante da necessidade de comprovar fatos novos, ou seja, os danos propriamente, supostamente enfrentados pelo réu.[312]

---

agentes, inclusive os magistrados, causarem na consecução de suas finalidades (...) Quando houver dolo ou culpa do magistrado, é possível cogitar-se, sem prejuízo da responsabilidade estatal, de sua responsabilização pessoal, forte no que dispõe o art. 133, I, assunto ao qual se volta o mesmo tópico destacado." (BUENO, 2014, p. 193.)

[312] "Antes chamada de 'liquidação por artigos', a liquidação pelo procedimento comum é adequada quando, para determinar o valor da condenação, houver necessidade de alegar e provar fato novo (art. 509, II, CPC). Observe-se: alegar e provar fato novo que não foi alegado e provado na fase de conhecimento por conta de expressa autorização legal." (MARINONI, L. G.; ARENHART, S. C.; MITIDIERO, D. Novo Código de Processo Civil Comentado. Editora Revista dos Tribunais, 2015. p. 525.) Fábio Luiz Gomes, embora referindo-se ao CPC/73, questiona: "Ora, seria lícito ou conforme com a estrutura do Código de Processo Civil a propositura de uma demanda de liquidação do *quantum debeatur* quando não se sabe ainda se

TUTELA DA EVIDÊNCIA

Com relação à tutela da evidência, deve ser asseverado que inexiste previsão legal no Código quanto aos desdobramentos da sua concessão, seja a requerimento ou *ex officio*, ou, mais precisamente, não há disciplina a respeito do regime de responsabilidade civil que decorre da efetivação da tutela que é revogada em momento processual posterior. Diante desta lacuna, muito embora a regulamentação da tutela da evidência em título próprio seja bastante recente, parece inevitável que será sustentada por analogia, no que couber, a tese da responsabilidade pertinente às tutelas de urgência, ou seja, cautelares e satisfativas, *ex vi* do art. 302, I, do Código.

Neste ponto, algumas ponderações já feitas acima devem ser observadas quanto à tutela da evidência. De início, quanto à responsabilidade que deriva da cessação posterior da eficácia do provimento provisório que foi requerido pelo autor, notadamente se tal decorrer da improcedência da sua pretensão, impõe-se a perquirição dos elementos culpa ou dolo, para que seja reconhecida a responsabilidade civil por danos eventuais.

E assim parece ser, primeiro, porque a técnica da evidência está comprometida com a concretização do direito fundamental à efetividade da jurisdição, e, portanto, presentes os requisitos para a sua concessão logo após a resposta do réu, a eventual improcedência final do pedido não teria o condão de carrear uma responsabilidade objetiva, se o autor havia cumprido estritamente os requisitos para a sua concessão em sede de cognição sumária.[313]

Merece ser destacado, além disso, que o art. 302, *caput*, do Código, que teria consagrado a responsabilidade objetiva do autor segundo parcela expressiva da doutrina, faz referência apenas às tutelas de urgência, deixando de mencionar, portanto, a tutela fundada na evidência do direito.

É bem verdade que, através de uma interpretação sistemática do art. 297, parágrafo único, é possível concluir que a regra que impõe a reparação dos

---

efetivamente existiram os danos? Além da questão relativa à compatibilidade com a estrutura do Código, ressalta-se que é fácil imaginar-se hipóteses nas quais da efetivação da medida não resultará dano algum". (GOMES, 2014. p. 154.)

[313] Consoante ponderou Ovídio Baptista da Silva: "A execução de um provimento cautelar, em virtude de procedência da ação assegurativa, jamais pode tornar, depois, 'retroativamente ilegítima' a concessão de tal provimento (cf. Barbosa Moreira, Estudos sobre o Novo Código de Processo Civil, 237) em virtude da sucumbência na ação principal. Afastada a hipótese prevista pelo art. 811, I, todas as outras sem dúvida justificam a atribuição de responsabilidade independentemente de culpa". (DA SILVA, 1996. p. 210.)

danos no caso de cumprimento provisório de obrigação de pagar quantia certa, *ex vi* do art. 520, I, do Código de Processo Civil, deve ser observada para a tutela da evidência, eis que, como tutela provisória, submete-se à disciplina inserta no referido dispositivo.

Entretanto, ressalta-se que, nesta hipótese, a norma contida no art. 297, parágrafo único, remete às regras do cumprimento de sentença referente à prestação de pagar quantia certa.

Ora, em se tratando de obrigação de pagar quantia certa, os danos que devem ser reparados imediatamente ao devedor, sem que seja perquiridos culpa ou dolo do exequente, são aqueles referentes ao proveito pecuniário resultante do cumprimento provisório. Porém, estes danos imediatos, consoante já sustentado, decorrem não propriamente da responsabilidade civil decorrente da modificação imposta pela reforma da sentença, mas, sim, do princípio que veda o locupletamento sem causa.

Não se quer afirmar, com isso, que não possam existir outros danos oriundos do cumprimento provisório da sentença posteriormente reformada. Para tanto, salvo melhor entendimento, a responsabilidade estaria fundada na teoria da responsabilidade subjetiva, até mesmo para que seja preservado o equilíbrio paritário entre as partes na demanda, porquanto a hipótese inversa, ou seja, o tempo excessivo do processo que a tutela sumária pretende neutralizar, ainda que atribuível ao réu, não é suscetível de gerar-lhe qualquer responsabilidade no âmbito civil.[314]

Retornando ao tema da concessão *ex officio* da tutela provisória, e precisamente, aqui se referindo à tutela da evidência, repisamos o posicionamento no sentido da inviabilidade de imputação da responsabilidade objetiva ao autor, na hipótese de a tutela sumária ser revogada após cognição exauriente.

---

[314] Fábio Luiz Gomes, ao mencionar Ovídio Baptista da Silva, pondera: "Para Ovídio A. Baptista da Silva, não há dúvida quanto à severidade excessiva da regra absoluta da responsabilidade objetiva para quem executa a medida cautelar legitimamente obtida em sentença final da demanda preventiva, e depois veja declarada prescrita a sua pretensão na ação principal. Para o mestre gaúcho, ao fundamentar a responsabilidade objetiva do autor na periculosidade do instrumento processual capaz de causar danos ao demandado vitorioso, acaba a doutrina tradicional por permitir a quebra do princípio da isonomia constitucional, na medida em que o retardamento provocado pelo réu sucumbente, ao usar de todos os recursos previstos na lei, não enseja o mesmo tratamento". (GOMES, 2014, p. 157.)

Neste caso, a responsabilidade por eventuais danos resultantes deve ser atribuída ao Estado, já que o deferimento da tutela da evidência partiu da atuação oficiosa do juiz, que se respaldou no direito fundamental à tutela jurisdicional efetiva para este mister.

E a postura do juiz nesta hipótese fundou-se na premissa de que a tese ventilada pelo autor e a prova documental apresentada reunia os pressupostos para a concessão da tutela calcada na evidência do direito, especialmente após o oferecimento da resposta do réu e a constatação de que, apesar de não ser viável o julgamento antecipado da lide, mesmo que parcial, tratava-se de defesa inconsistente que recomendava, nada obstante, fosse realizada a instrução probatória.

Cabe aqui fazer a mesma ressalva quanto ao eventual proveito econômico direto obtido pelo autor, por força da concessão da tutela da evidência *ex officio*, posteriormente reformada ou modificada em decisão final.

É que, nesta hipótese, considerando que especialmente no caso de revogação da tutela provisória deferida, a consequência inevitável seria a retomada da situação jurídica existente antes da concessão da medida, então parece claro que, se a tutela da evidência teve por escopo o adiantamento de valores, estes devem ser restituídos se o provimento final entender pela sua insubsistência.[315]

Entretanto, esta devolução de valores, que resulta como consequência da revogação da tutela da evidência ou antecipada, encontra fundamento no princípio geral do direito que impõe a proibição do enriquecimento sem causa, não se tratando, propriamente, da responsabilidade civil que decorre da sentença desfavorável ou do cumprimento provisório previsto no art. 520, I, cujas regras são aplicáveis às tutelas provisórias.

Ocorre que, em tais casos, eventual indenização a ser revertida ao réu deverá ser previamente apurada, pois é certo que nem sempre a efetivação de uma tutela sumária resultará em danos em face do réu, não sendo

---

[315] A propósito, o Superior Tribunal de Justiça pacificou entendimento semelhante em debate envolvendo direito previdenciário, através da afetação da matéria em recurso especial repetitivo, que deu origem ao tema 692, com a seguinte tese proclamada: "A reforma da decisão que antecipa a tutela obriga o autor da ação a devolver os benefícios previdenciários indevidamente recebidos". (Resp 1401560/MT RECURSO ESPECIAL 2012/0098530-1, Relator Min. Sérgio Kukina.)

ASPECTOS CONSTITUCIONAIS E PROCESSUAIS ESPECÍFICOS DA TUTELA DA EVIDÊNCIA

exagero afirmar que em alguns casos inclusive pode até beneficiá-lo, ainda que fortuitamente.[316]

A conclusão, portanto, é que a responsabilidade civil, em especial por força da revogação ou modificação da tutela sumária na sentença que foi desfavorável ao autor, não prescinde da análise dos elementos culpa ou dolo para ser aquilatada, sendo discutível, inclusive, se, em face da necessidade de apurar os danos, tal não exigiria uma nova demanda.[317]

Ademais, considerando o perfil funcional da tutela da evidência, dirigido a concretizar o direito fundamental à efetividade da jurisdição, sua concessão de ofício não poderia ser obstada pela mera possiblidade de que uma eventual revogação posterior resultasse em danos ao réu.

Primeiro, porque, se autor auferiu vantagem pecuniária em virtude do deferimento da tutela da evidência, tais valores devem ser necessariamente ressarcidos como reflexo imediato do princípio que veda o enriquecimento sem causa.

Em segundo plano, é certo que a restituição também seria um efeito direto da revogação ou modificação da tutela sumária, que, uma vez não confirmada após cognição exauriente, impõe que as partes retornem à situação jurídica anterior.

E, por fim, deve ser ressaltado que a concessão da tutela da evidência deferida de ofício, ainda que porventura possa resultar em danos ao réu, permitiria a ele, de qualquer forma, acionar o Estado para a sua

---

[316] Conforme bem retratou Fábio Luiz Gomes: "Além da questão relativa à compatibilidade com a estrutura do Código, ressalta-se que é fácil imaginarem-se hipóteses nas quais da efetivação da medida não resultará dano algum. Aliás, também não é difícil a ocorrência de vantagens para aquele que sofreu os efeitos da medida, com o caso de alguém que tenha sido impedido de realizar o cultivo de determinado produto agrícola que, se tivesse ocorrido, seria posteriormente destruído por um período de seca ou inundação. Nesta hipótese, a 'efetivação da medida cautelar', a toda evidência, ensejaria um ganho para quem a sofreu, vez que deixou de efetuar as despesas para o cultivo que deixara de ser feito". (GOMES, 2014, p. 154.)

[317] Assim, Fábio Luiz Gomes: "Parece que não se pode extrair do parágrafo único do art. 811 do Código de Processo Civil, uma interpretação que levasse a suprimir a fase do acertamento da existência do dano, partindo-se direto para a liquidação dos mesmos, que rigorosamente não poderiam ser afirmados existentes. (...) A necessidade da presença de um legítimo interesse processual, entendido como a necessidade e/ou a utilidade de qualquer tutela jurisdicional, faz com que nos pareça indispensável a propositura de demanda de conhecimento, no âmbito da qual deverá ser apurada a efetiva existência de danos". (*Ibidem*. p. 154 e 156.)

TUTELA DA EVIDÊNCIA

recomposição, nesta hipótese, com fundamento na responsabilidade objetiva, *ex vi* do art. 37, § 6º, da Magna Carta.[318]

O réu, definitivamente, não estaria à margem de qualquer possibilidade de obter indenização por eventuais danos que derivam da concessão da tutela da evidência de ofício, de modo que este fundamento não deve prevalecer como óbice intransponível à postura proativa do juiz em tais circunstâncias.

Afinal de contas, o direito fundamental à efetividade do processo deve ser observado estritamente pelo Estado-Juiz que é seu destinatário, e solução diversa baseada na mera perspectiva de uma responsabilidade que pode emergir pela revogação da tutela na sentença acabaria implicando o prestígio de uma defesa inconsistente em detrimento de um direito provável, evidenciado de acordo com tese jurídica respaldada em acervo probatório robusto.

---

[318] Embora atualmente mais resistentes à sua concessão de ofício, Wambier e Talamini assim pontuaram a respeito da responsabilidade pelo deferimento da cautelar *ex officio*, sob a égide do Código revogado: "Argumenta-se, porém, que, sendo a responsabilidade objetiva, é irrelevante que o beneficiário da medida a tenha pleiteado ou não. A finalidade da regra é assegurar o ressarcimento do adversário, prejudicado pela cautelar. No entanto, pode-se contra-argumentar que a responsabilidade objetiva apenas se justifica como um risco assumido por quem requer a medida cautelar. Se a parte optou por pleiteá-la, cabe-lhe responder objetivamente, pouco importando se agiu de boa ou má-fé. Ou seja, a responsabilidade objetiva independe de culpa, mas não dispensa a imputabilidade do resultado danoso ao sujeito (nexo de causalidade). Já quando a medida tiver sido deferida pelo juiz, não houve a assunção de tal risco. Diante disso, são cogitáveis duas hipóteses, não excludentes: (1º) o prejudicado pela medida deve ser ressarcido pelo Estado (que também responde objetivamente); (2º) se o beneficiário da medida, mesmo não a requerendo, teve com ela um ganho econômico, responde, na proporção de seu ganho, perante o prejudicado ou regressivamente perante o Estado (não por força do art. 811, mas com base na regra que veda o enriquecimento sem causa)." (WAMBIER e TALAMINI, 2015. p. 76.)

5. Tutela da Evidência e a Fazenda Pública

5.1 A Tutela Antecipada e a Lei n. 9.494/97

A Lei n. 9.494/97, resultado da conversão da medida provisória n. 1.570-5/97, estabeleceu regras específicas para a concessão da tutela antecipada em face da Fazenda Pública. Assim, ao fazer remissão a três outros diplomas legais restritivos quanto à concessão de liminares contra o Poder Público, a lei n. 9.494/97 previu que as mesmas limitações constantes na legislação que então disciplinavam o mandado de segurança são aplicáveis aos pleitos de tutela antecipada em face da Fazenda Pública. A remissão feita pelo art. 1º, *caput* da Lei n. 9.494/97, refere-se às leis n. 4.348/64 e 5.021/66, ambas revogadas pela Lei n. 12.016/09, além da Lei n. 8.437/92, que cuida das cautelares diante do Poder Público.

Dessa forma, especialmente porque o regime da tutela provisória antecipada havia sido introduzido pela Lei 8.950/94 no CPC/73, que contemplava uma nova modalidade de tutela sumária apta à satisfação imediata do direito invocado pelo autor, foi editada a Medida Provisória n. 1.570-5/97, que resultou na Lei n.9.494/97, justamente para abranger as novas tutelas satisfativas no âmbito restritivo imposto aos provimentos de urgência que poderiam ser deferidos contra o Poder Público, pois, com relação a estas, não havia previsão limitativa expressa já existente para as cautelares e liminares em mandado de segurança.

A partir de então, equiparou-se o regime das tutelas antecipatórias às demais hipóteses que restringiam a concessão de provimentos conservativos ou satisfativos contra a Fazenda Pública, o que teve por consequência a vedação à concessão de tutelas antecipatórias que impliquem no pagamento de vencimentos e vantagens pecuniárias, estabeleçam a reclassificação ou equiparação de servidores públicos, esgotem, no todo ou em parte, o objeto da ação e, finalmente, nos casos em que o ato impugnado estiver

TUTELA DA EVIDÊNCIA

submetido na via do mandado de segurança à competência originária dos tribunais de justiça ou dos Tribunais Superiores.

5.2 A Ação Declaratória de Constitucionalidade n. 04

A previsão normativa contida na Lei n. 9.494/97, ao coibir a utilização da técnica antecipatória em face do Poder Público, certamente, não estava a salvo de questionamentos quanto à sua compatibilidade com a Magna Carta, em específico, diante de uma possível violação do direito fundamental ao acesso à jurisdição contemplado no seu art. 5º, inciso XXXV. Isto ocorre porque, na perspectiva do direito fundamental em apreço, o acesso à jurisdição deve ser interpretado não apenas como o direito à prestação da jurisdição para a solução dos conflitos, mas, sobretudo, como o direito à tutela jurisdicional adequada ao direito material que se pretende realizar através do processo[319].

O ponto de partida, portanto, funda-se na premissa de que, se o acesso à jurisdição é assegurado pela Constituição Federal para tutelar quem afirma ser titular de um direito, a consequência direta e imediata é a de que o direito material, para ser adequadamente amparado, deve ter à sua disposição um instrumento que permita a sua efetivação em prazo razoável. E, se o direito em debate, a despeito de ser postulado em face do Poder Público, exigir uma tutela sumária satisfativa para rechaçar os infortúnios, por vezes irreversíveis, causados pelo tempo, então o óbice legal à utilização da técnica antecipatória *in casu* afrontaria o direito fundamental de acesso à jurisdição.

Por outro lado, a violação à isonomia também poderia prestar-se a dar suporte à tese da inconstitucionalidade da norma que restringe a concessão da tutela antecipada contra o Poder Público, pois não se justificaria a

---

[319] Na realidade, a importância de estudar o processo à luz das tutelas é tão evidente quanto a de saber o fim de um instrumento. Nesse sentido, o fim do processo deve ser detectado nas necessidades do direito material, ou melhor, nos resultados materiais que o processo deve gerar para atendê-las. Esses resultados são exatamente as tutelas que devem ser prestadas pelo processo. Resumindo: não há como deixar de pensar nas tutelas quando se deseja analisar se o processo, como técnica, está respondendo à sua missão constitucional de dar "tutela aos direitos". MARINONI, L.G. Técnica Processual e Tutela dos Direitos. 3. ed. São Paulo: Revista dos Tribunais, 2010. p. 115).

distinção de tratamento baseada apenas na qualidade da parte integrante do polo passivo de uma demanda. Entretanto, nenhum destes entendimentos prevaleceram e o julgamento da ADC 04 resultou na proclamação da constitucionalidade do dispositivo que restringiu a aplicação da tutela antecipada contra o Poder Público, com efeitos vinculantes e eficácia retroativa[320].

É importante pontuar que o Supremo, ao decidir o mérito da ADC 04, confirmou a medida cautelar deferida parcialmente nas sessões plenárias de 10 de dezembro de 1997 e de 5 e 11 de fevereiro de 1998, em que restaram sustadas, com eficácia *ex nunc* e efeito vinculante, todas as decisões que envolvessem pleito de tutela antecipada contra a Fazenda Pública com fundamento no debate acerca da constitucionalidade do art.1º da Lei n° 9.494/97.

5.3 A *Ratio Decidendi* da ADC 04

O resultado proclamado na ADC 04, que chancelou a constitucionalidade do art. 1º, *caput* da Lei n. 9.494/97, com eficácia *erga omnes* e efeitos vinculantes, sem dúvida, pautou-se na análise exclusiva das hipóteses contempladas na referida norma legal, à qual conferiu o selo de conformidade com a Magna Carta num contexto absolutamente restritivo. Em outras palavras, com respaldo nos fundamentos determinantes contidos no Acórdão proferido na ADC 04, não há como empregar-se interpretação extensiva que comporte ampliação das hipóteses em que a concessão da tutela antecipada contra o Poder Público é vedada.

Tratou-se, a propósito, de uma decisão proferida em controle abstrato que, ao apreciar a conformidade da norma paradigma com a Constituição Federal, sufragou entendimento no sentido de inexistir violação aos preceitos e princípios respectivos, sem, no entanto, conferir-lhe qualquer sentido, alcance ou determinação que extrapolassem o rol de situações elencado na norma em questão.

Em suma, ao proclamar a constitucionalidade do art. 1º, *caput* da Lei n.9.494/97, o Supremo reconheceu que a decisão cingiu-se à hipótese

---

[320] Fonte: <http://www.stf.jus.br/portal/peticaoInicial/verPeticaoInicial.asp?base=ADC-N&sl=tutela%20antecipada&processo=4>. Acesso em 20 de maio de 2019.

TUTELA DA EVIDÊNCIA

de concessão de tutela antecipada contra o Poder Público aos casos de pagamentos de vencimentos e vantagens pecuniárias, reclassificação ou equiparação de servidores públicos, exaurimento, no todo ou em parte, do objeto da ação, além dos casos em que o ato impugnado estivesse submetido na via do mandado de segurança à competência originária dos tribunais de justiça ou dos Tribunais Superiores.

Conclui-se, portanto, que o âmbito de aplicação da decisão exarada na ADC 04, de acordo com os seus próprios fundamentos determinantes, é restritivo quanto às hipóteses materiais de cabimento, bem como à técnica processual abrangida, a qual se refere, especificamente, à tutela antecipada.

A maior demonstração da conclusão ora assentada está nas decisões do STF posteriores à concessão da medida cautelar na ADC 04 e ao seu julgamento de mérito. Com efeito, durante a vigência da medida cautelar que suspendeu a concessão de tutelas antecipadas com fundamento na constitucionalidade do art. 1º, *caput*, da Lei n. 9.494/97, foi editada a Súmula 729 pela Suprema Corte, cujo conteúdo resolveu uma controvérsia quanto ao alcance restritivo da ação declaratória de constitucionalidade supracitada. E, a rigor, o referido verbete sumular afastou a aplicação do precedente contido na ADC 04 para as demandas que versam matéria previdenciária[321].

Assim, consolidou-se o entendimento no sentido de que, salvo as hipóteses expressamente elencadas no dispositivo do art. 1º, *caput*, da Lei n. 9.494/97, a concessão da tutela antecipada é autorizada, ainda que em face do Poder Público, como é o caso da autarquia previdenciária[322]. Portanto, nas ações previdenciárias em que são deduzidas pretensões de implantação de benefícios ou a sua majoração, apenas para exemplificar, foi sedimentado o posicionamento que afastou o óbice ao deferimento da tutela antecipada a partir da constitucionalidade proclamada na ação de controle abstrato supracitada.

Apesar de parecer evidente a necessidade de remover o obstáculo para a utilização da tutela antecipada em tais situações, especialmente pela natureza alimentar dos benefícios previdenciários que impunham solução

---

[321] Súmula 729. A decisão na Ação Direta de Constitucionalidade 04 não se aplica à antecipação de tutela em causa de natureza previdenciária.

[322] Neste sentido: AgRg no Ag 815.044/RJ, Rel. Ministra LAURITA VAZ, QUINTA TURMA, julgado em 15/02/2007.

TUTELA DA EVIDÊNCIA E A FAZENDA PÚBLICA

rápida e eficaz, persistiu o debate a respeito da correta interpretação do precedente, o que levou o STF a editar o verbete sumular já mencionado que, a rigor, serviu para o propósito de reforçar a premissa de que a tese jurídica contida na decisão da ação declaratória de constitucionalidade n. 04 deve ser interpretada restritivamente, limitada estritamente, aos casos enumerados em rol taxativo.

Esse caráter restritivo conferido à interpretação da ADC 04, também pode ser refletido a partir de diversas decisões emanadas da Corte Especial, as quais admitiram a concessão da tutela antecipada em face do Poder Público em recursos que versavam sobre matérias tributária e administrativa. No primeiro caso, inclusive, para a finalidade de impor ao fisco a restituição de valores de imposto de renda descontados indevidamente na folha de pagamento de servidores[323].

Em outro julgado, o STJ admitiu a possibilidade de utilização da tutela antecipada com repercussão pecuniária pertinente à correção de créditos escriturais do ICMS, mediante a prestação de contracautela[324]. A par destes e de outros diversos julgados que ratificaram a intepretação restritiva conferida ao art.1º, *caput,* da Lei n. 9.494/97 pela ADC/04, a Corte Especial reconheceu a viabilidade jurídica de ser restabelecida vantagem pecuniária a servidor público através de tutela antecipada[325].

Infere-se, assim, que os precedentes dos Tribunais Superiores, inegavelmente, posicionaram-se pela impossibilidade de conferir exegese ampliativa das hipóteses que vedam a concessão da tutela antecipada. Identificou-se, dessa forma, a imprescindibilidade da tutela antecipatória como instrumento capaz de combater o risco de um provimento tardio[326].

---

[323] Conforme AgRg no Ag 1396272/DF, Rel. Ministro BENEDITO GONÇALVES, PRIMEIRA TURMA, julgado em 17/11/2011, DJe 22/11/2011.

[324] REsp 152.442/RS, Rel. Ministra ELIANA CALMON, SEGUNDA TURMA, julgado em 22/05/2001, DJ 24/09/2001.

[325] AgRg no REsp 1352935/ES, Rel. Ministro HERMAN BENJAMIN, SEGUNDA TURMA, julgado em 07/08/2014, DJe 25/09/2014.

[326] Nelson Nery Junior, com relação ao tema, destaca: "Quanto a tutela adequada para o jurisdicionado for medida urgente, o juiz, preenchidos os requisitos legais, tem de concedê-la, independentemente de haver lei autorizando ou, ainda, que haja lei proibindo a tutela urgente". Cf.: NERY JR., N., Princípios do Processo na Constituição Federal. 11. ed., RT, 2013. p. 187.

TUTELA DA EVIDÊNCIA

5.4 O Art. 1.059, *caput,* do CPC/2015

O Código de Processo Civil em vigor encampou a diretriz restritiva no tocante à concessão de tutela provisória contra a Fazenda Pública, ao estabelecer a observância dos artigos de 1º a 4º da Lei n. 8.437/92 e 7º, § 2º, da Lei 12.016/2009 (Lei do Mandado de Segurança) nos pedidos respectivos. A lei n.12.016/2009, ao disciplinar o procedimento do mandado de segurança, por seu turno, revogou as Leis n. 4.348/64 e 5.021/66, que tratavam do assunto.

E, a propósito, a restrição contida na nova Lei do Mandado de Segurança para o deferimento da tutela provisória refere-se às hipóteses de compensação de créditos tributários, entrega de mercadorias e bens provenientes do exterior, reclassificação ou equiparação de servidores públicos, além da concessão de aumento ou extensão de vantagens ou ainda pagamento de qualquer natureza. Verificou-se, praticamente, as mesmas vedações antes contempladas no art. 1º, da Lei n. 9.494, já que houve o acréscimo de apenas duas hipóteses materiais novas que, no entanto, estavam abrangidas semanticamente, pela limitação consistente no exaurimento do objeto da ação, tal como previsto no art.1º, § 3º, da Lei n. 8.437/92.

Talvez a grande discussão que pode emergir da interpretação do art. 1.059, *caput,* do CPC, funda-se na restrição imposta às tutelas provisórias, que, numa exegese literal, açodada e desprovida de maior rigor jurídico, poderia conduzir à ilação de que o conceito semântico de tutela provisória abrangeria a tutela da evidência. Isto ocorre porque, de acordo com o Código em vigor, a tutela provisória caracteriza-se como uma denominação genérica que engloba as tutelas cautelares, antecipadas e da evidência.

A interpretação meramente literal, todavia, deve ser prontamente rechaçada e ceder lugar à análise sistemática que leve em consideração o perfil funcional da tutela da evidência, além de outros fatores, como o debate que envolveu a constitucionalidade da vedação à concessão da tutela antecipada sob a égide da Lei n. 9.494/97, ocorrido na ADC/04. Na realidade, a norma inserta no art. 1.059, *caput,* do CPC foi inspirada no teor do art. 1º, *caput,* da lei n. 9.494/97, que, repise-se, teve a sua conformidade com a Magna Carta proclamada pelo STF na ação declaratória de constitucionalidade supracitada.

É importante ressaltar, em primeiro lugar, que a ADC/04 que chancelou a constitucionalidade da norma que limitou as tutelas antecipatórias contra a Fazenda Pública, adotou uma concepção nitidamente restritiva nos fundamentos que resultaram na conclusão do precedente[327], na medida em que as hipóteses materiais de aplicação da norma foram elencadas em *numerus clausus*, sem qualquer perspectiva de interpretação extensiva, o que restou confirmado posteriormente pelo próprio posicionamento das Cortes Superiores a respeito, inclusive pela edição da súmula 729 pelo Supremo.

Em segundo plano, deve ser asseverado que os fundamentos da decisão na ação declaratória em apreço referiram-se à tutela antecipada propriamente, vale dizer, tutela sumária satisfativa revestida com o seu elemento *urgência*.

Para melhor esclarecer, deve ser lembrado que o CPC revogado previa uma hipótese de tutela antecipada fundada no abuso do direito de defesa ou manifesto propósito protelatório do réu[328], ou seja, os mesmos requisitos que caracterizam a tutela da evidência, tal como disciplinada no Código de Processo Civil em vigor. Embora não tenha sido empregado o melhor critério para a reunião de institutos com características funcionais diversas, a tutela antecipada sob a égide do CPC anterior era agrupada no mesmo dispositivo legal que previa a tutela da evidência, então definida como modalidade de tutela antecipada para os casos de defesa protelatória ou abuso do direito de defesa. Em síntese, era considerada, mesmo que impropriamente, como uma modalidade de tutela antecipada.

Ocorre que os fundamentos determinantes contidos da ADC/04, que confirmaram a constitucionalidade da Lei n. 9.494/97 quanto à vedação de tutela antecipatória em face do Poder Público, ventilaram claramente apenas as hipóteses de tutela antecipatória revestida do seu requisito urgência. Por este prisma, considerando que o art. 1.059, *caput,* do atual CPC originou-se

---

[327] Embora tenha reconhecido a constitucionalidade das restrições e vedações à concessão da tutela antecipada contra o Poder Público, o STF vem conferindo interpretação restritiva ao referido dispositivo, diminuindo seu âmbito de abrangência para negar reclamações constitucionais em algumas hipóteses em que lhe parece cabível a medida antecipatória, mesmo para determinar o pagamento de soma em dinheiro. DA CUNHA, L. C. A Fazenda Pública em juízo. 13. ed. rev., atual e ampl. Rio de Janeiro: Forense, 2016, p.301.

[328] Art. 273. O juiz poderá, a requerimento da parte, antecipar, total ou parcialmente, os efeitos da tutela pretendida no pedido inicial, desde que, existindo prova inequívoca, se convença da verossimilhança da alegação e:

II – fique caracterizado o abuso de direito de defesa ou o manifesto propósito protelatório do réu.

TUTELA DA EVIDÊNCIA

a partir da disciplina conferida pelo art.1º, *caput,* da lei n. 9.494/97, cuja análise de sua harmonia com a Constituição Federal foi realizada pelo STF tendo como objeto de discussão, unicamente, a tutela satisfativa de urgência, não se sustenta o argumento de que a expressão *tutela provisória* inserida no art. 1.059, *caput* do Código em vigor abrange, indistintamente, as tutelas de urgência e da evidência, uma vez que esta última, conforme é sabido, não depende do elemento urgência como seu pressuposto[329].

Ora, além da ação declaratória em que foi proclamada a constitucionalidade do dispositivo que veda a tutela contra o Poder Público não ter enfrentando, na suas razões de decidir, a tutela sumária que dispensa a urgência como seu requisito, é relevante pontuar que, sob o aspecto funcional, as tutelas antecipada e da evidência são bastante diversas.

A rigor, apesar de ambas exigirem o requisito pertinente à verossimilhança ou probabilidade do direito invocado, a tutela antecipada funda-se na proteção ao risco de um provimento tardio, ao passo que a tutela da evidência apoia-se, em especial, no abuso do direito de defesa ou propósito protelatório do réu que, mesmo em face de um direito verossímil, pautado no mais das vezes em precedentes ou prova documental irrefutável, apresenta defesa inconsistente e persiste no trâmite processual prolongado com requerimentos voltados a este propósito, como a produção probatória ou a interposição de recursos infundados.

Portanto, a interpretação a ser conferida ao art.1.059, *caput,* do CPC em vigor, deve ser restritiva, o que implica na exclusão da tutela fundada na evidência do direito das hipóteses que não comportam a tutela provisória contra a Fazenda Pública, especialmente porque, repise-se, a vedação estabelecida no referido dispositivo inserto no art. 1.059, *caput,* refere-se apenas à tutela sumária que exige a urgência como pressuposto de sua concessão[330].

---

[329] Assim, Marinoni, Arenhart e Mitidiero: *"Logicamente, a restrição de concessão de liminares que esgote, no todo ou em parte, o objeto da ação (art.1º, § 3º, Lei 8.437/1992) não se aplica nos casos de tutela da evidência* (art. 311, CPC)." [Grifo nosso.] MARINONI, L. G.; ARENHART, S. C.; MITIDIERO, D. Código de Processo Civil Comentado. 3. ed., 2º tiragem, São Paulo: Revista dos Tribunais, 2017. p. 1151).

[330] Ainda há espaço para uma derradeira afirmação relativa ao art. 1.059. Dadas as especificidades das remissões legislativas por ele feitas, não há como querer alcançar as hipóteses em que a tutela provisória é concedida com fundamento na evidência. Os casos vedados ou limitados pela Lei n. 8.437/92 e pela Lei n. 12.016/2009 – para aqueles que os entendem

Assentada esta premissa, é possível afirmar que as restrições quanto à concessão da tutela antecipada contra a Fazenda Pública não incidem no caso da tutela da evidência. Dessa forma, ainda que o pleito de tutela sumária amparada na evidência do direito seja formulado com a finalidade de compensação de créditos tributários, entrega de mercadorias e bens provenientes do exterior, reclassificação ou equiparação de servidores públicos ou concessão de aumento ou extensão de vantagens, seu deferimento – se presentes os requisitos para tanto – será de rigor.

Pela mesma razão, a tutela da evidência contra a Fazenda Pública não poderá ser obstaculizada pela circunstância de sua concessão resultar no exaurimento total ou parcial do objeto da ação, conforme prevê o art.1º, § 3º, da Lei n. 8.437/92, o que abre a possibilidade, independentemente de qualquer restrição, de que a tutela satisfativa baseada na evidência do direito, seja deferida e prontamente realizada no plano fático por intermédio do regime proposto para o cumprimento provisório de sentença.

5.5 A Efetivação das Decisões Concessivas de Tutela da Evidência Contra a Fazenda Pública

Com relação à efetivação do provimento deferido em tutela provisória, seja antecipada, cautelar ou da evidência, deve ser observado que, por expressa disposição do Código de Processo Civil, tal deverá operar-se de acordo com as disposições pertinentes previstas para o cumprimento provisório de sentença[331].

Assim sendo, pouco importa que a decisão que deferiu a tutela da evidência seja encaminhada contra a Fazenda Pública, pois, diante da inaplicabilidade das vedações do art. 1.059, *caput*, a esta modalidade de tutela sumária, o cumprimento provisório da tutela da evidência deve ser

---

constitucionais – pressupõem *urgência*. BUENO, C.S. Manual de Direito Processual Civil. 3. ed., 2. tir. São Paulo: Saraiva, 2017. p. 290.

[331] Consoante arts. 297, parágrafo único, e 519, *caput*, do CPC.

Art. 297...

Parágrafo único. A efetivação da tutela provisória observará as normas referentes ao cumprimento provisório da sentença, no que couber.

Art. 519. Aplicam-se as disposições relativas ao cumprimento da sentença, provisório ou definitivo, e à liquidação, no que couber, às decisões que concederem tutela provisória.

imediato, notadamente nas imposições que exigem uma prestação positiva ou negativa da Fazenda Pública. Nada justifica um tratamento diferenciado em tais situações, apenas pela qualidade do réu, pois, do contrário, os princípios fundamentais da isonomia e do acesso à jurisdição estariam sendo flagrantemente afrontados.

Em tais casos, desde que o autor demonstre prontamente a situação fática e a tese jurídica apresentada esteja amparada em precedentes dos Tribunais Superiores, a tutela da evidência deve ser deferida, especialmente se, na contestação, a Fazenda Pública não tiver êxito em comprovar que o precedente invocado pelo autor não tem aplicação ao seu caso específico. Nesta hipótese, de acordo com o nosso entendimento, no sentido de que a tutela da evidência não dispensa o contraditório justamente por não exigir a urgência como seu pressuposto, a tutela fundada na evidência deve ser deferida logo após a contestação.

A título exemplificativo, mencionamos a pretensão de implantação de vantagens pecuniárias ao servidor público, cujo reconhecimento já foi sedimentado em precedente emanado do STF. Ora, ainda que o servidor tenha deduzido pretensão condenatória relativamente ao período em que deixou de receber as vantagens pecuniárias, não há dúvidas de que, quanto ao provimento que encerra uma prestação positiva pertinente à implantação do benefício, a tutela da evidência deve ser deferida e cumprida imediatamente pela Fazenda Pública, inclusive com o emprego de medidas de apoio, como a multa ou outro meio típico ou atípico, podendo o juiz, por sua vez, valer-se do poder-geral de efetivação previsto no art. 139, IV do CPC.

O mesmo raciocínio pode ser aplicado para as hipóteses de entrega de mercadorias e bens provenientes do exterior, desde que o direito à liberação invocado pelo autor respalde-se em prova documental suficiente ou tese jurídica alinhada com precedente dos Tribunais Superiores, os quais não foram observados pela autoridade fazendária, que negou o desembaraço aduaneiro. Neste exemplo, inclusive, a tutela da evidência poderia ser deferida com suporte no art. 311, IV, se, uma vez demonstrado documentalmente pelo autor que todas as exigências formais e a prova do recolhimento tributário foram realizados corretamente, a Fazenda Pública não apresentar contraprova capaz de gerar dúvidas a respeito.

Até mesmo no campo da compensação de créditos tributários, a utilização da técnica da evidência mostra-se pertinente. A título ilustrativo, mencionamos o tema afetado em repercussão geral n. 201, que ventilou o debate a respeito da substituição tributária pra frente e a diferença entre a base de cálculo presumida e a base de cálculo real.

Trata-se da hipótese em que, recolhido o ICMS antecipadamente pelo regime de substituição tributária, o contribuinte de direito realiza operação de compra e venda em que a base de cálculo efetiva é inferior à presumida, o que lhe resulta em prejuízo decorrente da diferença do valor do ICMS recolhido previamente. O Supremo, no julgamento do recurso extraordinário n. 593849, reconheceu a repercussão geral da matéria e, ao dar provimento ao recurso, sedimentou o entendimento proclamado no tema 201[332], no sentido de viabilizar a restituição do ICMS recolhido a maior pelo contribuinte de direito no regime de substituição tributária.

Ora, no exemplo acima, a tutela da evidência como instrumento destinado a combater o dano marginal do processo permite que o contribuinte, ao propor demanda tributária com a finalidade de obter a restituição do ICMS com fundamento na tese firmada no tema 201 pelo STF, seja autorizado a realizar, desde logo, a compensação do crédito tributário respectivo.

Nenhum obstáculo legal poderia ser suscitado nesta hipótese, diante da inaplicabilidade da restrição prevista no art. 1.059, *caput* do CPC para a concessão da tutela da evidência. Cumpre ao autor, por sua vez, comprovar através de documentos, que recolheu imposto a maior em decorrência da diferença entre a base de cálculo presumida e a efetiva, cuja escrituração contábil foi-lhe desfavorável.

Por outro lado, a tutela da evidência na hipótese é apoiada em tese jurídica assentada num precedente extraído de recurso extraordinário afetado em repercussão geral e julgado pelo plenário do Supremo Tribunal Federal. Portanto, a situação jurídica em pauta acomoda-se, com perfeição, na disciplina normativa contemplada no art. 311, inciso II do CPC, ao qual deve ser conferida interpretação extensiva e sistemática, na medida em que os precedentes não se resumem às teses extraídas de recursos repetitivos ou súmulas vinculantes, mas, antes, estão previstos em todas as hipóteses normativas elencadas no art. 927, incisos I a V do Código de Processo Civil[333].

---

[332] É devida a restituição da diferença do Imposto sobre Circulação de Mercadorias e Serviços (ICMS) pago a mais no regime de substituição tributária para a frente se a base de cálculo efetiva da operação for inferior à presumida.

[333] Cabe interpretar o inciso II do art. 311 ampla e sistematicamente com o que o próprio CPC de 2015 desenha para o seu "direito jurisprudencial"(...). A "tese jurídica" aplicável

5.6 A Efetivação das Decisões Concessivas de Tutela da Evidência e o Art. 100, § 3º e § 5º da Constituição Federal

O grande problema pertinente à realização concreta das decisões que deferem a tutela da evidência contra a Fazenda Pública, com relação ao seu aspecto de efetividade, refere-se, sem dúvida, à previsão estabelecida no art. 100, § 3º e § 5º, da Magna Carta, no tocante à necessidade de trânsito em julgado da sentença para a expedição de requisição de pequeno valor e de precatório, respectivamente.

Evidentemente, esta situação observa-se tão somente nos provimentos que encerram uma obrigação de pagar quantia certa, diante da exigência constitucional de trânsito em julgado da sentença condenatória, pois, conforme já ponderado no tópico anterior, nas tutelas fundadas na evidência do direito que impõem prestações positivas ou negativas diante da Fazenda Pública, nenhuma restrição ou obstáculo existe quanto à sua efetivação. Por este vértice, as obrigações de fazer ou não fazer impostas, sobretudo, através de tutela pautada na evidência do direito, que não sofrem qualquer limitação, devem ser imediatamente implementadas.

A rigor, não há, quanto a tais espécies de provimentos, a submissão ao regime dos precatórios, o que reflete, inclusive, entendimento consolidado pelo Supremo Tribunal Federal no precedente extraído do recurso extraordinário n. 573872/RS, afetado em repercussão geral, que deu origem ao tema 45[334].

É importante salientar que, mesmo nas hipóteses de sentenças condenatórias prolatadas contra a Fazenda Pública por débitos de natureza alimentar, assim compreendidos os que se enquadram no rol elencado no art. 100, § 1º, da Constituição Federal, a imposição do trânsito em julgado da decisão condenatória antes da expedição do precatório é inafastável e tem o condão apenas de assegurar ao beneficiário que não seja incluído na ordem cronológica geral dos precatórios, mas sim numa ordem cronológica específica de débitos da mesma categoria.

---

aos fatos comprovados de plano (e não apenas documentalmente) pode derivar não só dos "casos repetitivos" (art. 928) ou de súmula vinculante, mas também de *todos* os referenciais decisórios dos incisos do art. 927. Cf.: BUENO, C. S. Manual de Direito Processual Civil. 3. ed., 2. tir. São Paulo: Saraiva, 2017. p. 290.

[334] A execução provisória de obrigação de fazer em face da Fazenda Pública não atrai o regime constitucional dos precatórios.

Nada obstante, deve ser ressaltado que a previsão constitucional introduzida neste tópico não pode frustrar totalmente a utilização de um instrumento processual que, a propósito, foi ajustado com o escopo de materializar o princípio fundamental do acesso à jurisdição no sentido da prestação jurisdicional adequada, tempestiva e eficaz.

Portanto, não nos parece que a tutela fundada na evidência do direito seja absolutamente incompatível com a regra constitucional impositiva da decisão transitada em julgado como pressuposto para que os créditos contra a Fazenda Pública possam ser efetivados. Tal premissa exige, no entanto, uma acomodação entre o direito fundamental que assegura o acesso à jurisdição com a regra constitucional que estabelece o trânsito em julgado para o pagamento dos débitos fazendários.

Mostra-se relevante destacar, neste ponto, que a Primeira Turma do STJ já afastou a regra dos precatórios em decisões que envolviam o fornecimento de medicamentos pelo Estado. Neste caso, foi reconhecido que o direito fundamental à saúde deveria sobrepor-se, nessa hipótese de conflito normativo aparente, ao regime de precatórios e, bem assim, à impenhorabilidade dos bens públicos. Em consequência, foi determinado o bloqueio de valores do ente público para a satisfação do direito ao custeio do medicamento imprescindível ao tratamento do paciente[335].

Posteriormente, em interessante precedente emanado de decisão da Corte Especial do STJ, que indeferiu pedido de suspensão de liminar com fundamento na Lei n. 8.437/92, foi determinado o bloqueio de valores diretamente no orçamento da Advogacia-Geral da União, diante do não cumprimento pela União da decisão que ordenou o custeio de medicamento no valor de R$ 41.585,94. Foi considerado nos fundamentos respectivos que a AGU, na qualidade de representante judicial da União, deixou de efetivar a decisão ou apresentar uma alternativa viável para este propósito[336].

Embora as situações retratadas nos *leading cases* supracitados reflitam hipóteses excepcionais que chegaram ao extremo em decorrência do risco de dano irreparável a ser causado aos pacientes que necessitavam dos medicamentos, é inegável que o regime dos precatórios foi afastado para ceder

---

[335] Conforme Resp 840.912/RS, Rel. Ministro TEORI ALBINO ZAVASCKI, PRIMEIRA TURMA, julgado em 15/02/2007, DJ 23/04/2007, p. 236.
[336] AgRg na SLS 1.570/RS, Rel. Ministro ARI PARGENDLER, CORTE ESPECIAL, julgado em 14/06/2012, DJe 06/08/2012.

TUTELA DA EVIDÊNCIA

lugar à efetividade da jurisdição. No caso das tutelas da evidência contra o Poder Público, apesar de não ser razoável chegar-se a tal ponto e tornar regra uma excepcionalidade, nem por isso sua efetividade deve ficar em segundo plano. Afinal, para assegurar a eficácia de um instrumento processual moldado ao combate do dano marginal que deriva do tempo patológico do processo, mostra-se indispensável ajustar o princípio do acesso à jurisdição com as diretrizes constitucionais pertinentes ao pagamento dos débitos da Fazenda Pública.

Dessa forma, para que não seja subvertido o direito fundamental ao acesso à jurisdição, uma solução que nos parece pertinente nas hipóteses de concessão da tutela da evidência contra a Fazenda Pública, é, justamente, resguardar o direito ao crédito do beneficiário da medida sumária através de sua inserção imediata na ordem de pagamento dos precatórios, a fim de que, no momento do trânsito em julgado, sua posição na ordem cronológica respectiva esteja muito mais favorável. E se, numa hipótese improvável de o valor do precatório estar prestes a ser disponibilizado ao credor antes do trânsito em julgado, ou seja, a fila de pagamento dos precatórios andar mais rápido do que o trâmite da demanda em que foi autorizado a sua expedição, basta que o pagamento ao beneficiário seja postergado até o trânsito respectivo.

É notório que os pagamentos das dívidas fazendárias através de precatórios requisitórios são prolongadas por diversos anos após a sua expedição e inclusão no orçamento. Mesmo nos casos de créditos preferenciais, de débitos de natureza alimentar ou prioritários por critérios etários, de saúde ou deficiência, a ordem cronológica de pagamento, apesar de seletiva, não é cumprida em prazo razoável.

A maior demonstração disso, é que a recente emenda constitucional n. 99/2017, que conferiu nova redação ao art. 101, *caput* do ADCT, estendeu até o dia 31 de dezembro de 2024 o adimplemento dos precatórios dos Estados, Distrito Federal e Municípios que se encontravam em mora até o dia 15 de março de 2015.

É mister ressaltar que a solução voltada a harmonizar o direito fundamental de acesso à Jurisdição com as regras que definem o pagamento dos débitos judiciais fazendários na hipótese de concessão de tutela da evidência não implica no pagamento efetivo dos créditos aos seus beneficiários. Na realidade, enquanto não operar-se o trânsito em julgado da decisão, o pagamento permanece rigorosamente suspenso. No entanto, o ingresso do autor na ordem cronológica de pagamento de precatórios, tão logo seja concedida a tutela da evidência que determine esta providência, viabilizará que os prejuízos resultantes do trâmite processual, especialmente prolongados nas demandas que envolvem o Poder Público, serão, senão equacionados integralmente, substancialmente reduzidos.

Prestigiam-se, com isso, os direitos fundamentais à Duração Razoável e ao Acesso à Jurisdição, que são assegurados, dentre outros instrumentos, pela tutela da evidência, técnica processual, a propósito, muito eficaz em demandas contra o Estado, já que, não raro, diversos temas já se encontram definidos pelos Tribunais Superiores nas matérias debatidas, o que torna certa a incidência do art. 311, II do Código de Processo Civil e autoriza, após a defesa da Fazenda Pública e a constatação de que ela é inconsistente justamente por contrariar precedentes estabelecidos, o deferimento da tutela pautada na evidência do direito.

Nesse caso, se a tutela da evidência abranger a pretensão condenatória, a determinação do juiz para que o crédito, desde que líquido, seja imediatamente incluído na ordem cronológica de pagamento de precatórios, observadas as balizas do parágrafo anterior, encontra amparo no direito fundamental de acesso à Jurisdição[337].

---

[337] A peculiaridade do cumprimento de sentença contra a Fazenda Pública repousa em uma característica do modelo constitucional do direito processual civil. Há, para o pagamento de quantia pela Fazenda Pública, um "procedimento jurisdicional constitucionalmente diferenciado", que atrela o pagamento, que se dá pela expedição de precatório ou, se este for o caso, de RPV, ao trânsito em julgado da decisão respectiva. (...) Nesta perspectiva, não há dúvida quanto à percepção de que há vedação *ope legis* do cumprimento provisório da sentença. Disso não decorre, contudo, nenhum óbice para que seja autorizado, consoante as características de cada caso concreto, o "cumprimento provisório *ope judicis*", mediante a concessão de tutela provisória contra a Fazenda Pública, seja ela fundamentada em *urgência* ou como autoriza o art. 311 do CPC de 2015, também em evidência. Entendimento diverso seria agressivo à grandeza e à amplitude do inciso XXXV do art. 5º da Constituição Federal. Sobre a questão, cf.: BUENO, C. S. Curso Sistematizado de Direito Processual Civil. 8. ed. São Paulo: Saraiva, 2019. vol. 3 p. 214.

6. A Tutela da Evidência na Fase Decisória e no Recurso de Apelação

6.1 A Concessão da Tutela da Evidência na Sentença

A tutela da evidência caracteriza-se como técnica processual que se propõe a inverter o ônus do tempo do trâmite processual, de modo a permitir que o autor, amparado por tese jurídica verossímil e embasada em provas produzidas de plano, obtenha muito antes do curso regular do processo, a tutela jurisdicional do seu direito. Inverte-se, portanto, com a sua concessão, a premissa equivocada de que o tempo do processo deve ser suportado pelo autor que se apresenta, desde logo, como o provável vencedor da demanda.

O momento de sua análise, segundo a posição que sustentamos, ocorre logo após a apresentação da contestação, pelos motivos que já foram declinados, mas que, em breve síntese, estão relacionados com o equilíbrio entre os princípios constitucionais do contraditório e da efetividade da Jurisdição. E, de fato, em se tratando de técnica processual que dispensa o *periculum in mora,* não há como sustentar que a apreciação do seu pedido não possa aguardar o prazo de resposta do réu ou, se for o caso, uma manifestação em prazo mais exíguo que o juiz poderia conceder apenas para o exercício do contraditório restrito ao pleito de tutela da evidência formulado pelo autor.

De qualquer forma e, a despeito da tutela da evidência via de regra ser deferida mediante cognição sumária, é forçoso reconhecer que a sua concessão não está restrita ao início do processo, pois, além de inexistir qualquer vedação à sua apreciação em qualquer fase do trâmite até o trânsito em julgado, é indiscutível que seu deferimento na sentença, ou mesmo no juízo de admissibilidade do recurso de apelação, apoia-se em argumentos bastante robustos, especialmente diante do sistema recursal previsto no Código de Processo Civil.

TUTELA DA EVIDÊNCIA

Ocorre que, salvo hipótese de cisão do julgamento mediante decisão interlocutória parcial de mérito, desafiada pelo recurso de agravo de instrumento que é desprovido do efeito suspensivo *ope legis*, o recurso de apelação é submetido ordinariamente, ao seu duplo efeito, conforme prevê o art.1.012, *caput* do CPC. No caso das demandas contra a Fazenda Pública inclusive, a situação é ainda mais desfavorável, na medida em que a remessa necessária ainda persiste no sistema processual brasileiro, nada obstante as hipóteses sejam bem mais limitadas se comparadas com o código revogado.

De qualquer forma, a concessão da tutela da evidência na sentença ou na decisão do relator que realiza o juízo de admissibilidade do recurso de apelação justifica-se com bastante intensidade numa perspectiva constitucional, com o escopo de garantir a materialização dos princípios da Duração Razoável e da Tempestividade da Jurisdição, diante da neutralização do efeito suspensivo da apelação que viabiliza o cumprimento provisório da sentença. Isto se dá porque, à luz do que dispõe o art.1.012, § 1º, V do CPC[338], a concessão da tutela provisória na sentença assegura-lhe a produção imediata de sua eficácia, ainda que em caráter não definitivo.

Nem mesmo a previsão de remessa necessária das sentenças prolatadas contra a Fazenda Pública é apta a afastar a neutralização do efeito suspensivo da apelação em tal hipótese, porquanto a finalidade da remessa é assegurar uma nova análise da matéria e obstar o trânsito em julgado da sentença contra a Fazenda Pública em dadas situações específicas, enquanto não for reapreciada pela instância recursal. Trata-se portanto, de uma condição de eficácia da sentença que não se presta a disciplinar os efeitos em que o recurso de apelação será admitido.

A remessa necessária assim, em nada interfere na efetivação da tutela provisória concedida ou confirmada na sentença.[339] Prevalece, portanto, o efeito meramente devolutivo do recurso de apelação uma vez deferida

---

[338] Art. 1.012. A apelação terá efeito suspensivo.
§ 1º Além de outras hipóteses previstas em lei, começa a produzir efeitos imediatamente após a sua publicação a sentença que:
V – confirma, concede ou revoga tutela provisória;
[339] Conforme bem enfatizou Eduardo Arruda Alvim: Por outras palavras, afigura-se-nos perfeitamente possível compatibilizar a ideia da remessa necessária com a efetivação imediata da tutela provisória via decisão interlocutória ou mesmo via sentença. Deveras, seja no caso de tutela provisória concedida por decisão interlocutória e ulterior sentença de procedência, seja no caso de a tutela provisória dar-se na própria sentença ou decisão interlocutória que analisa o mérito da demanda, o certo é que a tutela poderá ser implementada, pois nem o

A TUTELA DA EVIDÊNCIA NA FASE DECISÓRIA E NO RECURSO DE APELAÇÃO

a tutela da evidência na sentença ou na decisão do relator que realiza o juízo prelibatório da apelação.

A propósito, se a tutela da evidência é um instrumento processual moldado para ser concedido em caráter sumário, com muito mais razão justifica-se a sua concessão em cognição exauriente, após a realização da instrução probatória e num estágio processual no qual o juízo de probabilidade converte-se em juízo de certeza.

O deferimento da tutela da evidência na própria sentença, portanto, pode ocorrer, segundo pensamos, *ope iudicis*, em conformidade com a avaliação da situação específica pelo juiz que, a rigor, poderá atuar mediante requerimento do autor após a produção de eventual prova técnica ou na ata da própria audiência de instrução e julgamento, caso esta seja realizada. Até mesmo nas alegações finais e, porventura, em embargos declaratórios da sentença em caso de omissão, o pleito de tutela da evidência poderá ser deferido.

Da mesma forma, a concessão de tutela da evidência na sentença poderá operar-se mesmo de ofício, desde que a decisão esteja fundamentada em bases concretas que indiquem a existência de algumas das hipóteses contempladas no art. 311, I a IV do CPC. É interessante pontuar neste aspecto que, na hipótese de o processo atingir a fase instrutória com ampla produção probatória, deve ser conferida interpretação extensiva ao art. 311, IV, diante do acervo de provas mais completo e robusto que estará à disposição do juiz para formar o seu convencimento quanto à evidência do direito alegado pelo autor.

Em suma, de acordo com a previsão do art. 311, IV do CPC, a concessão da tutela da evidência pode escudar-se em prova documental em face da qual o réu não apresenta qualquer contraprova capaz de gerar dúvida razoável. Ora, parece óbvio que um processo instruído com outras modalidades probatórias, além da documental, apresenta-se num contexto ainda mais favorável para a formação da convicção do juiz quanto à evidência da tese apresentada pelo autor. Neste caso, a posição jurídica do autor está evidenciada não apenas por um documento, e sim por um conjunto de elementos probatórios que permitiram ao juiz formar seu entendimento e certificar o direito postulado através de um juízo de certeza.

---

recurso (voluntário,portanto) da Fazenda, tampouco a remessa necessária, terão o condão de impedir que isso ocorra. ALVIM, E. A. Tutela Provisória, 2. ed. São Paulo: Saraiva, 2017. Ebook.

6.2 A Concessão da Tutela da Evidência pelo Relator que Realiza o Juízo de Admissibilidade da Apelação

O Código de Processo Civil inovou em relação ao CPC/73 quanto ao juízo de admissibilidade do recurso de apelação. Se antes a competência para o recebimento da apelação era do juiz de primeiro grau, agora esta análise cumpre ao relator a quem for distribuído o recurso, consoante extrai-se do art. 1.010, § 3º.

Assim, distribuído o recurso de apelação, a atividade processual do relator envolve, além de outras estabelecidas no regimento interno, o não conhecimento do recurso por manifesta inadmissibilidade, a homologação de eventual transação ajustada entre as partes, o julgamento monocrático com o não provimento da apelação contrária a precedentes do próprio tribunal ou das Cortes Superiores e, inclusive, a análise dos pedidos de tutela provisória formulados na seara recursal.

Esta última previsão inserta no art. 932, II do Código, a propósito, apesar de parecer referir-se apenas a eventuais tutelas recursais de urgência relativas a fatos supervenientes à sentença, na realidade deve ser examinada numa dimensão mais ampla e compatível com o objetivo da eficiência na prestação jurisdicional.

A admissibilidade do recurso de apelação, mantida no seu duplo efeito, como regra, pelo CPC em vigor, não contribuiu neste aspecto, para que a efetividade da Jurisdição fosse alcançada num patamar mais desejável. Isto porque, apesar dos poderes conferidos ao relator, notadamente, para negar provimento de plano aos recursos que estejam em desacordo com precedentes, ainda assim o âmbito de aplicação desta técnica é restrito, na medida em que se impõe que a sentença recorrida reflita entendimento consolidado em súmulas dos Tribunais Superiores ou da própria Corte de Apelação, decisões emanadas do STJ ou STF em matérias afetadas para julgamento em recursos repetitivos, além dos posicionamentos definidos em IRDR e incidentes de assunção de competência.

O mecanismo em apreço, que assegura o julgamento monocrático da apelação pelo relator, embora elogiável, não tem a abrangência capaz de incidir sobre a maioria dos recursos interpostos. Além disso, mesmo que aplicada a técnica do julgamento monocrático pelo relator, restaria ao recorrente a interposição do agravo interno tipificado no art. 1.021 do CPC, ou seja, a definição da situação jurídica ficaria pendente até o julgamento do novo recurso.

Em síntese, se o recurso de apelação não se amoldar em qualquer das hipóteses supramencionadas que autorizam o julgamento monocrático e a sentença não se enquadrar no rol do art. 1.012, § 1º, I a VI, que excepciona o efeito suspensivo da apelação, a sentença que resolveu o mérito da demanda após um trâmite processual muitas vezes prolongado, não produzirá qualquer efeito, desde que o réu interponha o recurso de apelação respectivo. Tal insurgência pela via da apelação será o suficiente, como regra, para impedir o cumprimento provisório da sentença, que poderia, na pior das hipóteses, abreviar significativamente o procedimento voltado à satisfação do direito material do autor, até o trânsito em julgado da decisão.

Esta diretriz estabelecida, ou melhor, mantida pelo CPC, de certa forma, estimula a interposição de recursos em virtude do fator tempo, que passa a ser favorável ao recorrente que pretende protelar ao máximo o cumprimento da obrigação certificada na sentença. Mesmo que a novel previsão de majoração dos honorários de sucumbência na seara recursal possa contribuir para desestimular esta prática, tal inibição traria muito mais resultados se fosse invertida a regra quanto aos efeitos do recurso de apelação.

Neste ponto, é interessante observar uma incoerência consistente na utilização da técnica do fracionamento do julgamento do mérito, ou julgamento antecipado parcial do mérito, prevista no art. 356, I e II do Código. Ocorre que, realizada a cisão do julgamento do mérito, então, por estarmos diante de uma decisão interlocutória que, portanto, não encerra a fase cognitiva do processo, o recurso à disposição do réu será o agravo de instrumento cuja ausência de efeito suspensivo *ope legis* permite, se o relator não atribuir tal efeito na hipótese, o imediato cumprimento provisório da sentença.

Entretanto, se por acaso a mesma matéria que poderia ter sido cindida for submetida a um único julgamento com os demais pedidos cumulados na sentença, seja por ausência de requerimento expresso do autor, seja pela não observância do juiz a respeito desta técnica, então, apesar de estarmos diante de matéria controvertida totalmente idêntica, o autor será tolhido do cumprimento provisório desde que o réu interponha o recurso de apelação cujo recebimento, no seu duplo efeito, prevalece como regra.

TUTELA DA EVIDÊNCIA

Existe em tal exemplo uma incoerência que acaba por deferir tratamento diferenciado para duas situações jurídicas absolutamente idênticas. Também não se compreende, nesta ilustração, que a matéria submetida a fracionamento do julgamento receba um tratamento recursal mais favorável do que a matéria restante que exigiu dilação probatória e, assim, estaria, em tese, amparada em elementos de convicção mais consistentes para o acolhimento da pretensão do autor na sentença.

Para que seja observado um reequilíbrio do sistema recursal, de forma a assegurar o tratamento isonômico entre as partes e prevenir que o ônus do tempo processual recaia apenas em face do autor que teve o seu direito certificado em cognição exauriente, é salutar a adoção da tutela da evidência também no âmbito recursal pelo relator, no exato momento em que realizar o juízo de admissibilidade do recurso de apelação. Esta solução encontra-se integralmente em conformidade com o sistema recursal disciplinado no CPC, especialmente porque o próprio art. 932, II, atribui poderes ao relator para analisar as tutelas provisórias a ele submetidas.

Não se trata de uma proposta de *lege ferenda*, porquanto a utilização da técnica está em perfeita harmonia com o sistema recursal e com a análise sistemática e teleológica da tutela da evidência, cuja concessão não está, de forma alguma, restrita ao primeiro grau de jurisdição. A utilização da técnica da evidência, *ope iudicis*, em conformidade com a avaliação do caso pelo relator e mediante fundamentação idônea, tem a vantagem de viabilizar a produção de efeitos imediatos à sentença e permitir que o autor inicie o cumprimento provisório enquanto o recurso de apelação e outros eventuais recursos posteriores sejam julgados.

Até mesmo para que seja realizada uma leitura do art. 1.012, § 4º, do CPC em conformidade com o Princípio da Isonomia, a concessão da tutela da evidência pelo relator, ao realizar o juízo prelibatório da apelação, apresenta-se como solução que prestigia este postulado. Ora, o dispositivo supracitado permite que o relator conceda efeito suspensivo à apelação, mesmo nos casos em que o efeito suspensivo é suprimido por expressa disposição legal[340]. Basta ao apelante demonstrar a verossimilhança dos fundamentos contidos nas razões recursais, ou seja, que a partir dos seus fundamentos vislumbre-se a probabilidade do seu apelo ser provido.

---

[340] Hipóteses do art. 1.012, § 1º, I à VI do CPC.

Assim, se a suspensão *ope judicis* da sentença pode ser deferida pelo relator uma vez constatada a probabilidade de sucesso do recurso de apelação, sem qualquer referência, ao menos para este fim, do *periculum in mora*, parece indiscutível que a concessão da tutela da evidência pelo relator nas mesmas condições, porém, com sinal invertido, vale dizer, para que a sentença produza efeitos aptos ao seu cumprimento provisório, é uma medida que prestigia não somente a isonomia da posição jurídica das partes, como também o acesso à Jurisdição, permeado, sobretudo, pela prestação tempestiva da tutela jurisdicional do direito.

7. Conclusão

O tempo é uma das grandes angústias que permeiam o processo civil atual, sobretudo diante da inegável constatação de que a prestação da tutela jurisdicional do direito e, mais precisamente, a satisfação do direito material, requer um longo percurso a partir do ajuizamento da demanda pelo autor. Diversos fatores contribuem para que o processo, via de regra, não atenda às expectativas de uma prestação com duração razoável.

Assim, a cultura do litígio que ainda predomina e a recorrência ainda tímida a meios alternativos de resolução de conflitos são dois fatores importantes, na medida em que o ambiente de litígio acaba resultando em proliferações de ações, sem a necessária contrapartida estrutural do Poder Judiciário através de aparelhamento material, criação de novas unidades jurisdicionais e contratação de servidores e juízes.[341]

Assim, apesar do legislador do Código de Processo Civil ter atuado com a finalidade de estimular a resolução de conflitos por vias alternativas, inclusive ao estabelecer a audiência de mediação ou conciliação antes mesmo da resposta do réu, deve ser ressaltado que o procedimento de cognição plena e exauriente, que é a regra, não é apto a atender as necessidades do direito material, em especial quanto às expectativas de obter a realização do direito em tempo razoável.

O sistema recursal também representa um grande obstáculo à prestação efetiva da tutela do direito, e não apenas em virtude da quantidade de recursos tipificados no Código e Regimentos, que resultam na ampliação da discussão de questões que poderiam muito bem ser equacionadas em única decisão.

---

[341] O que pode ser constatado pelo relatório da justiça em números, disponibilizado pelo CNJ no endereço: <http://www.cnj.jus.br/programas-e-acoes/pj-justica-em-numeros>.

Ocorre que o Código de Processo Civil optou por manter como regra o efeito suspensivo ao recurso de apelação, o que denotou certo desprestígio às decisões do primeiro grau, justamente aquelas emanadas de um juiz que presidiu toda a instrução e teve um contato amplo e direto com prova oral, quando necessárias para dirimir a controvérsia.

Por este aspecto, ainda que a sentença certifique o direito postulado pelo autor, a interposição do recurso de apelação terá o condão, via de regra, de sustar a eficácia da decisão até que a instância recursal ordinária pronuncie-se a respeito. Ainda assim, a interposição de recurso nos Tribunais Superiores impede o trânsito em julgado, de modo que eventual cumprimento de sentença voltado à realização do direito já certificado seria, nada obstante, provisório. E não é demais lembrar que a atividade satisfativa que se opera através do cumprimento de sentença ainda poderia restar suspensa, caso o juiz confira este efeito à impugnação porventura apresentada pelo devedor.

Neste cenário, parece que as técnicas processuais concebidas pelo legislador mostram-se imprescindíveis para que a tutela do direito seja, de fato, realizada em tempo que assegure a observância do direito fundamental à duração razoável e à efetividade da jurisdição. Portanto, a técnica da evidência assume um relevo fundamental para suprir esta verdadeira crise que se instala em face do direito material, no sentido de permitir a sua concretização em tempo razoável e prevenir que o dano marginal resulte na concessão tardia, inócua e inoperante da tutela jurisdicional do direito, que, por isso mesmo, será injusta e violadora dos direitos fundamentais do processo.

É de bom alvitre salientar que não estamos diante de uma nova modalidade de tutela, na medida em que o Código de Processo Civil revogado já a previa, no capítulo que disciplinava o regime das tutelas antecipatórias. Faltava, no entanto, uma disciplina mais precisa deste instrumento processual, que lhe assegurasse maior operabilidade diante das diversas situações que permitiam sua utilização.

E, realmente, se bem compreendida, interpretada e aplicada, sem receios ou preconceitos inclusive, de confiar ao juiz a tarefa de dar concretude à cláusula geral do abuso do direito de defesa ou manifesto propósito protelatório, certamente a técnica fundada na evidência do direito poderá contribuir, e muito, com o desafio de enfrentar o tempo como um inimigo patológico do processo, e permitir que a satisfação dos direitos seja assegurada em conformidade com o direito fundamental à tempestividade da jurisdição.

REFERÊNCIAS

ABBOUD, G. *Discricionariedade Administrativa e Judicial*. São Paulo: Revista dos Tribunais, 2015.

ALEXY, R. *Teoria dos Direitos Fundamentais*. 2. ed., 5. tir. Tradução de: SILVA, V. A. São Paulo: Malheiros, 2017

ALVIM, E. A. *Tutela Provisória*. 2. ed. São Paulo: Saraiva, 2017. E-book.

ANDRADE, E.; NUNES, D. *Os contornos da estabilização da tutela provisória de urgência antecipatória no novo CPC e o "mistério" da ausência de formação da coisa julgada*. 2015. Disponível em: <http://www.academia.edu/28516699>. Acesso em: 02 dez. 2017.

ARENHART, S. C. *A Tutela Coletiva de Interesses Individuais*. 2. ed. São Paulo: Revista dos Tribunais, 2014.

____. *A Prisão como Meio Coercitivo*. Disponível em: <https://www.academia.edu/214441/A_PRIS%C3%83O_CIVIL_COMO_MEIO_COERCITIVO>. Acesso em: 04 jan. 2018.

ASSIS, A. O *Contempt of Court* no Direito Brasileiro. 2003. Disponível em: <http://www.abdpc.org.br/abdpc/artigos/araken%20de%20assis(4)%20-%20formatado.pdf>. Acesso em 02 jan. 2018

BEDAQUE, J. R. *Tutela Cautelar e Tutela Antecipada: Tutelas Sumárias e de Urgência (tentativa de sistematização)*. 5. ed. rev. e ampl. São Paulo: Editora Malheiros, 2009.

____. *Poderes Instrutórios do Juiz*. 4. ed. São Paulo: Revista dos Tribunais, 2009a.

____. *Direito e Processo – Influência do Direito Material sobre o Processo*. 6. ed. rev. e ampl. São Paulo: Malheiros, 2011.

BODART, B. V. da R. *Tutela de Evidência – Teoria da cognição, análise econômica do direito processual e comentários sobre o novo CPC*. 2. ed. São Paulo: Revista dos Tribunais, 2015.

BONATO, G.; QUEIROZ, P. G. "Os référés no ordenamento francês". In: *Revista de Processo*, v. 255, 2016.

BUENO, C. S. *Tutela Antecipada*. 2. ed. rev., atual. e ampl. São Paulo: Saraiva, 2007.

____. *Curso Sistematizado de Direito Processual Civil*. 6. ed. 2. tir. São Paulo: Saraiva, 2014. v. 4.

____. *Curso Sistematizado de Direito Processual Civil*. 8. ed. São Paulo: Saraiva, 2019. v. 3.

____. *Manual de Direito Processual Civil*. volume único. São Paulo: Saraiva, 2015.

____. *Manual de Direito Processual Civil*. 3. ed. 2. tir. São Paulo: Saraiva, 2017.

CABRAL, A. do P. "A duração razoável do processo e a gestão do tempo no Projeto de Novo Código de Processo Civil". In: *Novas tendências do processo civil – Estudos sobre o projeto do novo código de processo civil*. Salvador/BA: Juspodivm, 2013.

____; CRAMER, R. (Coords.). *Comentários ao Novo Código de Processo Civil*. 2. ed. São Paulo: Forense, 2016

CALAMANDREI, Piero. *Introduzione allo studio sistematico dei provvedimenti cautelari, Opere Giuridiche.* Vol. IX. Padova: CEDAM, 1936.

_____. *"Verdad y verosimilitud en el proceso civil".* In: *Estudios sobre el processo.* Trad. Santiago Sentís Melendo. Buenos Aires: EJEA, 1962.

CAPONI, R. "O Princípio da Proporcionalidade na Justiça Civil: Primeiras Notas Sistemáticas". In: *Revista de Processo,* n. 192, 2011.

CARNEIRO, A. G. *Da Antecipação de Tutela.* 6. ed., atual. em conformidade com as Leis nº 10.352, de 26.12.2001, nº 10.358, de 27.12.2001 e nº 10.444, de 07.05.2002. Rio de Janeiro: Forense, 2005.

CIEGLINSKI, T. "CNJ e bancos fazem acordo para desjudicializar conflitos". In: *Agência CNJ de Notícias,* 2017. Disponível em: <http://www.cnj.jus.br/noticias/cnj/85947-cnj-e-bancos-fazem-acordo--para-desjudicializar-conflitos>. Acesso em 05.02.2018.

CINTRA, A. C. de A.; GRINOVER, A. P.; DINAMARCO, C. R. *Teoria Geral do Processo.* 29. ed. São Paulo: Malheiros, 2013

CNJ [Conselho Nacional de Justiça]. *Departamento de Pesquisas Judiciárias. 100 Maiores Litigantes. 2012.* Disponível em: <http://www.cnj.jus.br/images/pesquisas-judiciarias/Publicacoes/100_maiores_litigantes.pdf>. Acesso em: 24 dez. 2017

COSTA, J. M. "A Boa-fé como Modelo (Uma aplicação da Teoria dos Modelos, de Miguel Reale)". In: *Revista Brasileira de Direito Comparado,* 2003.

CUNHA, A. M. *Comentários ao Código de Processo Civil,* vol. 11. Coord. Ovídio Araújo Baptista da Silva. São Paulo: Revista dos Tribunais, 2001.

CUNHA, L.; DIDIER JUNIOR, F. *Julgamento de Casos Repetitivos.* Salvador/BA: JusPodivm, 2017.

DA CUNHA, L. C. *A Fazenda Pública em juízo.* 13. ed. rev., atual. e ampl. Rio de Janeiro: Forense, 2016.

DA SILVA, O. A. B. *Do Processo Cautelar.* 1. ed. São Paulo: Forense, 1996.

_____. *Curso de Processo Civil.* v. 1, 5. ed., rev. e atual. São Paulo: Revista dos Tribunais, 2000.

DINAMARCO, C. R. *Instituições de Direito Processual Civil.* 7. ed. São Paulo: Malheiros, 2013.

_____. *Nova Era do Processo Civil.* 4. ed. São Paulo: Malheiros, 2013a.

_____; LOPES, B. V. C. *Teoria Geral do Novo Processo Civil.* São Paulo: Malheiros, 2016.

FISS, O. *Um Novo Processo Civil – Estudos norte-americanos sobre jurisdição, constituição e sociedade.* Tradução de: SILVA, D. P. G. e RÓS, M. M. São Paulo: Revista dos Tribunais, 2004.

FUX, L. *Tutela de Segurança e Tutela da Evidência:* Fundamentos da Tutela Antecipada. São Paulo: Saraiva, 1996.

GOMES, F. L. *Responsabilidade Objetiva e Antecipação de tutela.* 2. ed. Editora Livraria do Advogado, 2014.

GRECO, L. "A tutela da urgência e a tutela da evidência no Código de Processo Civil de 2015". In: RIBEIRO, D. G.; JOBIM, M. F. *Desvendando o Novo CPC.* Porto Alegre: Livraria do Advogado, 2015.

HART, H. L. A. *O Conceito de Direito.* 6. ed. Lisboa: Fundação Calouste Gulbenkian, 2011.

JOMMI, A. „*Per Un´efficace Tutela Sommaria Dei Diritti Di Obbligazione: Il Référé Provision".* In: *Rivista Di Diritto Civile,* Anno XLIII, n. 1, 1997.

LEONEL, R. de B. *Tutela Jurisdicional Diferenciada.* São Paulo: Revista dos Tribunais, 2010.

_____. *Manual do Processo Coletivo.* 2. ed. São Paulo: Revista dos Tribunais, 2011.

REFERÊNCIAS

MACÊDO, L. B. "Antecipação da Tutela por Evidência e os Precedentes Obrigatórios". In: *Revista de Processo*, v. 242, 2015.

MACHADO, A. C. C. *Tutela Antecipada*. 3. ed. São Paulo: Juarez de Oliveira, 1999.

MARINONI, L. G. "Considerações Acerca da Tutela de Cognição Sumária". In: *Revista dos Tribunais*, São Paulo, v.81, n.675, 1992. p. 288-95.

_____. *Tutela Antecipatória, Julgamento Antecipado e Execução Imediata da Sentença*. 3. ed. São Paulo: Editora Revista dos Tribunais, 1999.

_____. *Técnica Processual e Tutela dos Direitos*. 3. ed., rev. e atual. São Paulo: Revista dos Tribunais, 2010.

_____. *Abuso do Direito de Defesa e Parte Incontroversa da Demanda*. 2. ed. São Paulo: Revista dos Tribunais, 2011.

_____. *Precedentes Obrigatórios*. 2. ed. São Paulo: Revista dos Tribunais, 2011a.

_____. *O STJ Enquanto Corte de Precedentes*. São Paulo: Revista dos Tribunais, 2013.

_____. *Tutela Contra o Ilícito*. São Paulo: Revista dos Tribunais, 2015.

_____. "Incidente de Resolução de Demandas Repetitivas e Recursos Repetitivos: Entre Precedente, Coisa Julgada Sobre Questão, Direito Subjetivo ao Recurso Especial e Direito Fundamental de Participar". In: *Revista dos Tribunais*, v. 962, 2015a. p.131-51.

_____. *Incidente de Resolução de Demandas Repetitivas*. São Paulo: Revista dos Tribunais, 2016.

_____. *Tutela de Urgência e Tutela da Evidência*. São Paulo: Revista dos Tribunais, 2017.

MARINONI, L. G.; ARENHART, S. C. *Prova*. 2. ed. São Paulo: Revista dos Tribunais, 2011.

_____; _____. *Curso de Processo Civil: Processo Cautelar*. 6. ed. São Paulo: Revista dos Tribunais, 2014. v. 4.

_____; _____; MITIDIERO, D. *Código de Processo Civil Comentado*. 3. ed. 2. tir. São Paulo: Revista dos Tribunais, 2017.

_____; _____; _____. *Novo Curso de Processo Civil*. 2. ed. São Paulo: Revista dos Tribunais, 2016. v. 2.

_____; _____; _____. *Novo Curso de Processo Civil*. 2. ed. São Paulo: Revista dos Tribunais, 2016a. v. 2.

_____; _____; _____. *Novo Código de Processo Civil Comentado*. São Paulo: Revista dos Tribunais, 2015.

MARTINS-COSTA, J. "As Cláusulas Gerais como Fatores de Mobilidade do Sistema Jurídico". In: *Revista de informação legislativa*, v. 28, n. 112, 1991. p. 13-32. Disponível em: <http://www2.senado.leg.br/bdsf/item/id/175932>. Acesso em: 05 fev. 2017

MEDINA, J. M. G. *Novo Código de Processo Civil Comentado*. 4. ed. 2. tir. São Paulo: Revista dos Tribunais, 2016.

MITIDIERO, D. *Processo Civil e Estado Constitucional*. Porto Alegre: Livr. do Advogado, 2007.

_____. *Cortes Superiores e Cortes Supremas*. São Paulo: Revista dos Tribunais, 2013.

_____. *Antecipação da Tutela – da tutela cautelar à técnica antecipatória*. 2. ed. São Paulo: Revista dos Tribunais, 2014.

_____. *Colaboração no Processo Civil*. 3. ed. São Paulo: Revista dos Tribunais, 2015.

MONTESQUIEU. *Do Espírito das Leis*. Tradução de: FERREIRA, R. L. São Paulo: Martin Claret, 2010.

MOREIRA, J. C. B. "Tutela de Urgência e Efetividade do Direito". In: *Revista do Tribunal Regional do Trabalho da 15ª Região*, Campinas, n. 23, 2003. Disponível em: <https://juslaboris.tst.jus.br/handle/1939/101057>. Acesso em 04.12.2017.

_____. "Processo Civil e Processo Penal: Mão e Contramão?". In: *Revista dos Tribunais*, v. 985, 2017. p. 385-99.

NERY JUNIOR, N. *Princípios do Processo na Constituição Federal.* 11. ed., rev., atual. e ampl. com as novas súmulas do STF simples e vinculantes e com análise sobre a relativização da coisa julgada. São Paulo: Revista dos Tribunais, 2013.

NEVES, D. A. A. *Novo CPC.* São Paulo: Editora Método, 2015.

_____. "Medidas Executivas Coercitivas Atípicas na Execução de Obrigação de Pagar Quantia Certa – art. 139, IV, do Novo CPC". In: *Revista de Processo*, v. 265, 2017.

OSNA, G. *Processo Civil, Cultura e Proporcionalidade: Análise Crítica da Teoria Processual.* São Paulo: Revista dos Tribunais, 2017.

PAIM, G. B. "O *Référé* Francês". In: *Revista de Processo*, a. 37, v. 203, 2012.

PERROT, R. "O processo civil francês na véspera do século XXI". In: *Revista Forense*, v. 342, 1998. p. 161-8. (Trad. Barbosa Moreira)

PISANI, A. P. *Appunti Sulla Giustizia Civile*, Bari, IT: Cacucci Editore, 1982.

PUGLIESE, W. *Precedentes e a Civil Law Brasileira.* São Paulo: Revista dos Tribunais, 2016.

RIBEIRO, L. F. da S. *Tutela Provisória – Tutela de Urgência e Tutela da Evidência do CPC/1973 ao CPC/2015.* 2. ed. São Paulo: Revista dos Tribunais, 2016.

RODRIGUES, R. Z. *Embargos de Terceiro.* São Paulo: Revista dos Tribunais, 2006.

SARLET, I. W.; MARINONI, L. G.; MITIDIERO, D. *Curso de Direito Constitucional.* 3. ed., rev., atual. e ampl. São Paulo: Revista dos Tribunais, 2014.

SCARSELLI, G. *La Condanna Con Riserva.* Milano: Giuffrè, 1989.

SICA, H. V. M. *Linhas Fundamentais do Novo Código de Processo Civil Brasileiro*, 2015. Disponível em: <https://usp-br.academia.edu/HeitorSica>. Acesso em 22 fev. 2018.

SICA, H. V. M. *Velhos e Novos Institutos Fundamentais do Direito Processual Civil*, 2013. Disponível em: <https://usp-br.academia.edu/HeitorSica>. Acesso em 21 fev. 2018.

SILVA, V. A. *Direitos Fundamentais – Conteúdo essencial, restrições e eficácia.* 2. ed. 4. tir. São Paulo: Malheiros, 2010

STRECK, L.; DELFINO, L.; SOUSA, D. C. "Tutela provisória e contraditório: uma evidente inconstitucionalidade". Artigo publicado no Conjur, em 15.05.2017, e alterado no dia 23.05.2017. Disponível em: <https://www.conjur.com.br/2017-mai-15/tutela-provisoria-contraditorio-evidente-inconstitucionalidade>. Acesso em: 04 nov. 2017

TALAMINI, E. *Tutela Relativa aos Deveres de Fazer e de Não Fazer.* 2. ed. São Paulo: Editora Revista dos Tribunais, 2003.

_____. "Tutela de Urgência no Projeto de Novo Código de Processo Civil: A Estabilização da Medida Urgente e a "Monitorização" do Processo Civil Brasileiro". In: *Revista de Processo*, v. 209, 2012.

TARUFFO, M. "Precedente e Jurisprudência". In: *Revista de Processo*, v. 199, 2011.

_____. *Uma Simples Verdade.* 1. ed. Tradução de: RAMOS, V. P. São Paulo: Marcial Pons, 2016.

TEMER, S. *Incidente de Resolução de Demandas Repetitivas.* 2. ed. Salvador/BA: Juspodivm, 2017.

THEODORO JUNIOR, H. "A Autonomização e a Estabilização da Tutela de Urgência no Projeto de CPC". In: *Revista de Processo*, v. 37, n. 206, 2012. p. 13-59

TUCCI, J. R. C. *Tempo e Processo: uma análise empírica das repercussões do tempo na fenomenologia processual, civil e penal.* São Paulo: Revista dos Tribunais, 1997.

VAZ, P. A. B. "Tutela antecipada fundada na técnica da ausência de controvérsia so-

REFERÊNCIAS

bre o pedido (§ 6.º do art. 273 do CPC)". In: *Revista de Processo*, v. 131, 2006.

VENTURI, E. "Da prisão como instrumento coercitivo para o cumprimento de provimentos judiciais: por uma releitura da prisão civil por inadimplemento do dever alimentar". In: OTERO, P.; ARAÚJO, F.; GAMA, J. T. *Estudos em memória do Prof. Doutor J. L. Saldanha Sanches*. Coimbra: Coimbra Editora, 2011. v. 2. Disponível em: <https://www.academia.edu/238082/DA_PRIS%C3%83O_COMO_INSTRUMENTO_COERCITIVO_PARA_O_CUMPRIMENTO_DE_PROVIMENTOS_JUDICIAIS_POR_UMA_RELEITURA_DA_PRIS%C3%83O_CIVIL_POR_INADIMPLEMENTO_DE_DEVER_ALIMENTAR>. Acesso em: 04 jan. 2018

WAMBIER, T. A. *A Prisão Civil como Medida Coercitiva Pareceres*. 2012. v. 1.

WAMBIER, L. R.; TALAMINI, E. *Curso Avançado de Processo Civil*. 14. ed. São Paulo: Revista dos Tribunais, 2015. v. 3.

____; ____. *Curso Avançado de Processo Civil*. 16. ed. São Paulo: Revista dos Tribunais, 2016. v. 2.

WATANABE, K. *Cognição no Processo Civil*. 4. ed. São Paulo: Saraiva, 2012.

YARSHELL, F. L.; ABDO, H. "As Questões Não Tão Evidentes Sobre a Tutela da Evidência". *In*: BUENO, C. S. *et al.* (Coords.). *Tutela Provisória no Novo CPC*. São Paulo: Saraiva, 2016.

ZANETI JUNIOR, H. *Comentários ao Novo Código de Processo Civil*. 2. ed. São Paulo: Forense, 2016.

ZANETTI JUNIOR, H. *O Valor Vinculante dos Precedentes*. 3. ed. Salvador/BA: Juspodivm, 2017.

ZAVASCKI, T. A. *Antecipação da Tutela*. 4. ed. São Paulo: Saraiva, 2005.

ZOLLINGER, M. *Proteção Processual aos Direitos Fundamentais*. Salvador: Editora Podium, 2006.